SCHOOL LIBRARY
SCIENCE VOL.01

ライブラリー
学校図書館学
VOL.01

金沢みどり・雪嶋宏一＝監修

金沢みどり・河村俊太郎＝著

読書と豊かな人間性

JN092905

勉誠出版

まえがき

　これからの生涯学習社会では、人々が必要に応じて主体的に学び続けるうえで、読書には大きな意義がある。読書の意義として、リテラシーを育てることに加えて、著者との対話を通じてコミュニケーション力を身に付け視野を広げること、論理的に考える力を身に付けることなど、主として読者の知性を育むことがあげられる。また、読書は読者の心の成長の過程にも関わるので、想像力を育むこと、人間理解を促すこと、人間性を高めることなど、主として読者の感性を育むことも読書の意義として重要である。さらに読書は、単に読者と著者の対話であるばかりではなく、読者同士がお互いに読んだ本について話し合うことにより、読書生活を楽しむというビジョンを共有する読書コミュニティの創出にもつながる。

　読書にはこのように重要な意義があるにもかかわらず、近年では、特に高校生を中心としたヤングアダルトの読書離れが、国内外で深刻な社会問題となっている。

　読書教育は、学校教育のなかの各教科などで時間をかけてきちんと行われるべきであり、学校は子どもの読書に関して極めて重要な役割を担っている。さらに、子どもが自由に読書できる家庭や地域の公立図書館と学校や学校図書館との連携を通じて、子どもの読書は自然と日常的なものになり、生涯にわたる読書習慣の形成にもつながる。

　本書では、近年の国内外のヤングアダルトの読書離れにも留意し、学校に加えて、家庭、公立図書館なども含めて、より広い社会的な視野から子どもの読書の実情や読書環境について捉えている。また、読書教育の歴史、子どもの読書資料、学校図書館における子どもの読書環境の整備などを踏まえたうえで、これからの学校図書館の活用による読書教育のあり方について論じる。

国内外の子どもの読書の実情や読書環境について述べることに加えて、子どもの読書に関する発達段階や発達段階に応じた読書教育についても、取り上げる。また、各教科などや探究的な学習における学校図書館の活用と読書指導にも言及する。さらに、子どもと本を結びつける活動、ひとりひとりのニーズに応じた読書指導、公立図書館など地域社会の社会教育施設との連携による子どもの読書活動の推進について、調査結果など客観的な資料や情報に基づきながら、論じる。これらを踏まえて、最後の章である第13章では、読書教育の課題と今後の展望について示す。

　本書は、「ライブラリー　学校図書館学」（全8巻）の第1巻に位置づけられたものである。

　本書では、これからの学校図書館の専門職をめざす人々を対象として、また、リカレント教育として専門的な学びを継続したいと考えている人々を対象として、できる限り国内外の読書教育に関する重要な考え方、事例、文献などに基づき、今後の新たな読書教育のあり方や学校図書館の活用について、わかりやすく説明することに努めている。

　本書が、読書教育と学校図書館の更なる改善、および、向上の一助になれば、幸いである。

2023年4月25日

金沢みどり

河村俊太郎

目　次

第1章

読書の意義と読書教育

本章の要点

　これからの生涯学習社会では、人々が必要に応じて主体的に学び続けるうえで読書には大きな意義がある。生涯にわたる読書習慣を形成するために、幼少の頃からの読み聞かせに始まる読書活動は重要である。

　そこで、本章では、まず読書の目的と意義について述べる。次に、子どもの読書について子どもを取り巻く大人がどのように関わると読書活動の推進につながるのかという観点から、読書教育の基本的な考え方について論じる。また、生涯学習の基盤としての読書力の育成について述べる。

　さらに、これからの教育の指針として、国際的に注目されている OECD Learning Compass 2030 のコンピテンシー（Competency: 能力）とその基礎について、読書との関わりを踏まえながら論じる。なお、OECD Learning Compass 2030 のコンピテンシーとは、2030年に必要とされる能力について OECD Education 2030 プロジェクトが示したものである。

第1節　読書の目的と意義

(1) 読書の目的

　読書には「情報を得るための読書」(Reading for Information)、「理解を深めるための読書」(Reading for Understanding)、「娯楽のための読書」(Reading for Entertainment) というように3種類の目的があると、アドラー(Adler, M. J.) らは述べている [Alder and Doren, 1972]。同書では、これらの3種類の目的のうち特に「理解を深めるための読書」に着目し、理解を深めるための読書方法に

ついて詳しく論じている。

　読書にあたり、利用者が館外でも図書館資料を一定の期間自由に利用できるように、図書館が行っている「貸出」というサービスは、資料提供に関するサービスの一つとして重要である。新刊書を主に取り扱っている書店に対して、出版後数年以上経過した図書についても、また、現在は絶版となってしまった図書についても、図書館に所蔵されていれば読書することができるというのが、図書館の社会的な意義の一つである［金沢，2022］。

　読書と情報の差異について、長田は、読書が種を蒔き育てるのに努力するものであるのに対して、情報は収穫物であり享受するものであると述べている。しかし、「育てる」文化である読書にとっても、「分ける」文化である情報にとっても、「蓄える」文化が必要不可欠であり、「蓄える」文化がなければ文明は存在しない。図書館こそがこれまで「育てる」文化と「分ける」文化のあいだをつなぎ、「蓄える」文化を担ってきたのである［長田，2006］。

　図書館は読書にとって重要であり、これまでに蓄積されてきた蔵書(Library Holdings)の利用により、利用者は幅広いジャンルの本に親しむことができる。

　読書の第一の目的として、「理解を深めるための読書」が重要である。加えて、「蓄える」文化を担ってきた図書館が所蔵する資料を利用し、必要な「情報を得るための読書」や、本当に読みたいと思う本に巡り合い自由に読む「娯楽のための読書」というのも、読書の目的としてあげられる。「情報を得るための読書」は情報活用能力の育成にもつながる。「娯楽のための読書」は自由に読みたい本を読むことをきっかけとして、その後の読書習慣の形成や高度な専門的な分野の読書に発展していくことも考えられる。これら3種類の読書の目的は、これからの生涯学習社会において重要である。

(2) 読書の意義

　読書の意義について、「読む力をつける」「読むことに加えて書くことを学べる」「視野を広げる」「想像力を育てる」「メタ認知能力を育てる」など、さまざまな考え方がこれまでに示されてきた。これらについて特に重要であると考えられるものを以下に述べる。

①ミーク（Meek, Margaret）による読書の意義

　ミーク（Meek, Margaret）は、読む力をつけるためには、綴りと発音の関係を教える教授法で言葉を教えるのではなく、読むことを本物の本で教えることの重要性を指摘している［Meek, 1982］。すなわち、読む力をつけるにはまず読書であり、読むことは読むことによって学ぶことができるという考え方である。読む力を伸ばすためには、学校での教員による教育だけではなく、親と子が共に教えたり学んだりすることが重要であり、親から子への絵本の読み聞かせから始まる。

　また、読むということは、読者と著者の心と想像力が出会うことであり、読者が自らの内面に語りかけることである［Meek, 1982］。すなわち、読書は読者の心の成長の過程に深く関わるものである。

②クラッシェン（Krashen, Stephen D.）による読書の意義

　クラッシェン（Krashen, Stephen D.）は、読書はよい文章を書き、適切な語彙を身に付け、高度な文法を駆使し、正確に字を綴れるようになるための唯一の方法であると述べている［Krashen, 1993］。すなわち、読書によって読むことと書くことを学び、読み書き能力(literacy, 以下 リテラシー)を育てることができるというのである。

　クラッシェンは、特に「自由読書」(Free Voluntary Reading)というやり方の読書をすすめている［Krashen, 1993］。「自由読書」とは読みたいから読むという読書であり、読書ノートや読書感想文などは書かなくてもよい読書である。「自由読書」をするだけで必ずしも高いレベルのリテラシーが身につくとは限らないが、少なくとも日常生活に必要なリテラシーのレベルにまでは達することができる。

　また、「自由読書」は、子どもたちに楽しいものであると認識され、感性の発達を促す。加えて本を読むことにより文章による表現にも慣れてくるので、文章を書くことへの不安や抵抗感も少なくなる［Krashen, 2004］。

③塩見昇による読書の意義

　塩見は、本を読むことは、綴られた文を通して、それを著した著者と読者

が交わす対話であると述べている。また読書の意義とは、はるかな時と距離的な隔たりを越えて、誰とでも対話することにより、未知の世界を知り、新たな知見を得て、楽しんだり、学んだりできることである[塩見, 2016]。

　たとえ著者が読者から地理的に離れたところに居住していても、あるいは、存命中でなくとも、読者は著書を通じてその著者と対話しながら、今まで知らなかったことに触れ、学ぶことができる。

④脇明子による読書の意義

　脇はまず読む力、すなわち読書力とはどのような力であるかについて、以下の3点をあげて説明している[脇, 2005]。

・書き言葉レベルの言葉を使う力

　日常会話における話し言葉レベルの言葉とは異なり、書き言葉レベルの言葉を使う力のことである。ものを考える道具にもなりうる。

・想像力

　目の前にないもののイメージを思い浮かべることができる力である。これから起こりうることを予測し、他者とかかわり、さまざまな仕事を行ううえで、役に立つものである。

・全体を見渡して論理的に考える力

　一冊の本を通読する際に、それまでのことを要所要所で整理してみる必要性を感じ、筋道が通っていることを確認しては先に進んでいく力である。

　次に脇は読書の意義について、以下の7点をあげている。

（Ⅰ）暮らしを支える文化を受け継ぎ伝えること。

（Ⅱ）多様な考え方や文化、専門的知識などを学ぶことができ、視野を広げること。

（Ⅲ）時空を越えた人間理解を可能にしてくれること。

（Ⅳ）書き言葉レベルの言葉を使う力を鍛えること。

（Ⅴ）想像力を鍛えること。

（Ⅵ）全体を見渡して論理的に考える力を鍛えること。

（Ⅶ）メタ認知能力を育てるうえで、大きな助けとなること。

これらのうち、(Ⅳ)、(Ⅴ)、および(Ⅵ)は、前述の読書力に関係している。読書力を鍛えるうえで、読書が効果的な方法であることが示唆される。

　なお、メタ認知能力とは、自分を客観視し、より広い視野から自己を見つめることができる能力のことである。すなわち、自分の頭や心のなかで起きていることを一段上から観察する能力であり、自己コントロールにも大きな関わりがある。このようなメタ認知能力を育てるうえで、主人公に感情移入できて同時に客観的な「読者の目」でも読めるような「物語」が役に立つと、脇は述べている［脇, 2008］。

⑤齋藤孝による読書の意義

　齋藤は読書の意義として、大きく「自分をつくる」「自分を鍛える」「自分を広げる」の3点をあげている［齋藤, 2002］。

　「自分をつくる」とは、自己形成としての読書を意味している。読書により、言葉を多く知ることができ、思考力が培われ、人間性を高めることができる。

　「自分を鍛える」とは、スポーツのような読書を意味している。読書の上達のプロセスとして、「読み聞かせ」「音読」「線を引きながら読むこと」「緩急をつけて読むこと」の4段階を経ることにより、精読できる力と素早く多読できる力を習得できる。

　「自分を広げる」とは、コミュニケーション力の基礎としての読書を意味している。読書により語彙が鍛えられ、複数の著者との対話で聞く力や社会性が身につき、コミュニケーション力が向上する。さらに会話の質を上げるだけではなく、お互いに読んだ本について日常的に話し合うという文化的な土壌をつくることもできる。

　読書の意義として、リテラシーを育てることに加えて、著者との対話を通じてコミュニケーション力を身に付け視野を広げ今まで知らなかったことを学べること、論理的に考える力を身に付けること、メタ認知能力を育てることなど、主に読者の知性を育むことがあげられる。

　また、読書は読者の心の成長の過程にも関わるので、想像力を育むこと、人間理解を促すこと、人間性を高めることなど、主に読者の感性を育むことも読書の意義としてあげられる。さらに読書は、単に著者と読者の対話であ

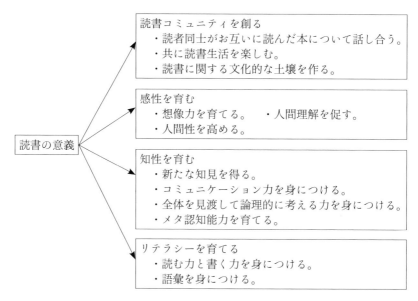

図1.1　読書の意義

るばかりではない。読者同士がお互いに読んだ本について話し合うことにより、読書生活を楽しむというビジョンを共有する読書コミュニティが創出される。このような読書に関する文化的な土壌を作ることも、読書の意義であると言える。

　これらの読書の意義についてまとめたものが図1.1である。

第2節　読書教育とは

(1) 読書教育と読書指導

　読書について教えることを意味する用語として、大きく「読書教育」と「読書指導」があげられる。「教育」か「指導」かということであるが、たとえば『角川類語新辞典』(2012)によれば、「指導」が直接的・部分的・技術的であるのに対して、「教育」は一般的・全体的であると記されている。すなわち、「教育」は「指導」を包含し、より広い文脈で教えることについて使用される用語である。

　大人が一方的に本を選び、読書に関する指導目標を決めて授業を進めるだ

けでは、子どもの主体的な読書からは程遠いものとなってしまう。

　日本子どもの本研究会は、どの子どもも自分に適した本を選んで読書を楽しむことができるという考え方から、子どもの主体的な読書を尊重している［日本子どもの本研究会，1988］。そのようなことから、同会では「読書指導」ではなく「読書教育」という用語を使用している。

　読書について子どもに教えることは、学校教育のなかの各教科などで時間をかけてきちんと行うべきであり、子どもの読書に関して学校は極めて重要な役割を担っている。しかし、それだけで子どもの読書が完結するものではなく、子どもが自由に読書できる家庭や地域の読書施設などと学校の連携を通じて、子どもの読書は自然と日常的なものになり、生涯にわたる読書習慣の形成にもつながる。

　以上のことを踏まえて、本書では、読書について教えることを意味する用語として、一般的で全体的な意味合いの強い「読書教育」を原則として使用することにする。一方、たとえば各教科や総合的な学習の時間などある特定の領域に関わる読書やある特定の児童生徒などを対象として読書について教える場合は、「読書指導」を使用する。

(2) 読書教育の基本的な考え方

　読書教育の基本的な考え方について、以下の3点をあげることができる。

①読み聞かせの重要性

　読書のはじめの一歩として、身近な大人による絵本などの「読み聞かせ」の意義については、以下に述べるように広く論じられている。

　ミークは、読み聞かせの習慣などを通じて、幼い頃から本に触れさせることが、小学校入学後の読む力につながるとしている。また、読書の楽しさを子どもに伝えることが親の役割であり、親が教員の良きパートナーとなり、読書力のある子どもを育ててほしいと述べている［Meek, 1982］。

　秋田・黒木は、特に幼児期から児童期にかけては、子どもに本を読むようにと促すだけではなく、読書が子どもの日常生活のなかに根付くように「本をめぐる経験」が必要であるとしている。その一つとして、父母に読み聞

かせてもらう経験、教室で教員に読み聞かせてもらう経験、図書館や学校
でのお話し会など、いわゆる「声のスキンシップ」をあげている［秋田・黒木,
2006］。

　さらに、読み聞かせの意義については、海外でもさまざまな調査研究が行
われ、検証されている。

　たとえば、1983年に米国の全国委員会「読書に関する委員会」（Commission
on Reading）が、全米教育アカデミー（National Academy of Education）と全米教
育研究所（National Institute of Education）によって設置された。「読書に関する
委員会」は2年を費やして、1万にも及ぶ研究報告を吟味し、次のような結論
に達した［Anderson et al., 1985］。

　（Ⅰ）有意義な読書につなげるためには、子どもへの「読み聞かせ」こそが、
　　　最も重要な唯一の活動である。
　（Ⅱ）読み聞かせは家庭だけではなく、学校の授業でも行うべきであり、継
　　　続的に行うべき実践である。

　子どもがある程度、文字が読めるようになると「読み聞かせ」をやめてしま
う家庭もあるようだが、家庭だけではなく学校の授業などでの読み聞かせも、
良き読者を育てるうえで重要であることが示されている。

②家庭、学校、および、地域などにおける子どもの読書環境の整備
　―子どもの読書を支援する大人と読書をともに楽しむ仲間の存在―
　本を読むことができる力を育てていくためには、学校では国語科だけでは
なく、さまざまな教科や総合的な学習の時間、および、特別活動などのなか
でも本を取り上げ、本との出会いを準備しておくことが大切である［秋田・
庄司, 2005］。また、幼い頃からの家庭での読み聞かせなどに加えて、公立
図書館や子ども文庫など地域の読書施設でのお話し会では、子どもは本との
やすらぎのある楽しいひとときを過ごすことができる。このように学校だけ
ではなく、家庭や地域などでも子どもと本との出会いを創出するように、大
人が働きかけていくことが重要である。

　子どもの読書環境として、表1.1にも示すように、三つの場面と四つの内
実があげられている［秋田・黒木, 2006］。すなわち、子どもの三つの生活場

表1.1　三つの場面と四つの内実による子どもの読書環境

場面(三つ)	内実(四つ)
1.　家庭 2.　学校 3.　地域その他	1.　子どもにふさわしい本があるか
	2.　読書の案内役の大人がいるか
	3.　本を一緒に楽しむ子どもの仲間がいるか
	4.　読書の時間があるか

出典)秋田喜代美・黒木秀子編(2006)『本を通して絆をつむぐ：児童期の暮らしを創る読書環境』北大路書房 をもとに作成

面である「家庭」、「学校」、「地域その他」の各々に、「子どもにふさわしい本があるか」、「読書の案内役の大人がいるか」、「本を一緒に楽しむ子どもの仲間がいるか」、「読書の時間があるか」の四つの内実がある時、子どもの読書環境が整備されたと言える。

　子どもの読書について一般的に、絵本から童話や児童小説などのような児童文学への移行が難しいと言われている。大人と子どもで同じ本を一緒に読む場があり、読んだ感想を語り合うことができれば、移行の難しさは軽減される。

　特に学校での読書教育において、教師が子どもたちに「読む時間」、「理解できる本」、および、「本の理解を促進するための話し合いの機会」を提供することは極めて重要である[Calkins, 2001]。

　「子どもの読書を支援する大人」に加えて、「本を一緒に楽しむ子どもの仲間」がいることにより、読み通そう、読書の感想を語り合おうという雰囲気に包まれ、より豊かな子どもの読書環境の実現につながる。

③子どもの読書習慣の確立のための「読書の輪」

　チェインバーズ(Chambers, Aidan)は子どもの読書習慣が確立するためには、手助けをする大人の存在が必要であり、読んだ本について他者に語るという「ブックトーク」(Booktalk)が重要であると述べている。チェインバーズは子どもの読書について図1.2に示すように「読書の輪」(The Reading Circle)という考え方を提言している[Chambers, 2011]。

　すべての読書は選書で始まることから、「読書の輪」も選書で始まっている。

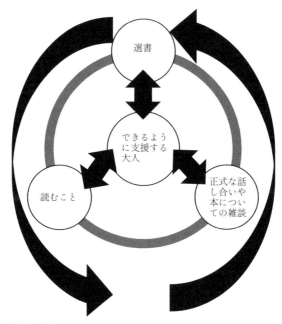

図1.2　読書の輪
出典）Chambers, Aidan（2011）*Tell Me : Children, Reading and Talk with the Reading Environment.* Gloucestershire: Thimble Press. をもとに作成

「読書の輪」が循環するためには、すなわち、子どもの読書習慣が形成されるためには、手助けをする大人の存在が必要不可欠である。大人による手助けは、主に以下の3点である。

（Ⅰ）子どもたちが読む本を選ぶための手助け（選書）

・子どもたちの蔵書のために購入する本を選ぶこと。

・所蔵している本の展示を行うこと。

・若い読み手にふさわしい著者や挿絵画家（イラストレーター）を招待すること。

・子どもたちに読んでほしい本について、時々、筋書（プロット）を少し語り、印象的な一節を朗読し、その本の魅力を伝えること。

（Ⅱ）子どもたちが読むことの手助け（読むこと）

・子どもたちが良き読み手になる手助けをするうえで、読み聞かせは必須

であるので、読み聞かせをすること。

・読むための時間を提供すること。

・時間をかけて価値のある本を熟読するように手助けをすること。

（Ⅲ）子どもたちがもう一度、読むことを楽しみたいと思うことの手助け（正式な話し合いや本についての雑談）

・読んだ本について子どもたちが語れるように問いかけること。（この本でどこか好きなところはありましたか、以前にこの本と同じような本を読んだことはありましたか、この本のなかで起こったようなことを実際に体験したことはありますかなど。）

「ブックトーク」（話し合い）には、大きくインフォーマルな雑談の形式のもの（友人間で続ける「チャット」（おしゃべり）のようなもの）と、教室などで継続して行われるフォーマルなある種のディスカッションのようなものがある。いずれのブックトークも、子どもたちを「読書の輪」に連れ戻すことができる。友人が楽しさを見出した本を自分も読みたいと思い、また、本当に興味深い本であれば再読したいと思うからである。

　さらに、同じ種類の本だけ、ひとりの作者の本だけを繰り返し読む「平面的な読者」（Flat-earthers）を、異なる種類の本やさまざまな作者の本に興味を持ち読むことができる「宇宙的な読者」（Intergalactic Readers）に変えるうえでも、ブックトークは重要である［Chambers, 2011］。

第3節　生涯学習の基盤としての読書力の育成

(1) 生涯学習のためのキー・コンピテンシーと21世紀型能力

　1990年代以降、これからの学校教育で育成すべき能力について国際的に広く検討されるようになった。その背景として、知識基盤社会の到来に伴い、何を知っているかだけではなく、知識を活用して何ができるかが問われるようになってきたことがあげられる。また、変化の激しい社会に対応するために生涯にわたり学び続けることが必要であることから、生涯教育（Lifelong Education）が重視され、学習社会（Learning Society）という概念も提唱されるようになった［松尾，2017］。

表1.2　DeSeCoのキー・コンピテンシーの三つのカテゴリー

コンピテンシー・カテゴリー	内　容
コンピテンシー・カテゴリー1 道具を相互作用的に用いる能力	A. 言語、シンボル、テクストを相互作用的に用いる。 B. 知識や情報を相互作用的に用いる。 C. テクノロジーを相互作用的に用いる。
コンピテンシー・カテゴリー2 異質な人々から構成される集団で相互に関わり合う能力	A. 他者と良き関係を築く。 B. チームを組んで協力して仕事をする。 C. 対立に対処し解決する。
コンピテンシー・カテゴリー3 自律的に行動する能力	A. 大局的な視野に立ち行動する。 B. 生涯にわたる生活設計や個人的プロジェクトを作り出し実行する。 C. 権利、利害、限度、ニーズを擁護し主張する。

出典）OECD DeSeCo Project（2005）*The Definition and Selection of Key Competencies-Executive Summary*. Paris: OECD. をもとに作成

　21世紀に求められる新しい能力について、「キー・コンピテンシー」（Key Competency）の定義や枠組みなどを提案したプロジェクトとして、OECDの DeSeCo（Definition and Selection of Competencies: コンピテンシーの定義と選択）プロジェクト（1997〜2003年）をあげることができる。

　OECDは、1997年にPISA（Programme for International Student Assessment: 生徒の学習到達度調査）とDeSeCoプロジェクトを開始した。DeSeCoのキー・コンピテンシーは、表1.2に示すように「道具を相互作用的に用いる能力」（カテゴリー1）、「異質な人々から構成される集団で相互に関わり合う能力」（カテゴリー2）、および、「自律的に行動する能力」（カテゴリー3）という三つの軸から構成されている[OECD DeSeCo Project, 2005]。

　一方、PISAが調査してきた読解・数学・科学のリテラシーは、言語・シンボル・テクスト、知識・情報といった「道具」を使って対象世界と対話する能力、すなわち、カテゴリー1の「道具を相互作用的に用いる能力」に含まれている[松下, 2011]。

　本章第1節に述べたように、読書の意義として、リテラシーを育てること（カテゴリー1に該当）に加えて、著者との対話を通じてコミュニケーション力を身につけること（カテゴリー2に該当）、および、論理的に考える力やメタ認知能力を育てること（カテゴリー3に該当）などがあげられる。すなわち、

DeSeCoのキー・コンピテンシーを育成するうえで、読書は重要である。

　また、近年ではデジタル社会の到来に伴い、「21世紀型スキル」(21st Century Skills)の育成を提唱する動きも見られる。「21世紀型スキル」の定義や枠組みなどについては、米国を中心とする「21世紀型スキル・パートナーシップ」(21st Century Skills Partnership)や国際的な「21世紀型スキルの学びと評価」(Assessment and Teaching of Twenty-first Century Skills: ATC21S)というプロジェクトにより提案されている[黒田, 2016]。

　「21世紀型スキル・パートナーシップ」は、21世紀型スキルの枠組みとして、「主要教科(3Rsと21世紀に必要なテーマ)」を中心に、「学習とイノベーションのスキル(批判的思考・コミュニケーション・協働・創造性)」「情報・メディア・テクノロジースキル」「生活とキャリアのスキル」を設定している。なお、3Rsとは、読み・書き・算術(Reading, Writing, Arithmetic)のことである。一方、ATC21Sは、「思考の方法」「活動のためのツール」「活動の方法」「世界のなかで生きる方法」の四つの枠組みのなかで10のスキルを提案している。両方ともグローバル化とICTの普及による教育のあり方の改革をめざしている。

　各国で育成しようとしている能力については、さまざまな用語が使用されている。しかし、育成しようとしている能力の構成要素を整理すると、おおむね「基礎的リテラシー」「認知スキル」「社会スキル」の三つに分けられる[松尾, 2017]。

　「基礎的リテラシー」とは、リテラシー、ニューメラシー、ICTなどの言語や数、情報を扱う能力である。なお、ニューメラシー(Numeracy)とは、リテラシーに対応する語として、数学の基礎学力などに関する数学的リテラシーのことである。また、「認知スキル」が批判的思考力や学び方の学習などに関する能力であるのに対して、「社会スキル」は社会や他者との関係やそのなかでの自律に関する社会的能力や自己管理力などである。前述のように、これらの能力を育てるうえで読書は重要である。

　以上のような動向のもとに、国立教育政策研究所は2013年3月に「21世紀型能力」を提案した[国立教育政策研究所, 2013]。「21世紀型能力」では、教科・領域横断的に学習することに求められる能力を汎用的能力として抽出し、それらは、図1.3にも示すように「基礎力」「思考力」「実践力」として位置付

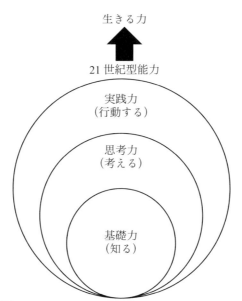

図1.3　21世紀型能力
出典）国立教育政策研究所(2013)『社会の変化に対応する資質や能力を育成する教育課
程編成の基本原理』(教育課程の編成に関する基礎的研究、報告書5)をもとに作成

けられている。「21世紀型能力」では、「生きる力」を志向し、「思考力」(問題解
決・発見力・創造力、論理的・批判的思考力、メタ認知・適応的学習力)が
中核に位置付けられている。そして、この「思考力」とそれを支える「基礎力」
(言語スキル・数量スキル・情報スキル)、その使い方を方向付ける「実践力」
(自律的活動力、人間関係形成力、社会参画力、持続可能な未来への責任)の
三層で構造化を図っている[高田，2015]。

　読書はこれらの「基礎力」「思考力」「実践力」の育成において重要であり、ま
さに「21世紀型能力」の基盤をなすものである。

(2) 読書力の育成、および、ノンフィクションを読む力

　熟達した良き読者はメタ認知能力があり、読書の際に以下のような七つの
方策を利用している[Gear, 2008]。

【読書の際の七つの方策】

①つながりを見いだす。

　読書のあいだに、背景となる知識と個人的な経験から本とのつながりを見出す。

②問いかける。

　理解をはっきりさせ深めるために、読書の前、最中、および、後にその本について問いかける。

③思い浮かべる。

　本の意味を理解する手助けとなるように、読書のあいだに想像力を働かせ、視覚や聴覚などの多感覚によるイメージを作り出す。

④推測する。

　本文のなかの証拠に基づき、次に何が起こるか仮説を立てて予想する。

⑤何が重要であるかを見極める。

　重要な考えや何を覚えておくべきかを取捨選択するために、そして優先順位を設定するために、テクストのなかにある情報をふるいにかける。

⑥分析し、統合する。

　テクストと自らの思考の両方に基づいて、情報を分析し結論を引き出す。

⑦自らの理解を確認する。

　テクストについて理解できるように、立ち止まり、戻り、再読する。

　また、ハッデン（Hadden, Kyla）とギア（Gear, Adrienne）は、生徒が良き読者になるためには、読む時に上記の7点を行うべきであるとしている［Hadden and Gear, 2016］。

　一般に「読むこと」（Reading）には、「デコーディング」（Decoding）と「理解」（Comprehension）という二つの構成要素があると言われている。「デコーディング」は単語の認識に関わることで、文字と音声の認識、スペリングや語彙などを含んでいる。一方、「理解」は思考やメタ認知などに関連している。「理解」は「デコーディング」と同様に、「読むこと」を学ぶうえで重要である。生徒が良き読者になるための上記の7点については、「読むこと」のなかの特に「理解」を助けるための項目であると言える。

さらに教室で生徒が読書力（Reading Power）を身につけるために、教員が留意すべき点について、以下の6点があげられている［Hadden and Gear,2016］。

【生徒が読書力を身につけるために教員が留意すべき点】
①生徒は毎日、意義のある文章を読み、意義のある文章を書き、意義のある会話をするための機会を持つ必要がある。
　読めば読むほど、書けば書くほど、話せば話すほど、聞けば聞くほど、リテラシーが向上する。
②生徒には読む本を選ぶ機会が必要である。
　もし教員が生徒に教室以外でも読んでほしいと思うならば、生徒にアピールする本を生徒自身が見つけ出し選べるように、教員は機会を提供する必要がある。
③リテラシーは単に英語や国語技能科目（**Language Arts**）のみで教えられるものではない。
　国語技能科目とは、米国において、初等教育や中等教育の学校で英語の運用力を養うために用意された読解・作文・話し方などに関する教科のことである。
　生徒には、読書に関する方策が他の科目の授業や日常生活のなかでも応用できることを示す必要がある。従って、すべての教員がリテラシーの教員である。
④フィクションとノンフィクションは等しく価値がある。
　たとえば国語技能科目の教員は、たとえ我々が日常生活で行っている読むことのほとんどがノンフィクションであろうとも、教室ではフィクションに焦点を合わせる傾向にある。しかし、生徒には、両方のタイプのテクストをいかに読むかについて、直接の教育が必要である。
⑤良き読者とは、生まれながらのものではない。すべての生徒は少しの支援で素晴らしい読者になりうる。
　生徒たちは読解の方策において明確な教育が必要であり、これらの方策を実践するために複数の機会を必要としている。
⑥読書をする際に、想像力を働かせ、自ら考えたことを明確に表現するこ

表1.3　ノンフィクションの読書
考えることへの変換

	（第一段階）　➡ 表面的な理解	（第二段階）　➡ 双方向のやり取り による理解	（第三段階） 自らの解釈による理解
テクスト	・テクストの特徴 ・概要 ・何が重要か決める ・再び語る／数え直す ・始まり－中間－おわり	・質問 ・つなぐ ・想像する ・推論する	・変容させる ・統合する ・批判的思考

考えることへの変換

出典）Gear, Adrienne（2008）*Nonfiction Reading Power: Teaching Students How to Think while They Read All Kinds of Information.* Portland: Stenhouse Publishers. をもとに作成

とを学ぶ必要がある。

　読書のあいだに想像力を働かせること、読書を通じて自ら考えたことを明確に表現することを生徒たちに教えると、より強力な読者が持ちうるメタ認知能力と理解力の両方を高めることができる。

　以上の6点などを踏まえて、生徒の読書力の育成には、（Ⅰ）校内すべての教員が関わること、（Ⅱ）毎日読む・書く・話す・聞くための機会を設けること、（Ⅲ）学校図書館や学級文庫などの利用を通じて読む本を自由に選ぶ機会が必要であること、（Ⅳ）読書の際に想像力を働かせたり考えたりするなど、本を理解するために何をすべきか教示すること、および、（Ⅴ）フィクションとノンフィクションという異なるタイプの本をいかに読むかについて教育することなどが、重要である。

　フィクションを読もうとノンフィクションを読もうと、読者は同様に「デコーディング」を行うが、「理解」において両者の方策には異なる点が見受けられる。すなわち、物語を読む時と本から重要な情報を見つけ出し読み取る時では、読む力に違いが見られる［Hadden and Gear, 2016］。

　特にノンフィクションの読書では、表1.3に示すように考える人としての読者であることが求められる。ノンフィクションのテクストをより深く理解するためには、三つの段階が必要であると言われている［Gear, 2008］。

第一段階は「表面的な理解」である。書かれている内容を文字通り受け止めて読み進め、テクストの主要なアイディアを見つけることである。第二段階は「双方向のやり取りによる理解」である。書かれている内容と読者、すなわち著者と読者との読書を通じての双方向のコミュニケーションによる理解である。たとえば著者に問いかけたり、これまでの経験や予備知識とテクストをつなげたり、新しい情報が以前の知識のどこに適合するかチェックする。第三段階は「自らの解釈による理解」である。第一段階と第二段階を経て、読者ひとりひとりが自ら考え出した解釈による理解にようやく辿り着くことができる。ノンフィクションのテクストを読むことを通じて、ものの見方や自らの思考に変化が生じたことを認識することができる。第三段階に達することで、読書は楽しいものとなり、読書の意義を真に理解できる自立した読者になれるのである。

　なお、第三段階に達するまでには、ノンフィクションのテクストを繰り返し読むこともありうる。すなわち、考える人としての読者となるためには再読は必要不可欠なことである。

第4節　OECD Learning Compass 2030の コンピテンシーとその基盤

　OECDのDeSeCoプロジェクト（1997〜2003年）が21世紀に求められる新しい能力について「キー・コンピテンシー」の定義や枠組みなどを提案してから、AIの発達や移民の増加など国際社会はさまざまな変化に見舞われた。変動の大きい社会情勢のもとで、2030年に必要とされるキー・コンピテンシー、および、それを育むためのカリキュラムの方向性を示そうと、OECD Education 2030プロジェクト（正式名称：OECD Future of Education and Skills 2030 Project）が2015年から始まった。

　2019年5月にOECD Education 2030プロジェクトは4年間にわたる第1期を終えた。そこで、図1.4に示すように「OECD ラーニング・コンパス 2030」（OECD Learning Compass 2030）という名称で、2030年における生徒の学びの羅針盤を公表した［OECD, 2019a］。

　昨今の教育は「何かを子どもたちに教える」ということにとどまるものでは

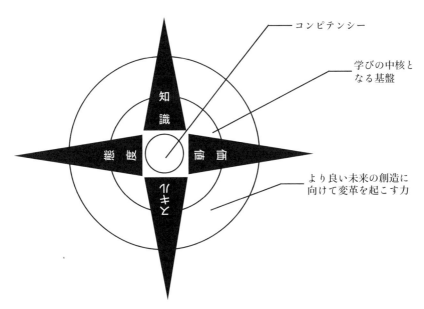

共通の目標
「社会が穏やかで平和なこと」(Well-being)

生徒エージェンシー　　　　　　　共同エージェンシー

コンピテンシー

学びの中核となる基盤

より良い未来の創造に向けて変革を起こす力

知識　態度　価値　スキル

(「より良い未来の創造に向けて変革を起こす力」を育むためのサイクルとして、「見通し」➡「行動」➡「振り返り」のサイクルがあげられている。)

図1.4　OECDラーニング・コンパス2030
出典）OECD Future of Education and Skills 2030 Project（2019a）*Conceptual Learning Framework Concept Note: OECD Learning Compass 2030.* Paris: OECD. をもとに作成

ない。すなわち、ひとりひとりの子どもが信頼できる「コンパス」(羅針盤)を持ち、不確実で複雑で変わりやすい社会において、自信を持ち自らを導いていけるように手助けするものに変化しつつある。「ラーニング・コンパス」には、このような教育を行っていくための重要な要素が示されている［白井, 2020］。

　図1.4に示すように、「OECD ラーニング・コンパス 2030」では、人々の共通の目標として「社会が穏やかで平和なこと」(Well-being)があげられている。

生徒はこのコンパスを参考にしながら、自らのエージェンシー（Agency）を育て目標に向けて力を発揮していくのである。なお、エージェンシーとは、主体的に考え、行動し、責任を持って社会変革を実現していくという意志や姿勢を意味している［シュライヒャー，2019］。「生徒エージェンシー」（Student Agency）は、生徒自身がそのような社会変革を実現していこうという意志や姿勢を持ち、行動することであり、「ラーニング・コンパス」において最も重要な概念である。「共同エージェンシー」（Co-agency）とは、生徒がめざす目標に向かって進んでいくのを支援し協力する仲間、教員、家族、および、コミュニティなどである。

　すべての学習者が自らのエージェンシーを働かせ自らの可能性を実現するためには、生徒たちには「学びの中核となる基盤」（Core Foundations）が必要である［OECD, 2019b］。「ラーニング・コンパス」の針である「知識」（Knowledge）、「スキル」（Skills）、および、「態度・価値」（Attitudes and Values）は、キー・コンピテンシーに該当すると考えられる。これらを支える基礎として、以下の3点が特に重要である。

①認知的な基礎（**Cognitive Foundations**）
　リテラシーとニューメラシー（Numeracy: 数学的リテラシー）に加えて、デジタル・リテラシーとデータ・リテラシーも含む。

②健康に関わる基礎（**Health Foundations**）
　心身の健康と安寧（Well-being）を含む。

③社会的、および、情緒的な基礎（**Social and Emotional Foundations**）
　道徳や倫理を含む。

　これらはすべて「学びの中核となる基盤」として考えられる［OECD, 2019b］。また、上記の①〜③もキー・コンピテンシーに含まれるとしている［シュライヒャー，2019］。

　「学びの中核となる基盤」の外側にあるのが、「より良い未来の創造に向けて変革を起こす力」（Transformative Competencies）である。これについては具体的に、「新たな価値を創造する力」（Creating New Value）、「対立やジレンマに対処する力」（Reconciling Tensions & Dilemmas）、「責任ある行動をとる力」（Taking Responsibility）という三つの力があげられる。そして、「より良い未来

の創造に向けて変革を起こす力」を育むためのサイクルとして、AARサイクル(「Anticipation(見通し)」「Action(行動)」「Reflection(振り返り)」)が示されている。

　このような「OECDラーニング・コンパス2030」において、特に読書に関わりがあるのは、「学びの中核となる基盤」の「①認知的な基礎」に含まれている「リテラシー」である。「リテラシー」については、元来、人々が効果的にコミュニケーションを取り、世の中のことを理解できるように、読み書き話し聞くための能力であると定義されてきた。

　リテラシーはニューメラシー(Numeracy: 数学的リテラシー)と同様に、これまでや今日においてのように、2030年でも欠くことのできないキー・コンピテンシーである。さらに今後は、デジタルな文脈のなかで適用されるリテラシーとしてのデジタル・リテラシーや、データの激増とビッグ・データの出現によるデータ・リテラシーが、子どもたちに必要になるのである[OECD, 2019b]。

　なお、データ・リテラシーとは、データから意味のある情報を引き出すための能力に加えて、データが誤解されて利用されている時、あるいは、不適切なやり方で利用されている時に、そのことを認識する能力なども含んでいる。すなわち、データ・リテラシーとは、データの技術的、および、社会的な側面の両方に関わっている。

　このように幅広い意味でのリテラシーが、2030年の教育においても育成すべきキー・コンピテンシーとして認識されている。リテラシーの育成にとって欠くことのできない読書には今後も大きな意義があり、読書教育の果たすべき役割は重要であると言える。

引用参考文献
秋田喜代美・庄司一幸編、読書コミュニティネットワーク著(2005)『本を通して世界と出会う：中高生からの読書コミュニティづくり』北大路書房
秋田喜代美・黒木秀子編(2006)『本を通して絆をつむぐ：児童期の暮らしを創る読書環境』北大路書房
長田弘(2006)『読書からはじまる』日本放送出版協会

金沢みどり(2022)『図書館サービス概論　第2補訂版』学文社

黒田友紀(2016)「21世紀型学力・コンピテンシーの開発と育成をめぐる問題」『学校教育研究』31巻、pp. 8-22

国立教育政策研究所(2013)『社会の変化に対応する資質や能力を育成する教育課程編成の基本原理』(教育課程の編成に関する基礎的研究、報告書5)

齋藤孝(2002)『読書力(岩波新書801)』岩波書店

塩見昇(2016)『学校図書館の教育力を活かす　学校を変える可能性』(公社)日本図書館協会

シュライヒャー, アンドレアス(2019)「「The OECD Learning Compass 2030」に見る"Agency"とは？」(取材・文／笹原風花)『Career Guidance』Vol. 429、pp. 32-37

白井俊著(2020)『OECD Education 2030 プロジェクトが描く教育の未来』ミネルヴァ書房

高田喜久司(2015)「「21世紀型能力・学力」と学びの探究」『学校教育研究』30巻、pp.8-22

日本子どもの本研究会(1988)『小学校低学年の読書教育』国土社

松尾知明(2017)「21世紀に求められるコンピテンシーと国内外の教育課程改革」『国立教育政策研究所紀要』第146集、pp. 9-22

松下佳代(2011)「〈新しい能力〉による教育の変容―DeSeCo キー・コンピテンシーと PISA リテラシーの検討」『日本労働研究雑誌』No. 614、pp. 39-49

脇明子(2005)『読む力は生きる力』岩波書店

脇明子(2008)『物語が生きる力を育てる』岩波書店

Adler, M. J. and Doren, C. V. (1972) *How to Read a Book.* New York: Touchstone.
　なお、日本語訳としては、下記の図書がある。
　アドラー, M.J.・ドーレン, C.V.著、外山滋比古・槇未知子訳(1997)『本を読む本』講談社

Anderson, R. et al. (1985) *Becoming a Nation of Readers: The Report of the Commission on Reading.* Washington, DC: US Department of Education, National Institute of Education.

Calkins, L. M. (2001) *The Art of Teaching Reading.* New York: Longman.
　なお、日本語訳としては、下記の図書がある。
　ルーシー・カルキンズ著、吉田新一郎・小坂敦子訳(2016)『リーディング・ワークショップ　「読む」ことが好きになる教え方・学び方』新評論

Chambers, Aidan (2011) *Tell Me: Children, Reading and Talk with the Reading Environment.* Gloucestershire: Thimble Press.
　なお、上記の図書の直接の日本語訳ではないが、チェインバーズの考え方を知るうえで参考になると思われる図書の日本語訳としては、下記の図書がある。
　チェインバーズ, A. 著　こだまともこ訳(2003)『みんなで話そう、本のこと―子どもの読書を変える新しい試み』柏書房

Gear, Adrienne (2008) *Nonfiction Reading Power: Teaching Students How to Think while They Read All Kinds of Information.* Portland: Stenhouse Publishers.

Hadden, Kyla and Gear, Adrienne (2016) *Powerful Readers: Thinking Strategies to Guide Literacy Instruction in Secondary Classrooms.* Markham: Pembroke Publishers.

Krashen, Stephen D. (1993) *The Power of Reading: Insights from the Research.* Westport: Libraries Unlimited.

　なお、日本語訳としては、下記の図書がある。

　クラッシェン, スティーブン著、長倉美惠子・黒澤浩・塚原博 共訳(1996)『読書はパワー』金の星社

Krashen, Stephen D. (2004) *The Power of Reading: Insights from the Research.* 2nd edn. Westport: Libraries Unlimited.

Meek, Margaret (1982) *Learning to Read.* London: The Bodley Head.

　なお、日本語訳としては、下記の図書がある。

　ミーク, マーガレット著、こだまともこ訳(2003)『読む力を育てる―マーガレット・ミークの読書教育論』柏書房

OECD DeSeCo Project (2005) *The Definition and Selection of Key Competencies- Executive Summary.* Paris: OECD.

OECD Future of Education and Skills 2030 project (2019a) *Conceptual Learning Framework Concept Note: OECD Learning Compass 2030.* Paris: OECD.

　なお、日本語訳としては、下記の文書がある。

　秋田喜代美・安彦忠彦・太田環・岸学ほか(2020)『OECDラーニング・コンパス（学びの羅針盤）2030』(OECD Learning Compass 2030 仮訳)
　https://www.oecd.org/education/2030-project/teaching-and-learning/learning/learning-compass-2030/OECD_LEARNING_COMPASS_2030_Concept_note_Japanese.pdf（参照 2022-07-19）

OECD Future of Education and Skills 2030 project (2019b) *Conceptual Learning Framework Concept Note: Core Foundations for 2030.* Paris: OECD.

第2章

読書教育の歴史

本章の要点

　読書教育について見ていく上では、現代の読書教育だけでなく、その前提となる歴史についても理解しておく必要がある。なぜならば、歴史的な積み重ねを経た上で、現在の教育は我々の把握するものとなっているためである。

　そこで、本章では、明治から令和までの日本における読書教育の歴史を概観する。具体的には、読書教育が大正に一旦花開きかけつつも戦争によって停滞していった「戦前」、学校図書館を通じて読書教育に注目が一時高まりつつも学習指導要領の改訂に振り回され、読書の地位も変わっていった「昭和中後期」、デジタル化、ネットワーク化の浸透が生活の中で進み、読書の位置づけがより社会の中で曖昧になっていき、そういった動向に対して子どもの読書推進活動が国家レベルの政策で行われるようになっていった「平成、令和」、という3期に分けて述べていく。その際、具体的な実践、学習指導要領の変遷、さらには学校図書館との関連などだけでなく、出版など読書をめぐる環境との関連も含めて幅広い視点から検討していく。

第1節　戦前までの読書教育

(1) 明治期の読書教育

　日本では、近世から既に庶民にもかなりの程度教育制度が行き渡っていたが[田中・橋本, 2013, pp. 129-141]、現代にも通じる西洋をモデルとした近代的な学校制度は1872年に公布された学制より始まった。明治期において読書教育はまだ芽生えの時期であった。初等中等教育に関わる制度は何度も

改定され、小学校における読書教育の中心たる「国語科」が読書科などを統合して成立するのも1900年のことである。就学率も1902年度には90%を超えることとなるが(図2.1)、近代的な学校制度を作ること自体がこの時代の主たる関心事であった。また、中等教育を受けることができた層も戦前を通じてかなり限られていたため、戦前については基本的に初等教育の読書教育のみを対象とする。

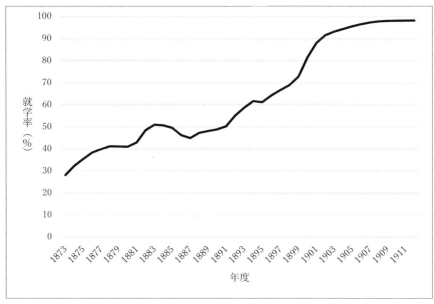

図2.1 明治期の就学率の推移
出典)文部省編(1981)「1 明治6年以降教育累年統計」『学生百年史 資料編』より作成

　この時代の国語科の教授法としては、まず、江戸時代からの素読中心のものから始まり、米国に留学した高嶺秀夫の影響などによるペスタロッチ(Pestalozzi, Johann)の教育思想、そしてそれに影響を受けた開発主義教授法の導入[田中ら，2019, pp. 51-52]、お雇い外国人であるハウスクネヒト(Hausknecht, Emile)の影響などによるヘルバルト主義(Herbartianism)、そして5段階教授法の導入[田中ら，2019, pp. 54-56]、日露戦争に勝利したことによる国民精神を養うための内容に重点を置いた教授法、文字や語句の記憶、

形式面の練習・応用を重視した形式偏重の教授法など、基本的には欧米のカリキュラムを輸入し、かつ知識を効率的に注入することを中心としていた。その中で例外と言えるのが、樋口勘次郎などが唱えた統合主義の教育法である。これは知識の注入や形式的な教育に対して、各教科の連絡統一を目指す児童中心的な発想を持っていた。ただし、これも5段階教授法と教授過程の点では変わりなかったという指摘もある[増田, 1997, pp. 19-36]。

　制度としても、1903年の小学校の教科書の国定化など初等教育では教育内容の画一化が進められ、こうした中では、課外読書はあまりすすめられず、むしろ小説など本によっては有害という議論もあった[塩見, 1986, pp. 47-48]。ただし、そういった動向へのアンチテーゼとして、自学自修のために児童文庫を小学校に設けるべし、という動きもあった。その最も早いものが京都市での動きである。1902年に生祥尋常高等小学校に設けられ、1905年には1,374冊の蔵書を備えていた児童文庫がその端緒と言える。1918年には、全75校の小学校のうち46に児童文庫が設けられていた。これに影響を与えたのは、1908年の京都市による通牒であると塩見は指摘している。この通牒では、学校図書館を必ず設けよ、と述べられている。この背後には京都帝国大学の教育学者、谷本富などの影響があると考えられる[塩見, 1986, pp. 23-41]。ただし、こうした一部の地域における学校図書館作りの実践はなされていたが、系統だった読書教育はまだ誕生していなかった[増田, 1997, pp. 19-36]。

　また、小学校には学校教育で必要とされる前から、公共図書館の設置場所としても利用されていた。特に、明治後期からの、報徳精神の普及・実践を目指した地方改良運動で、「良書」の普及により国民思想を善導し、民衆を教化するために通俗(公共)図書館に注目が集まった。また、1910年の「図書館施設ニ関スル訓令」において示された、簡易な施設で「健全有益ノ図書」を収集すべし、という振興策も小学校への施設の設置を促した。ただし、これは有名無実の図書館を量産しただけという批判もあり、山口県の明木図書館などたまたま志のある人物と図書館が揃ったケースにおいて、やっと効力が発揮されることとなった[塩見, 1986, pp. 41-50]。

　一方、子どもの読書、読書教育を支える児童文学については、明治初期

は『さいはひのおとづれわらべ手びきのとひこたへ』(ジェームス・カーティ
ス・ヘボン著、奥野昌綱訳、出版者不明、出版年不明)などのキリスト教
関係のもの、『訓蒙窮理図解』(福沢諭吉)などの科学読み物、『天路歴程意訳』
(ジョン・バニヤン著、佐藤喜峰訳、十字屋書舗、1879)などの翻訳から始ま
る。明治20年代になってくると、『少年園』、『日本之少年』などの子どもたち
の投稿以外に物語や科学読み物などを掲載する雑誌、『こがね丸』(巌谷小波)
などの日本産の作品が生まれ始める。さらに20世紀に入っていくと説話や
おとぎ話のような作品だけでなく、時代小説の基盤となった「立川文庫」や
『海底軍艦』(押川春浪)など大衆的な作品も多く出版されるようになってくる
[鳥越, 2001, pp. 13-123]。

　その一方で小説などが児童にとって有害であるという議論も上述のように
登場していた。この議論では、明治中期において、特に性風俗において学生
の風紀が乱れているとされていたことに対する一つの原因として指摘されて
いた。政府においてもその対策として、文部大臣より「良書」を読ませること
を勧奨する一方、特に自然主義小説などの「悪書」を禁止する訓令が1906年
に出されている[高橋, 1992;目黒, 2019, pp. 1-7]。

(2) 大正期の読書教育

　大正期は、大正デモクラシーという言葉に代表されるように自由主義的思
想が台頭し、その中で教育も新たな展開を迎える。それが、いわゆる大正新
教育である。そこでは多様な実践が行われたが、旧来の画一的かつ暗記中心
である教師中心の教育に対して、子どもの個性や自発性を重視した教育を目
指す、という点ではある程度の一致を見せていた。その象徴とも言えるもの
が、1921年の八大教育主張である。千葉師範学校附属小学校の手塚岸衛に
よる児童中心の学校経営である自由教育論など、8名の登壇者による個性的
な教育論がそこでは唱えられた。そうした動きは沢柳政太郎が設立した成城
小学校など多くの私立学校の設立にもつながった。

　デューイ(Dewey, John)など海外の新教育に関する情報は明治の後期から
入っていたが、新教育において大きな影響を与えた思想として、パーカース
ト(Parkhurst, Helen)が提唱したダルトン・プラン(Dalton Laboratory Plan)が

あげられる。これは、「自由」と「協同」を中心とし、個別学習と協同学習を組み合わせて展開する、という形のプランであった。日本では、成城小学校などに取り入れられ、展開していった。他にも、プロジェクト・メソッド（Project Method）、モンテッソーリ・メソッド（Montessori Method）なども実践の中で取り入れられた。

　だが、こういった新教育の動きは、あくまで国家による教育目的である臣民教育を効率的に達成するための方法にとどまり、また自由教育への反発や弾圧も徐々に高まっていき、大きな変革にまではつながらなかった。ただ、それでも、戦後の新教育につながる種とはなっていたという評価もある[田中・橋本，2013, pp. 155-168]。

　各学校における読書教育の実践について、もう少し詳しく見ていくと、成城小学校では国語科の中に「読書科」という科目を設定し、2年から5年までは週2時間、6年は週1時間を当てていた。その内容としては、教師が、子どもの質問に答える、または読むものが決まらない子どもの相談相手になるなど消極的な立場に立ち、基本的には子どもが自分に合う本を自分が読むことのできる速さで読む、という子どもを中心としたものとなっている[増田，1997, pp. 40-48]。また、子どもを中心とし、子どもが自由に参考書を通じて学習をすることを目指した同校の中では図書館も設けられ、その実践から1928年の『児童文庫の経営と活用』などの学校図書館についての研究書も生み出された[塩見，1986, pp. 66-73]。

　こうした教育における新しい動きは、児童文学における新たな動きによりさらに加速する。1910年に小川未明の第一童話集『赤い船』が出版されるなどの先駆となる動きが出てくる中、1918年に鈴木三重吉が主催する雑誌『赤い鳥』が創刊する（図2.2）。この雑誌は、従来の学校の教育方法や児童向けの通俗的な雑誌への批判から生まれた。そして、芥川龍之介（「蜘蛛の糸」を掲載）や有島武郎（「一房の葡萄」を掲載）などの著名な作家の参加、また、童謡や自由詩、児童向けの挿絵などの掲載などにより、総合的な子ども向け芸術的雑誌となっていった。これに影響を受け、『おとぎの世界』などの文芸を中心とする雑誌も次々に創刊された。こうした雑誌は必ずしも発行部数は多くなかったが、新教育へ関心を持つ教師などの手によって子どもの元まで

図2.2 『赤い鳥』創刊号の表紙
出典) https://commons.wikimedia.
org/ wiki/File:Akai-Tori_ first_
issue.jpg?uselang=jaより

伝わっていった。だが、1923年に発生した関東大震災による経済的打撃が大きく、1920年代後半には多くの雑誌は休刊に追い込まれていくこととなった[鳥越, 2001, pp. 125-144]。

また、1924年に文部省による教科書に関する次官の通牒が出され、俗悪な教科書類似図書、ひいては国定教科書以外の図書を授業で使うことに対しての取り締まりが行われるのではないか、ということが広まった。これが、大正新教育、そして花開きかけた読書教育に水を差すこととなった[増田, 1997, pp. 71-76]。

(3) 昭和前期の読書教育

第一次世界大戦の後から日本は不況が慢性化し、上述の関東大震災、1927年からの昭和金融恐慌、1929年からの世界大恐慌などにより不況は長引いた。これは教育にも影響を及ぼし、児童生徒の中退などが増えた。そうした中で、生活綴方運動は大正新教育を批判的に受け継ぎ、子どもに自分の生活について作文(綴方)を書かせ、それを克服していく力を育てることを目指した。

また、1925年の治安維持法の制定など国内への規制は厳しくなり、社会主義だけでなく、自由主義思想までもが徐々に規制されていくようになった。教育においても、これらの思想に代わって日本精神が強調されるようになり、1932年には文部省に「国民精神文化研究所」が置かれ、日本精神を教員に広めるセンターの役割を果たした。1935年には文部大臣の諮問機関として教学刷新評議会が、万世一系の天皇を頂点とする日本固有の学問、教育観を打ち出し、1937年には教育審議会が教育の再編成を目指し設立された。1941年には小学校が皇民の錬成のための国民学校になり、他の学校も皇民の錬成を目的として制度が改正された。

その一方、1931年の満州事変や1937年からの日中戦争などをはじめとする中国への軍事行動という対外的な拡張策もとられていた。さらに1941年には太平洋戦争に突入し、戦況が悪化するにつれ、学徒動員が制度化されていき、教育制度は崩壊していった［田中・橋本，2013, pp. 170-175］。

　国語教育、そして読書教育においても、この時期においてはあまり大きな発展はなかったという指摘もあるが［増田，1997, p. 94］、こうした中でも、戸塚廉の教育実践はしばしば取り上げられる。特に、1930〜1933年の2年7か月と短い期間であったが、静岡県の雨桜小学校における実践は、(1)子どものいたずらの中に学習のきっかけを見出していること、(2)既存の教科の枠にこだわらず、「科学」で統合された指導を行ったこと、(3)その中で読書が重要視されていること、(4)「貧乏との対決」を実践の基底としていたこと、(5)学校におさまらず村ぐるみの教育となっていたことなどが特徴として挙げられる。こうした教育実践の中で、読書を支え、発展させるモノとして図書館についても重要視しており、雨桜小学校の前の掛川の小学校における学級文庫、雨桜小学校における学級文庫を発達させた学校図書館、雨桜村の青年団の図書館と三つの図書館を作っている［塩見，1986, pp. 113-122］。

　だが、特に公立図書館において、「読書指導」という名のもとに、少なくとも理念においては、読書の読みにわたるまでの統制が行われるようになったのもこの時期である。例えば、読書記録や感想について指導者に点検され、助言も受けるという読書会において思想統制をより積極的に行おうという姿勢は表れている（ただし、実態においては必ずしも統制が行き届いていなかったという指摘もある）［山梨，2011, pp. 170-209］。

　出版についても、1920年代後半には上述のように多くの芸術的な児童向け雑誌は休刊した。その一方で、官憲の弾圧などによりあまり大きな成果は上がらなかったが、児童文学に階級的観点を確立しようというプロレタリア児童文学、児童の生活に密着した文学である児童自由詩やリアリズム童話などの動きもあった。

　そうした時代においても、大日本雄弁会講談社の『少年倶楽部』などの大衆的な児童向け雑誌は大きく売上げを伸ばしていた。『少年倶楽部』は、時期によってその趣を変えているが、「面白くて為になる」をモットーに国民教化と

娯楽性を追求していく姿勢を基本的に取り、大佛次郎、佐藤紅緑などの作品を掲載し、少年たちの精神に大きな影響を与えていた。

　1938年には低俗とされたマンガなどを取り締まる「児童読物改善ニ関スル指示要綱」が内務省より出され、国家による児童読物の統制、さらには文化統制へという流れが生まれた。だがこの流れは、一方では、「復興現象」と呼ばれる芸術的な児童文学の出版の一時的な隆盛を可能にした面もあるとも指摘されている。

　しかし、「復興現象」は太平洋戦争に入っていくと、次第に影を潜め、児童文学の出版点数は激減していく。また、子どもを戦争に積極的に協力させようという意図の元、児童文学は少国民文学と名称が改められ、内容も軍事関係や戦意高揚のためのものが中心となり、より統制的になっていった［鳥越, 2001, pp. 184-278］。

第2節　昭和中後期の読書教育

(1) 学校図書館法成立までの読書教育

　1945年の敗戦後、日本は米国をはじめとする連合国の占領下に置かれることになり、その中で憲法をはじめとして様々な大規模な変化が起こった。教育においても自由主義、民主主義を打ち出すこととなった。それは、1946年の第一次米国教育使節団の報告書、さらには1947年成立の「教育基本法」にも現れている。例えば「教育基本法」では、学問の自由や教育の機会均等が定められ、義務教育は9年（小学校6年、中学校3年）に延長され、1948年には高等学校は希望者すべてが入学できることが原則とされた。学校における教育課程の基準としての学習指導要領も作られ、1947年の試案では、当時米国で導入されつつあった、学習者の経験を教育の本質とする経験主義的な教育学の発想が導入された。その中では、学習者の自発的な学びが重視されており、社会科と家庭科が「新しい社会建設の中心的な役割」を果たすことを期待された。経験主義的なカリキュラムを各地で導入し、発展させようというカリキュラム運動も盛んになり、学校や地域の名前をとった桜田プランや明石附小プランなどが試みられた。また、1947年の学習指導要領は社会

の実情や教育現場と異なっている部分が多々見られたため、改訂が進められ、1951年に『学習指導要領一般編（試案）』が発行された。

　だが、1950年の朝鮮戦争をはじめとして東西の冷戦構造が顕在化していくことで、日本は「共産主義の防波堤」としての役割が求められるようになり、教育の見直しが行われていき、再び系統主義的な教育が重視されるようになっていった［田中・橋本，2013, pp. 175-181；金，2015, pp. 49-50；根本，2019, pp. 75-127］。

　こうした中、読書教育は、戦前の思想善導の教育に対する反発から、敗戦後の厳しい物資事情の中でも、後述の『学校図書館の手引』などに示されているように、子どもの批判的態度も育成することが学校図書館などを通して行われることが目指された。『学校図書館の手引』の編集にも関わった滑川道夫や阪本一郎は、戦後の読書指導の理論と実践において、特に指導的役割を果たした［全国学校図書館協議会『学校図書館五〇年史』編集委員会，2004, pp. 174-175］。滑川は、「読書指導が「読書に関する生活指導」であるだけでなく「読書による生活指導」でもあること」を示し［野口，2008, p. 183］、阪本は読書興味の発達について現在にもつながる分類を提唱し、日本読書学会の設立にも関わった［杉山，2019］。

　学校図書館については、GHQの教育部局にあたるCIE（Civil Information and Education Section：民間情報教育部）の示唆のもと、文部省が上記のように1948年『学校図書館の手引』を刊行した。これは、学校教育法施行規則に必置が定められた学校図書館がどのような理念のもと、どのように運用されるのかを提示するものであった。その中では、学校図書館が、特に新設された社会科と関連を持ち、学習指導の中心となるべきことが述べられている。また、読書指導についても、「学校図書館を利用することによって、生徒たちに、読書を終生の楽しみと考えさせるようにすることができる」ことなどが述べられている［文部省，1948, p. 4］。『学校図書館の手引』は、教科書配給ルートを通じて各学校に1冊ずつ配布され、学校図書館のイメージを喚起させることに大きな役割を果たした。

　この手引を編集する上で学校図書館に関する問題が次々と登場したため、文部大臣の諮問機関として1948年に学校図書館協議会が成立した。そして、

1949年「学校図書館基準」が作成され、またそれ以外にも学校図書館の実態調査も行われるなど、日本の教育行政史上、初めて学校図書館に行政が積極的な関与を行った。

　こうした中、学校図書館は「子どもたちによい文化との出会い（読書）をという観点」と、「社会科や自由研究の新設、問題解決の学習や討議法の重用など、新教育の要求（むしろ模索）」という観点の二つから実践が広がっていき、それは学校図書館の全国組織である全国学校図書館協議会（以下、全国SLA）の1950年における結成、そして1953年の学校図書館法の成立へと繋がっていった。ただし、学校図書館法は、司書教諭の制度化、国庫負担という成果はあったものの、司書教諭以外の職員の配置は明記されず、司書教諭配置の猶予期間は「当分の間」と曖昧なものとされ、司書教諭は免許制ではなく資格制となり、国の負担の額は目標額に届かないなどの問題点も残した［塩見，1986, pp. 143-184］。これは、上記のような教育の方向転換の中で学校図書館法が成立したためである。

(2) 学習指導要領の変遷と読書教育

　学校図書館法成立後の読書教育と学校図書館について、学習指導要領に沿って見ていくと、上述のように、1950年代には教育において逆コースが進み、新教育へも批判が強まった。それが影響し、系統的に知識を詰め込む系統主義的な教育への傾向が高まった。1958年の学習指導要領も拘束力がある基準となり、教科書も学習指導要領に対して準拠するよう求められるようになった。1951年の学習指導要領においては多くの記述が見られた学校図書館も、1958年の学習指導要領の改定では、その役割についての記述が大幅に減った。金によると［金，2015, p. 94］、2008年までの学習指導要領で学校図書館に関連する内容が登場するのは、51年要領においてもっとも多い。総則や国語科だけでなく、算数、理科、音楽、体育でも登場する。だが、58年要領では激減する。具体的には、総則と国語科だけでの記述となった。

　それでも、1968年の学習指導要領では、特別活動でも学校図書館の利用が言及された。また、読書に対する教育について、国語科における「読解指導」に限らず、多様な科目にも関連する、より総合的及び発展的な「読書指

導」も行うということを示した。

1977年、1989年の学習指導要領の改訂においては、系統主義による詰め込み教育への批判から、再び経験主義に振り子が振れることとなり、授業時間数や教育内容の削減、学校裁量の「ゆとりの時間」の新設などがなされたが、学校図書館や読書教育に対する位置付けはほとんど変わらなかった［金，2015, pp. 44-63］。

その一方で、1955年から、批判的で主体的な読書を目指すという目標、そして後述のように俗悪出版物とされたマンガの流行やテレビ放送の開始に対する危機感から、読書感想文の全国コンクールである、青少年読書感想文全国コンクールが全国SLAと毎日新聞社によって行われることとなった［全国学校図書館協議会『学校図書館五〇年史』委員会，2004, pp. 192-198］。

また、読書教育の実践においても、大村はまによるものなどがこの時期に積み重ねられている。大村は、1928年から高等女学校、そして戦後は新制中学校で1980年まで教鞭をとり、単元学習を中心とするその独自の国語教育における実践は大きな影響を現在まで与えている。国語教育の中の読書指導においても1966年から積極的に取り組んでいる。例えば、読書についての時間を月に2、3時間、1年間通して「帯単元」として設ける、「読書の記録」ではなくもっと幅広い視野を持った「読書生活の記録」を作らせる、といった実践を行い、読書生活の指導を行うことを目指した［増田，1997, pp. 240-245；大村，1984］。

だがこうした中、学校図書館は司書教諭の配置が進まないままだった。東京都や愛知県などで専任司書教諭の配置が行われる動きもあったが、それも一時的なもので終わってしまった。そうした状況に対して、学校司書と呼ばれる職員がその穴を埋め、学校図書館の運営にあたった。ただし後述の学校図書館法改正直前の1995年時点でも、高校では7割程度の学校に学校司書がおり、その8割程度が正規雇用だったが、小中学校では2割も設置されておらず、しかもその多くは臨時職員だった［根本，2019, pp. 139-141］。

(3) 読書の位置付けの変化
戦後初期の児童文学は、『赤い鳥』の精神を引き継いだ『赤とんぼ』など民

主的な社会観を養おうという「良心的」児童雑誌も一時期登場し、そこから
『ビルマの竪琴』(竹山道雄)など今日まで読み継がれる作品も生まれた。だ
が、逆コースの流れにより、そうした雑誌は次々失われ、娯楽的な『おもし
ろブック』、『漫画少年』といった読み物雑誌、マンガ雑誌が子どもの心を捉え
ることとなった［鳥越，2001, pp. 296-312］。

　それでも子どもに「良書」を読んでもらいたいという思いは根強く、様々な
活動となって現れる。そうした活動として、例えば、児童文学作家で当時鹿
児島県立図書館長でもあった椋鳩十が1960年代に提唱した、「母と子の20分
間読書」があげられる。これは、教科書以外の本を子どもが声に出して読み、
母親が子どものそばで静かに聞くことを、毎日20分間くらい行う、という
ものである。家族と子どもが共通の本を通じて、心を結びつけていくことが
狙いとしてあった［山本，2015, pp. 29-33］。また、児童文学者の石井桃子に
よる「かつら文庫」やその実践を描いた『子どもの図書館』などがモデルとなっ
て、女性が運営の中心を担い、各家庭などを開放した子ども文庫の運動も児
童書を広めるにあたって重要な役割を果たした。最盛期の1980年には4000
を超える文庫があり、公立図書館の3倍近くの数であった［高橋，2018］。

　だがそうした一方で、「良書」を届けようとする動きと表裏一体となる形
で、マンガなど「悪書」に対して、悪書追放運動が行われた。1955年を一つ
のピークとするこの運動は、PTAや大手新聞などが中心となっていた。当時
の子ども向けの雑誌、特にマンガで暴力的な場面などが多数あったこと、そ
うした青少年の犯罪や事故の実態と結びつけられたこと、政治体制が保守化
したこと、倫理や性風俗の急変とそういった状況で保護者が戸惑いを感じて
いたことが結びついて、『鉄腕アトム』(手塚治虫)や『少年ケニヤ』(山川惣治)
などの作品までをも巻き込んで大きな動きとなった。その後も、『ハレンチ学
園』(永井豪)、『アシュラ』(ジョージ秋山)など「有害」とされるマンガに対する
批判は何度も起こっている［竹内，1995］。

　さらに、1980年代までに読書の地位と結びついていたある種の考え方に
も疑義が挟まれるようになった。それは、大正時代の旧制高校を発祥とし、
岩波書店、特に岩波文庫と結びついていた教養主義の没落［竹内，2003］、あ
るいはドストエフスキー(Dostoevsky, Fyodor)などの作品を大衆的な作品よ

り上とみる教養主義的な「本の階段」の秩序の崩壊[津野，2016]、と呼ばれるものである。こうした流れも影響し、テレビなどの新しいメディアと比較して、読書の人間形成の過程における相対的な地位は低下していった。

第3節　平成および令和の読書教育

(1) ネットワーク化、デジタル化の進展と読書教育

　1980年代からのテレビゲームの普及などにより読書の地位はさらに脅かされることとなった。こうした中、全国SLAと毎日新聞社が1954年から実施している「学校読書調査」によると、1か月に1冊も本を読まなかったものの推移は、1970年代からほぼ10年ごとに10％増加し、1990年代には、中学生が50％台、高校生が60％台に達した[全国学校図書館協議会『学校図書館五〇年史』編集委員会，2004, pp. 98-99]。

　その一方で、1990年代後半から、インターネットやパソコンが身近なものとなった。インターネットの利用率は、2010年には80％近くにまで爆発的に上がった。さらに、パソコンから特にスマートフォンに代表されるモバイル端末にインターネットを利用する際の利用機器が移行していき、2010年には初めて両者の利用者数が逆転した[総務省，2021, pp. 2-14]。デジタル化、ネットワーク化がこうしたことにより進んでいき、文字、画像だけでなく、音声、動画などでも気軽に情報がやりとりされていくようになっていった。

　そうした中、特にメールやLINE、TwitterといったSNSなどの普及もあり、文字自体への接触時間は現在にわたっても増えているが、従来型の読書は必ずしも増えているわけではない（図2.3）[総務省情報通信政策研究所, 2021, p. 39]。ただし、そうした中でも、こうしたSNSや「小説家になろう」といったWeb小説投稿サイトなどにおいて新たな読書コミュニティが誕生していることも事実である。

　また、従来型の紙媒体の資料の読書という形態からの変化も見られるようになった。何度かの試みののち、AmazonやGoogleといった海外の企業との競争が起こってきた中で、大手出版社が電子書籍に参入を表明するな

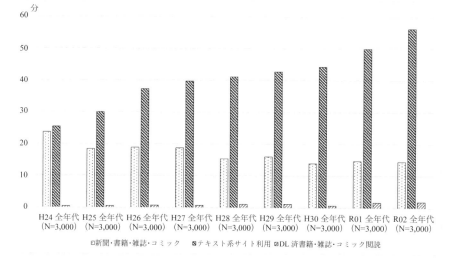

図2.3　平日のテキスト系メディアの平均利用時間の経年変化
出典）総務省情報通信政策研究所（2021）「令和2年度情報通信メディアの利用時間と情報行動に関する調査報告書」p.39をもとに作成

どの出来事があった2010年は日本における電子書籍元年と呼ばれた［長谷川，2016］。2020年現在もマンガを中心として電子書籍の売上げは伸びている［インプレス総合研究所，2021］。

　こうしたネットワーク化、デジタル化、さらに後には2020年からのコロナ禍に対応するため、学校現場における大きな試みとして、GIGAスクール構想が2019年に立ち上がり、生徒1人1台の端末、高速大容量の通信ネットワークの整備のための経費が予算として盛り込まれた［文部科学省，2021］。こうした動きは、学校図書館において生徒ひとりひとりがタブレットを使って探究的な学習を行うなど、読書教育も含めた教育そのものの方法を問い直すことにもつながっていく可能性を秘めている。

（2）読書推進活動の国家政策化

　子どもの読書離れへの認識は、全国SLAや日本児童図書出版協会などが参加する読書推進ネットワークである「子どもと本の出会いの会」の1993年の発足など民間における動きを起こしただけでなく、政治の世界にも影響を

与えた。児童文学者の肥田美代子は国会議員として1989年の初当選後から子どもの読書推進についての働きかけを積極的に行い、「学校図書館及び公共図書館の充実」、「子どもの本の国際交流促進」、「子どもの本の資料・情報センター「国立子どもの本の館(仮称)」」の設立などを目指す「子どもと本の議員連盟」の1993年の発足などを主導した。後述の学校図書館法の改正も、この議員連盟を中心とした議員立法によるものである[全国学校図書館協議会『学校図書館五〇年史』編集委員会, 2004, pp. 100-102；肥田, 2014]。

　民間や政治の世界における子どもの読書推進運動の活発化は、2000年を「子ども読書年」と定め、同年「国立国会図書館国際子ども図書館」が設立されることにもつながった。2001年には「子どもの読書活動の推進に関する法律」が制定され、政府が「子どもの読書活動の推進に関する基本的な計画」を作ることが義務付けられた。この計画はおおよそ5年ごとに作成され、2022年現在第四次の計画が進められている。家庭、地域、学校でそれぞれ子どもが読書を行う機会を提供する方策についてこの計画では示されており、第四次計画では特に、発達段階に応じた取り組みや友人同士で行う活動を通じて読書習慣や読書への関心を高めることが方向として示されている[文部科学省, 2018b]。さらに2005年には「文字・活字文化振興法」が成立し、学校図書館に限らず、公立図書館、大学図書館などについても文字・活字文化を振興するために様々な活動の推進を謳っている。

　また、読書教育として現在にまで大きな影響を与えているものとして、他にも、1988年に千葉県で始まった、朝の10分程度の時間、子どもと教師が読みたい本を毎日みんなで読むという朝の読書や、2001年から始まった、乳児とその保護者に本を渡すブックスタートなども挙げられる。2022年6月現在において7割強の学校は朝の読書を行っており、6割以上の自治体がブックスタートを行っている[TOHAN, 2022；NPOブックスタート, 2022]。

　こうした動きは、後述の学校図書館への注目や調べ学習の推進と合わさり、少なくとも小中学生における不読率の低下、さらには、紙媒体の出版物の売上げの中で、児童書が高い水準を保っていることにも繋がっている可能性が指摘されている[飯田, 2020, pp. 1-138]。

(3) 学校図書館法の改正

　1953年の学校図書館法において司書教諭は、当分の間置かないことができるという猶予期間が長い間変更されないままできていたが、40年以上経って事態は動き始める。それまで何度も試みられてきた運動が、上述の肥田美代子ら国会議員の動きもあって、まずは1993年に学校図書館図書標準が定められ、学校図書館図書整備等5か年計画が5年ごとに掲げられることとなった。2022年現在で第6次計画までが推進されている。この計画では、学校図書館への資料の配備、学校司書の配置などのための予算が地方交付税として交付されている。例えば2017年度から2021年度の第5次計画では、図書整備費として約1100億円、新聞配備費として約150億円、学校司書配置費として約1100億円が総額で計上されている。だが、使途を特定しないまま交付されているため、各自治体が学校図書館のために予算化する必要がある［文部科学省，2017a］。そのため、必ずしも学校図書館の充実には使われず、2020年現在で学校図書館図書標準を満たす公立の小学校は7割、公立の中学校は6割程度となっている［文部科学省，2022, 概要P2］。

　そして、長年の懸案であった学校図書館法の改正も1997年に行われた。そして、2003年度までに司書教諭を12学級以上の学校では必置とすることとなった。あわせて、従来、7科目8単位だった講習科目が5科目10単位に増やされ、学校図書館の実務経験がある教員の単位軽減措置も廃止となった。

　そして、学校司書の制度化も一方で進められた。2014年再び学校図書館法が改正され、学校司書の配置が努力義務となった。続けて2016年には「学校図書館ガイドライン」が文部科学省により通知された。このガイドラインでは、校長が学校図書館の館長としてリーダーシップを発揮し、司書教諭が運営に関する方針の立案などを行い、学校司書が授業との連携など専門的・技術的職務を行うということなどが明示された［文部科学省，2016］。また学校司書に求められる知識・技能を習得するための「学校司書のモデルカリキュラム」も同時に通知された。このカリキュラムには、司書科目、司書教諭科目、教職科目の一部などが含まれている。あくまでガイドラインという位置付けではあったが、いくつかの大学でこのモデルカリキュラムに沿った講義が展開され、全国SLAからも2019年「『学校司書のモデルカリキュラム』

講義指針」が出されている。

(4) 生きる力と読書教育

　学習指導要領は、1998年の改訂により、「ゆとり」の中で「生きる力」を育むことが重視され、授業時間、内容の削減と「総合的な学習の時間」の新設がなされた。2008年の学習指導要領では、「総合的な学習の時間」についてより内容が明示され、他の教科と同様に位置付けられるようになった。だが、2008年の改訂は同時に、国際学習到達度調査(Programme for International Student Assessment, 以下PISA)の国際的な順位が下がったとされたことにも影響を受け、国際的な学力を身につけていくという「ゆとり」と「詰め込み」の両方のバランスを取ることが強調された。

　PISAは、2000年から3年ごとに、読解力、数学的リテラシー、科学的リテラシーの3分野について、OECD(Organisation for Economic Co-operation and Development：経済協力開発機構)加盟国を中心に義務教育修了段階の15歳児に対して行う調査である。特に、2003年、2006年の調査において、読書教育と関わる読解力は、他の2分野と比較すると全体の中でやや低調な位置にあったとされ(表2.1)、「言語活動の充実」が教育において取り組むべき事項の一つとして取り上げられた[文部科学省, 2007]。

表2.1　2000、2003、2006年における日本のPISA調査の主な結果

		2000年調査	2003年調査	2006年調査
科学的リテラシー	日本の得点	550点	548点	531点
	OECD平均	500点	500点	500点
	OECD加盟国中の順位	2位	2位	3位
読解力	日本の得点	522点	498点	498点
	OECD平均	500点	494点	492点
	OECD加盟国中の順位	8位	12位	12位
数学的リテラシー	日本の得点	557点	534点	523点
	OECD平均	500点	500点	498点
	OECD加盟国中の順位	1位	4位	6位

出典)国立教育政策研究所(2007)「PISA2006年調査国際結果の要約」をもとに作成

また、1998年改訂、2008年改訂の学習指導要領では学校図書館に関する記述の内容が増えた。学校図書館は読書センターだけでなく、学習・情報センターといった機能が明示されており、例えば国語科では、新たに設定された3領域「読むこと」、「話すこと・聞くこと」、「書くこと」全てを含んだ言語活動の指導に当たって、学校図書館を利用することが明記された［金，2015，pp. 63-68］。

　2017年から2019年にかけて改訂された学習指導要領は、引き続き「生きる力」を前面に出し、(1)「知識及び技能」の習得、(2)「思考力・判断力・表現力等」の育成、(3)「学びに向かう力、人間性等」の涵養を育成することを目指している。また、これまでの学習指導要領では何を学ぶか、という内容に焦点が当たっていたのに対し、「どのように学ぶか」という学ぶ過程に焦点が当てられている。その過程で重要なのは、主体的・対話的で深い学び（アクティブ・ラーニング）である。この学びにおいて学校図書館は重要な位置づけを与えられており、例えば総則には、「学校図書館を計画的に利用しその機能の活用を図り、児童の主体的・対話的で深い学びの実現に向けた授業改善に生かすとともに、児童の自主的、自発的な学習活動や読書活動を充実すること」といった記述がある［文部科学省，2017b, p. 23；文部科学省，2017c, p. 24；文部科学省，2018a, p. 29；森田，2018；根本，2019, pp. 314-316］。

　こうした学習指導要領の改訂の方向について、特にアクティブ・ラーニングについては、大正新教育などこれまでの日本における導入の歴史を踏まえると、単純な導入をすることには慎重になるべきという声もあるが［小針，2018］、社会などでも使える実践的な力であるコンピテンスの重視、という欧米における教育改革も踏まえている、という評価もある［根本，2019, pp. 314-316］。ただし、個々の教科や単元で学校図書館が具体的にどのように扱われるのかについては、必ずしも明確に示されていないため、司書教諭や学校司書などが他の教員と適宜連携を積極的にとっていく必要がある。

引用参考文献
飯田一史(2020)『いま、子供の本が売れている理由』筑摩書房

インプレス総合研究所(2021)『電子書籍ビジネス調査報告書2021』https://research. impress.co.jp/report/list/ebook/501228(参照2022-06-08)

大村はま(1984)『読書生活指導の実際(一)　大村はま国語教室　第七巻』筑摩書房

金昭英(2015)『学校図書館における自由研究の現状分析：千葉県袖ケ浦市の「読書教育」を例にして』東京大学大学院教育学研究科博士学位論文、https://doi. org/10.15083/00072951(参照2022-06-08)

小針誠(2018)『アクティブラーニング　学校教育の理想と現実』講談社

塩見昇(1986)『日本学校図書館史』全国学校図書館協議会

杉山悦子(2019)「戦中・戦後の「読書指導」：阪本一郎の場合」『日本図書館情報学会誌』Vol. 65、No. 1、pp. 1-17

全国学校図書館協議会『学校図書館五〇年史』編集委員会編(2004)『学校図書館五〇年史』全国学校図書館協議会

総務省(2021)「序章　我が国におけるデジタル化の歩み」『情報通信白書　令和3年版』https://www.soumu.go.jp/johotsusintokei/whitepaper/ja/r03/pdf/n0000000.pdf(参照2022-06-08)

総務省情報通信政策研究所(2021)「令和2年度情報通信メディアの利用時間と情報行動に関する調査報告書」https://www.soumu.go.jp/main_content/000765258.pdf(参照2022-06-08)

高橋一郎(1992)「明治期における「小説」イメージの転換―俗悪メディアから教育的メディアへ」『思想』no. 812、pp. 175-192

高橋樹一郎(2018)『子ども文庫の100年』みすず書房

竹内オサム(1995)『戦後マンガ50年史』筑摩書房

竹内洋(2003)『教養主義の没落』中央公論社

田中耕治・鶴田清司・橋本美保・藤村宣之(2019)『新しい時代の教育方法　改訂版』有斐閣

田中智志・橋本美保監修・編著(2013)『教育の理念・歴史』一藝社

津野海太郎(2016)『読書と日本人』岩波書店

鳥越信編著(2001)『はじめて学ぶ日本児童文学史』ミネルヴァ書房

根本彰(2019)『教育改革のための学校図書館』東京大学出版会

野口久美子(2008)「滑川道夫読書指導論の特徴に関する一考察」『日本図書館情報学会誌』Vol. 54、No. 3、pp. 163-187

長谷川秀記(2016)「日本の電子出版30年の軌跡：電子辞書・電子書籍の黎明期から現在まで」『情報管理』59巻9号、pp. 587-598

肥田美代子(2014)『「本」と生きる』ポプラ社

増田信一(1997)『読書教育実践研究』学芸図書株式会社

目黒強(2019)『〈児童文学〉の成立と課外読み物の時代』和泉書院

森田盛行(2018)「新学習指導要領と学校図書館の活用」『カレントアウェアネス』(337)、pp. 9-11., http://current.ndl.go.jp/ca1934(参照2022-06-08)

文部科学省(2007)「PISA2006の結果を受けた今後の取組」https://www.mext.go.jp/a_menu/shotou/gakuryoku-chousa/sonota/07032813/08012902.pdf(参照2022-06-08)

文部科学省(2016)「別添1「学校図書館ガイドライン」」https://www.mext.go.jp/a_menu/shotou/dokusho/link/1380599.htm(参照2022-06-08)

文部科学省(2017a)「学校図書館を、もっと身近で、使いやすく」https://www.mext.go.jp/component/a_menu/education/micro_detail/__icsFiles/afieldfile/2017/03/22/1360321_4.pdf(参照2022-06-08)

文部科学省(2017b)「小学校学習指導要領(平成29年告示)」https://www.mext.go.jp/content/1413522_001.pdf(参照2022-06-08)

文部科学省(2017c)「中学校学習指導要領(平成29年告示)」https://www.mext.go.jp/content/1413522_002.pdf(参照2022-06-08)

文部科学省(2018a)「高等学校学習指導要領(平成30年告示)」https://www.mext.go.jp/content/1384661_6_1_3.pdf(参照2022-06-08)

文部科学省(2018b)「第四次「子供の読書活動の推進に関する基本的な計画」(本文)(平成30年4月20日)」https://www.kodomodokusyo.go.jp/happyou/hourei_download_data.asp?id=28(参照2022-06-08)

文部科学省(2021)「GIGAスクール構想の実現について」https://www.mext.go.jp/a_menu/other/index_00001.htm(参照2022-06-08)

文部科学省(2022)「令和2年度「学校図書館の現状に関する調査」の結果について」https://www.mext.go.jp/content/20210727-mxt_chisui01-000016869_02.pdf(参照2022-06-08)

文部省編(1948)『学校図書館の手引』文部省

文部省編(1981)「1　明治6年以降教育累年統計」『学生百年史　資料編』https://www.mext.go.jp/b_menu/hakusho/html/others/detail/1318190.htm(参照2022-06-08)

山梨あや(2011)『近代日本における読書と社会教育』法政大学出版局

山本隆春編著(2015)『読書教育を学ぶ人のために』世界思想社

NPOブックスタート(2022)「全国の実施状況」https://www.bookstart.or.jp/coverage/(参照2022-06-08)

TOHAN(2022)「「朝の読書」全国都道府県別実施校数一覧」https://www.tohan.jp/csr/asadoku/asadoku_school.pdf(参照2022-06-08)

第3章

学校図書館と読書指導

本章の要点

　学校教育のなかで読書指導を行うにあたり、学校図書館の豊富な蔵書に加えて、司書教諭や学校司書などによる読書アドバイスやブックトークなど児童生徒に対する読書への橋渡しが重要である。

　そこで、本章では、まず学校図書館の目的と機能について述べる。次に、学校図書館にはどのような教育力があり、そのことが児童生徒の読書活動にどのような影響を及ぼしているかについて論じる。さらに、学校図書館が読書センターとして機能し、児童生徒の読書活動の推進をめざすために、司書教諭と学校司書が果たすべき役割と両者の連携について述べる。

第1節　学校図書館の目的と機能

(1) 学校図書館の目的

　図書館には、公共図書館、学校図書館、大学図書館、専門図書館、国立図書館などさまざまな館種の図書館がある。基本的に図書館の社会的な使命とは、利用者に必要な資料や情報を提供することである。しかし、館種により、根拠となる法律、設置主体やサービス対象などが異なるため、重点を置く図書館サービスの種類に差異が生じる。その結果として、館種による特徴のある図書館サービスの提供につながる[金沢, 2022]。

　公共図書館は、図書館法に基づいて運営されている。図書館法第2条で定義されている一般公衆の利用に供する「図書館」(公共図書館)のうち、地方公共団体が設置している図書館は特に「公立図書館」と呼ばれている。他には、

数のうえでは極めて少ないが、日本赤十字社又は一般社団法人若しくは一般財団法人の設置している「私立図書館」がある。「公立図書館」のことを、日常的に公共図書館と呼ぶことが多い。

本書では、図書館法の定義に基づき、地方公共団体が設置している図書館を意味する場合は「公立図書館」を、一般公衆の利用に供する図書館を意味する場合は「公共図書館」を、用語として使用することにする。

一方、学校図書館は、学校図書館法に基づいて運営されている。

学校図書館法第2条によれば、学校図書館とは、小学校、中学校、および、高等学校（ただし、特別支援学校の小学部、中学部、および、高等部を含む）において設けられる学校の設備である。主たるサービス対象は、児童生徒と教職員である。学校には学校図書館を設けなければならないことが、学校図書館法第3条で義務づけられている。

学校図書館の目的として、学校図書館法第2条では、学校教育に必要な図書館資料を収集し、整理し、および、保存し、児童生徒や教員に提供することを通じて、「学校の教育課程の展開に寄与する」とともに、「児童生徒の健全な教養を育成する」ことがあげられている。

学校図書館の第一の目的である「学校の教育課程の展開に寄与する」とは、学校の授業などに関する教員の教育活動や児童生徒の学習活動を支援することである。また、第二の目的である「児童生徒の健全な教養を育成する」とは、児童生徒の自発的な読書活動などを支援することである。

第1章第1節でも述べたように、アドラーらは、読書の目的として、大きく「理解を深めるための読書」、「情報を得るための読書」、「娯楽のための読書」の三つをあげている[Adler and Doren, 1972]。

教育活動や学習活動においては、その過程で、ある特定のテーマについて「理解を深めるための読書」や、調べ物などを通じて必要な「情報を得るための読書」に関りがあると言える。

前述の学校図書館の第一の目的は、アドラーらによる「理解を深めるための読書」や「情報を得るための読書」に関連している。一方、学校図書館の第二の目的は、どちらかと言うと「娯楽のための読書」につながるものである。また、児童生徒の視点に立つと、「理解を深めるための読書」や「情報を得るた

めの読書」は「学ぶためにしなければならない読書」であるのに対して、「娯楽のための読書」は「読みたいから読むという自由読書」である。

　以上のことから、学校図書館の目的として、児童生徒や教員の幅広い読書活動を支援することがあげられる。

(2) 学校図書館の機能

　これまでに論じられてきた学校図書館の機能について、以下にその変遷を示す。

①学校図書館憲章

　1991年に全国学校図書館協議会(以下　全国SLA)により制定された「学校図書館憲章」には、学校における中核的な機関としての学校図書館は、学校の情報センター、学習センター、かつ読書センターであり、その教育機能を存分に発揮しなければならないことが明記されている[全国学校図書館協議会, 1991]。特に読書については、読書教育を通じて豊かな人間性を培うことが、学校図書館の機能としてあげられている。また、教育に必要な資料・情報の提供を通じて教職員の教育活動を支援することが示されている。

②これからの学校図書館と学校司書の役割　配置促進と法制化に向けて

　2005年に全国SLAにより発行された『これからの学校図書館と学校司書の役割　配置促進と法制化に向けて』では、学校図書館が「学習・情報センター」として児童の学習活動を支え、また「読書センター」として機能するためには、学校司書と司書教諭の存在が必要不可欠であると指摘している[全国学校図書館協議会, 2005]。すなわち、「人のいる学校図書館」の実現により、学校図書館は充分に機能することができる。

③これからの学校図書館の活用の在り方等について(報告)

　2009年に「子どもの読書サポーターズ会議」により公表された『これからの学校図書館の活用の在り方等について(報告)』では、学校図書館の機能についてこれまで提示されてきた児童生徒の「読書センター」および「学習・情報

センター」としての機能に加えて、「教員のサポート機能」「子どもたちの『居場所』の提供」および「家庭・地域における読書活動の支援」が新たに取り上げられている[子どもの読書サポーターズ会議，2009]。放課後や週末に児童生徒や地域の人々に学校図書館を開放する取り組みは、児童生徒の読書習慣の形成に加えて地域における読書コミュニティの創出にもつながる。

④これからの学校図書館担当職員に求められる役割・職務及びその資質能力の向上方策等について(報告)

　2014年に「学校図書館担当職員の役割及びその資質の向上に関する調査研究協力者会議」により公表された『これからの学校図書館担当職員に求められる役割・職務及びその資質能力の向上方策等について(報告)』では、学校図書館の機能について以下の3点をあげている[学校図書館担当職員の役割及びその資質の向上に関する調査研究協力者会議，2014]。

（I）「読書センター」としての機能
　自由な読書活動や読書指導を通じて、児童生徒の豊かな心や人間性、教養、創造力などを育む。
（II）「学習センター」としての機能
　児童生徒の自発的・主体的な学習活動や授業内容の充実を支援する。
（III）「情報センター」としての機能
　児童生徒・教員の情報ニーズに対応し、児童生徒の情報活用能力を育成する。

　さらに学校図書館は、学校・家庭・地域社会をつなぎ、地域ぐるみの児童生徒の読書活動の推進について、要としての役割も期待されつつある。

⑤学校図書館ガイドライン

　2016年に文部科学省により策定された「学校図書館ガイドライン」は、「学校図書館の整備充実に関する調査研究協力者会議」による『これからの学校図書館の整備充実について(報告)』のなかで示されている[学校図書館の整備充実に関する調査研究協力者会議，2016]。

「学校図書館ガイドライン」は、学校図書館の運営上の重要な事項について、その望ましい在り方を示すものである。学校図書館の機能について「学校図書館ガイドライン」では、前述の④においてと同様に「読書センター」「学習センター」および「情報センター」としての機能をあげている。

　以上のことから、これまでに論じられてきた学校図書館の機能のなかで、「読書センター」としての機能は常に取り上げられており、極めて重要な機能であると言える。昨今では、学校図書館の機能として「読書センター」「学習センター」「情報センター」の三つの機能が社会的に広く認識されている。学校図書館がこれらの機能を充分に果たすためには、前述の②でも指摘されているように、学校司書と司書教諭の存在が必要不可欠である。

第2節　学校図書館の教育力と読書指導

　「学校図書館の教育力」とは、学校に図書館があり、しかもそれが「学校図書館」であることによる教育力である。「図書館の教育力」を基盤として、図書館が学校教育の場にあることでどのような特性を備えているかを考えることは重要である。

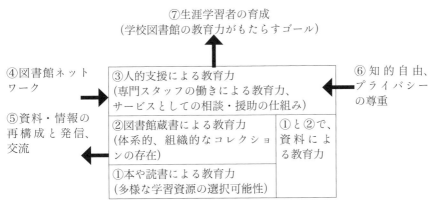

図3.1　学校図書館の教育力
出典）塩見 昇（2016）『学校図書館の教育力を活かす　学校を変える可能性』日本図書館協会 をもとに作成

図3.1に示すように、学校図書館の教育力として以下の7項目(①〜⑦)があげられる[塩見, 2016]。

　なお、これらのなかで特に児童生徒への読書指導に関する図書館の専門スタッフによる働きかけと関連があると考えられる項目は、「③人的支援による教育力」と「⑤資料・情報の再構成と発信、交流」である。

①本や読書による教育力

　読書により、人々は時間的・空間的な制約を越えて、著者と対話し多くのことを学ぶことができる。読書は基本的には読者自身による主体的な行為であるが、図書館の教育力について考える際に、本や読書による教育力がその根底にあると言える。そして、利用者が自らの意志で読みたい本を自由に選び、読みの世界を広げることができる学校図書館の存在は「多様な学習資源の選択可能性」につながる。利用者の自発的な読書を支援するうえで、学校図書館には意義があると言える。

②図書館蔵書による教育力

　選書され組織化され構成された図書館蔵書(コレクション)は、それ自体がまとまりのある学習資源であり、学ぶべき世界への道標となっている。学校図書館の「体系的、組織的なコレクションの存在」は、児童生徒の学習にとって有意義である。一つの主題について初歩的なものから詳しいものまで同一の箇所に配架されるなど、図書館の書架上に並べられた図書館蔵書には、体系的、組織的な秩序が維持されている。児童生徒は、教科の学習などを通じて学んだことを基礎として、図書館蔵書の積極的な活用により、主体的に学ぶ力を身につけることができる。

　なお、図3.1にも示すように、①と②を合わせて「資料による教育力」と呼ばれている。

③人的支援による教育力

　「資料による教育力」(①＋②)は確かに重要であるが、それだけでは利用者に対して必ずしも充分な教育力をもたらすとは限らない。図書館の専門ス

タッフが利用者にさまざまな働きかけとなる活動を直接的に行うことにより、はじめて図書館の教育力となりうる。すなわち、利用者に対する「専門スタッフの働きかけによる教育力」である。

一般に図書館サービスは、間接サービスとも呼ばれるテクニカルサービス（Technical Service）と直接サービスとも呼ばれるパブリックサービス（Public Service）とに分けられる。テクニカルサービスは、収集およびデジタル化した資料や情報を利用者に提供するための準備にあたり、利用者とは直接的ではなく間接的にかかわる。一方、パブリックサービスは、資料提供に関するサービス、情報サービス、広報活動、図書館利用教育、集会活動など、利用者と直接コミュニケーションをとりながら行うサービスである［金沢, 2022］。

そこで、直接サービスに着目し、学校図書館の利用者である児童生徒への読書指導に関する専門スタッフの働きかけとしては、読書アドバイスやフロアワークなどが該当する。

読書アドバイス（Reading Advice）とは、利用者が読みたい図書を選択したり、必要な資料を探したりするのを援助する図書館サービスのことである。すなわち、読書アドバイスの意義は、日常生活のなかに読書を定着させ、利用者の読書活動を支援することである［金沢・柳, 2022］。

一方、フロアワーク（Floor Work）とは、カウンター以外のサービスフロアで行われる読書アドバイスや読み聞かせなど、利用者への直接的なサービスの総称である。カウンターまで足を運んで図書館の専門スタッフの手を煩わせることを遠慮する子ども、また、人的支援を受けられることを知らない子どもなどに対しては、とても効果的である［金沢・柳, 2022］。

このような「サービスとしての相談や援助の仕組み」を構築することが、児童生徒の学びの応援にもつながり、学校図書館の教育力はさらに向上する。

④図書館ネットワーク

図書館ネットワークとは、利用者への日常的な図書館サービスを円滑に行うために、複数の図書館が資料の収集、提供、保存、および、目録作業などの図書館業務において、共通の目的のもとに相互に連携することである。このような連携は、図書館協力と呼ばれることもある。

一般的に学校図書館の連携としては、まず近隣の学校図書館相互の協力があり、次に同一自治体の学校図書館間での資料の相互利用や研究協議などがある。さらに同一自治体の公立図書館などへ資料の貸出やレファレンスサービスの支援を求めることなどが考えられる。

　公立図書館のなかには、学校支援サービスに力を入れているところもある。そのようなところでは、その公式Webサイトに「学校支援サービス」のためのWebページを設けており、そのサービス内容や申込方法などについてもわかりやすく提示している[金沢，2019]。

　学校図書館の教育力を高めるうえで、図書館ネットワークの形成は重要である。このような図書館ネットワークの形成にあたり、学校図書館の専門スタッフと校外の連携機関のスタッフとの日常的なコミュニケーションに基づく信頼関係が大切である。

⑤資料・情報の再構成と発信、交流

　図書館は、単に著者や出版社などの著作物の生産者と利用者の間にあって、両者を媒介するだけのものではない。利用者に著作物との多様な出会いをしてもらうために、図書館は自ら資料を作成し、収集した資料をもとに再編成して提示するなど、さまざまな工夫をこらしている。専門スタッフが図書館蔵書に付加価値をもたらすこと、利用者の参加を促す「場としての図書館」を演出することは、図書館の教育力につながる。

　たとえば児童生徒への読書指導に関する専門スタッフの働きかけとして、開架室に本を配架する際に新着図書コーナー、調べ学習のテーマに関するコーナー、および、トピック(話題の本)コーナーなどを設けることが考えられる。これらのコーナーを楽しみに定期的に来館する児童生徒にとっては、コーナー別展示自体が読書へ誘うきっかけとなりうる。

　また、学校司書がお話しコーナーで児童生徒にストーリーテリングを行うこと、「図書館の時間」や各教科での学習と関連させて学校司書がブックトークを行うこと、コーナーで展示する本やブックトークで紹介する本について解説を付けたブックリストを作成し配布することなども、児童生徒の読書への働きかけとして重要である。

⑥知的自由、プライバシーの尊重

　図書館サービスの基本原理として、知的自由の尊重、および、利用者のプライバシー保護という考え方は重要である。

　「図書館の自由に関する宣言」にも明記されているように、図書館は基本的人権の一つとして知る自由をもつ国民に、資料と施設を提供することを最も重要な任務としている。また、この任務を果たすために図書館は、資料収集の自由を有すること、資料提供の自由を有すること、利用者の秘密を守ること、すべての検閲に反対することを、確認し実践することが宣言されている。

　また、「子どもの権利に関する条約」にも明示されているように、年齢によって区別するのではなく、当然のことながら児童生徒も「国民」として知的自由やプライバシーが尊重されなければならない。このような図書館の自由を学校文化になじませるためには、学校図書館における教育的な対応が大切である。

⑦生涯学習者の育成

　前述の6項目(①〜⑥)が「学校図書館の教育力」として実現されることで、学校図書館は生涯学習者を育むことができる。すなわち、学校図書館の教育力がもたらすゴールとは、生涯学習者の育成である。

　学校では知識そのものではなく、知識を獲得する方法、すなわち学び方を学ぶことが重要である。このことを学校図書館の利活用や図書館サービスに照らし合わせて考えると、生涯学習者の育成には図書館の利用指導が必要不可欠である。すなわち、必要に応じて図書館を利用し、適切な資料や情報を入手し、読みこなし、知的生産を行い、さらなる学びに活用できるように知識やスキルを習得するための指導が望まれる。このような図書館の利用指導は、学校図書館の専門スタッフにより行われることが肝要である。

　学校図書館の教育力のゴールである「生涯学習者の育成」に向けて、読書指導や図書館の利用指導に関わる学校図書館の専門スタッフは、重要な役割を担うことが求められている。また、児童生徒が真の生涯学習者として自立するためには、読書習慣、および、図書館利用習慣の形成が必須である。

第3節　学校図書館における司書教諭と学校司書の役割

　学校図書館の運営を担う専門職としての司書教諭と学校司書の配置については、現行の学校図書館法第5条(司書教諭)、および、第6条(学校司書)に規定されている。すなわち、司書教諭については、一定規模(12学級)以上の学校に配置が義務付けられている。一方、学校司書については、学校の規模によらず、学校司書を置くよう努めなければならないことが明記されている。

　文部科学省 令和2年度「学校図書館の現状に関する調査」結果によれば、全国の学校の司書教諭と学校司書の配置状況(組み合わせ)は、「司書教諭と学校司書」(46.5%)が最も多く、次いで「司書教諭のみ」(22.1%)、「どちらも配置なし」(15.8%)、および、「学校司書のみ」(15.6%)の順である[文部科学省, 2022]。

　これら二つの職種を配置している学校は、全国の学校の約5割を占めている。

　そこで、学校図書館法、「学校図書館ガイドライン」、および、『これからの学校図書館担当職員に求められる役割・職務及びその資質能力の向上方策等について(報告)』などを参照しながら、両者の専門的職務について検討し、両者の連携の在り方について述べる。

　まず、学校図書館法では、司書教諭の職務について「学校図書館の専門的職務を掌らせる」と規定されている。また「司書教諭は、主幹教諭、指導教諭又は教諭をもって充てる」ことが明記されている。一方、学校司書の職務については、「学校図書館の運営の改善及び向上を図り、児童又は生徒及び教員による学校図書館の利用の一層の促進に資するため、専ら学校図書館の職務に従事する」と規定されている。学校司書が学校図書館の職務に専念するのに対して、司書教諭は主幹教諭、指導教諭又は教諭としての職務を果たしながら学校図書館の職務を担当する。

　次に、「学校図書館ガイドライン」では、司書教諭、および、学校司書の職務について、以下のように示されている[学校図書館の整備充実に関する調査研究協力者会議, 2016]。

司書教諭は、学校図書館の運営に関する総括、学校経営方針や計画に基づいた学校図書館を活用した教育活動の企画・実施、年間読書指導計画・年間情報活用指導計画の立案などに従事することとされている。また、教諭として、学校図書館を活用した授業を実践し、学校図書館を活用した授業では、教育指導法や情報活用能力の育成などについて他の教員に積極的に助言することが求められている。

　一方、学校司書は、学校図書館を運営するために必要な専門的・技術的職務に従事すること、学校図書館を活用した授業やその他の教育活動を司書教諭や教員とともに進めることなどが、その職務として示されている。すなわち、①児童生徒や教員に対する「間接的支援」に関する職務、②児童生徒や教員に対する「直接的支援」に関する職務、および、③教育目標を達成するための「教育指導への支援」に関する職務の三つである。

　さらに、『これからの学校図書館担当職員に求められる役割・職務及びその資質能力の向上方策等について(報告)』によれば、上記の学校司書の三つの職務とは具体的に以下のとおりである[学校図書館担当職員の役割及びその資質の向上に関する調査研究協力者会議, 2014]。

①児童生徒や教員に対する「間接的支援」に関する職務
　　図書館資料の管理、施設・設備の整備、学校図書館の運営。
②児童生徒や教員に対する「直接的支援」に関する職務
　　ガイダンス、情報サービス、読書推進活動。
③教育目標を達成するための「教育指導への支援」に関する職務
　　教科等の指導に関する支援、特別活動の指導に関する支援、情報活用能力の育成に関する支援。

　これらのうち、特に「読書指導」に関連する学校司書の職務として、②の「読書推進活動」が該当する。同報告では、「読書推進活動」として、読書に親しませ習慣化させていく支援、読み聞かせ、ブックトーク、アニマシオン、ストーリーテリングなど児童生徒と本をつなげる活動、および、児童生徒の興味・関心・発達段階・読書力に合った図書館資料の案内・紹介などが示されている。

前述のように、司書教諭と学校司書では担当する職務に違いはあるものの、両者とも学校図書館の専門的職務に従事している。また、両者は児童生徒の教育、教員への助言や支援に関与しているので、学校図書館の人的支援による教育力をさらに高めるためには、両者のより良い連携を促すための環境づくりが肝要である。

　より良い連携を促すための環境づくりとして、たとえば司書教諭と学校司書の定期的な打ち合わせ時間の確保、職務の実施マニュアルの作成、職務に必要な知識や技能を修得するための研修プログラムの開発と実施などがあげられる［平久江，2014］。

　さらに、年間学校図書館活用計画、年間読書指導計画、および、年間情報活用指導計画などに関しては、実際に学校図書館の運営にあたっている学校司書の三つの職務にも関連している。そのようなことから、各種計画に関しては、司書教諭とともに学校司書も、立案の段階から評価の段階まで関わることが大切である［金沢，2017］。

引用参考文献
　金沢みどり編著(2017)『学校司書の役割と活動―学校図書館の活性化の視点から―』学文社
　金沢みどり(2019)「日本の公共図書館の学校支援Webページの現状と意義」『教育情報研究』Vol.34、No.3、pp.3-18
　金沢みどり(2022)『図書館サービス概論　第2補訂版』学文社
　金沢みどり・柳 勝文(2022)『児童サービス論　第3版』学文社
　学校図書館担当職員の役割及びその資質の向上に関する調査研究協力者会議(2014)『これからの学校図書館担当職員に求められる役割・職務及びその資質能力の向上方策等について(報告)』文部科学省
　学校図書館の整備充実に関する調査研究協力者会議(2016)「学校図書館ガイドライン」『これからの学校図書館の整備充実について(報告)』pp.8-15，文部科学省
　子どもの読書サポーターズ会議(2009)『これからの学校図書館の活用の在り方等について(報告)』初等中等教育局児童生徒課
　塩見 昇(2016)『学校図書館の教育力を活かす　学校を変える可能性』日本図書館協会
　全国学校図書館協議会「学校図書館憲章」(1991年制定)
　　https://www.j-sla.or.jp/material/sla/post-33.html(参照2023-03-17)

全国学校図書館協議会編(2005)『これからの学校図書館と学校司書の役割　配置促進と法制化に向けて』全国学校図書館協議会

平久江祐司(2014)「司書教諭と学校司書の連携の在り方」『学校図書館』第766号、pp.41-44

文部科学省総合教育政策局地域学習推進課(2022)『令和2年度「学校図書館の現状に関する調査」結果について』文部科学省

Adler, M.J. and Doren, C.V. (1972) *How to Read a Book*. New York: Touchstone.

　なお、日本語訳としては、下記の図書がある。

　アドラー，M. J.・ドーレン，C.V.著、外山滋比古・槇未知子訳(1997)『本を読む本』講談社

第4章

子どもの読書の実情と読書環境

本章の要点

　子どもの読書教育を考えるうえで、国内外の子どもの読書の実情や読書環境について理解しておくことは大切である。子どもの読書環境の整備にあたり、学校図書館や公立図書館は極めて重要な役割を果たしている。その背景として、学校図書館の充実や子どもの読書活動の推進に関する法律が制定され、関連する施策が講じられていることをあげることができる。

　そこで、本章では、まず米国や英国など読書教育や学校図書館に対して先進的に取り組んでいる海外の国々の子どもの読書の実情について、これまでの調査結果に基づき論じる。次に、日本の子どもの読書の実情について、近年の調査結果を踏まえて述べる。また、子どもの読書活動を支援する学校図書館と公立図書館の現状について論じる。さらに、学校図書館の充実や子どもの読書活動の推進に関する国内の法律や施策について述べる。

第1節　海外の子どもの読書の実情

(1) 米国の子どもの読書の実情

　米国の子どもの読書に関する近年の調査結果としては、全米教育統計センター（National Center for Education Statistics, 以下NCES）により運営されている全米学力調査（National Assessment of Educational Progress, 以下NAEP）によるもの、ピュー研究センター（Pew Research Center）によるもの、および、スカラスティック社（Scholastic）によるものなどがあげられる。

　NAEPは1969年以降、全米規模で定期的に行われている唯一の教育測定で、

読解力をはじめとして各分野の学力を測定している。また、NAEPの調査結果を理解するために、付加的な情報を得ようとアンケート調査も実施している。たとえば、読書について児童生徒の経験を問うことなどである。

　ピュー研究センターは米国の調査機関であり、子どもの読書だけではなく、幅広い年齢層の読書や図書館利用に関する調査なども実施している。

　一方、スカラスティック社は、米国の大手教育出版社であり、児童とティーンズの読書について全国調査を隔年で行っている。調査対象は子ども（6〜17歳）に加えて、子どもの親にも及んでいる。ちなみに、第7回の調査は2018年に実施された。

　これらの調査結果などに基づき、米国の子どもの読書の実情について以下に論じる。

①米国の子どもが読書する頻度について

　表4.1は、米国の子ども（9歳、13歳、17歳）が楽しみのために読書する頻度について、1984年、2012年、2020年の調査結果をまとめたものである［NCES, 2013］［NCES, 2020a］［NCES, 2020b］。NAEPでは1984年以降、読解

表4.1　米国の子ども（9歳、13歳、17歳）が楽しみのために読書する頻度

年齢と調査年 頻度	9歳		13歳		17歳	
	1984年	2020年	1984年	2020年	1984年	2012年
ほとんど毎日	53%	42%	35%	17%	31%	19%
年2〜3回から週1〜2回程度	38%	42%	56%	54%	60%	55%
全く、または、ほとんどしない	9%	16%	8%	29%	9%	27%

出典）National Center for Education Statistics（NCES）（2013）*National Assessment of Educational Progress（NAEP）Digest of Education Statistics.* Available at: https://nces.ed.gov/programs/digest/d20/tables/dt20_221.30.asp（Accessed: 21 January 2022）
NCES（2020a）*NAEP Long-term Trends: Reading: Student Experiences: Reading for Fun Age 9.* Available at:
https://www.nationsreportcard.gov/ltt/reading/student-experiences/?age=9
（Accessed: 24 January 2022）
NCES（2020b）*NAEP Long-term Trends: Reading: Student Experiences: Reading for Fun Age 13.* Available at:
https://www.nationsreportcard.gov/ltt/reading/student-experiences/?age=13
（Accessed: 24 January 2022）これら3点をもとに作成

力を測定することに加えて児童生徒が日常的にどのくらいの頻度で楽しみの
ために読書するかについても、アンケート調査を継続して行ってきた。表
4.1では、この調査項目について始まりの年である1984年のものと最近の調
査年のものを示している。9歳と13歳は2020年のものがあるが、17歳につ
いては2020年に調査は実施されておらず2012年のものが最新である。これ
までに実施されてきたすべての調査結果を表には示していないが、9歳と13
歳の子どもについて「ほとんど毎日」楽しみのために読書すると回答してい
る者の比率は、直近のほぼ10年間で下落傾向にある。そして、1984年以降、
2020年は最低のレベルにある。17歳の子どもについても、2012年の調査結
果は1984年以降、最も低い比率である。一方、9歳、13歳、17歳とも、楽
しみのための読書を「全く、または、ほとんどしない」の比率が、1984年当
時と比べて上昇傾向にある。

　表4.2は、6歳から17歳の子どもが楽しみのために読書する頻度について、
スカラスティック社が2010年から2018年まで隔年で実施した調査結果に基
づいて示したものである［Scholastic, 2019］。2010年以降、「ほどほどに頻繁
な読者」(1～4日／週)の比率には変動があまり見られない。一方、「頻繁な読
者」(5～7日／週)が2010年以降、減少傾向にあるのに対して、「習慣的でない
読者」(1日未満／週)は増加傾向にある。

　楽しみのための読書は、各自の興味や関心に応じて「読みたいから読む」と

表4.2　米国の子ども(6歳～17歳)が楽しみのために読書する頻度

調査年 頻度	頻繁な読者 (5～7日／週)	ほどほどに頻繁な読者 (1～4日／週)	習慣的でない読者 (1日未満／週)
2010年	37%	42%	21%
2012年	34%	40%	26%
2014年	31%	42%	27%
2016年	32%	44%	24%
2018年	31%	41%	28%

出典) Scholastic (2019) *Kids and Family Reading Report. 7th ed. Finding Their Story.*
Available at:
https://www.scholastic.com/content/dam/KFRR/Downloads/KFRReport_Finding%20
Their%20Story.pdf (Accessed: 24 January 2022)をもとに作成

いう自由読書である。上記の二つの調査は、異なる機関がそれぞれの目的や考えに基づいて実施したものである。しかし、いずれにしても楽しみのための読書については、読書する頻度が近年の米国では低下傾向にあることが明らかである。

表4.3は、16歳以上の米国人を対象として、年齢による読書習慣について読書する頻度に基づいて示したものである[Pew Research Center, 2014]。なお、調査を実施したピュー研究センターによれば、読書する本には、活字本に加えてオーディオブックや電子書籍も含まれている。なお、同調査では楽しみのための読書だけではなく、学ぶための読書なども含めて読書を幅広くとらえている。一口に若い米国人(16〜29歳)と言っても、異なる読書習慣、図書館利用パターン、および、図書館についての態度から、実際には、三つの世代((Ⅰ)高校生(16〜17歳)、(Ⅱ)大学生(18〜24歳)、(Ⅲ)第3の世代(25〜29歳))があるとしている。

表4.3に示すように、高校生では「毎日、または、ほぼ毎日」本を読むという比率が他の世代と比べて高く、読書習慣が他の世代と比べて定着していると言える。また、表には示していないが、他の世代と比べて16〜17歳は、特に活字本を読む傾向にあること、勉強や学業のために読書する傾向にあること、図書や学びのために図書館を利用する傾向にあること、購入の代わり

表4.3　年齢による米国の人々の読書習慣(16歳以上)

頻度 ＼ 年齢	16〜17歳	18〜24歳	25〜29歳	16〜29歳	30歳〜
毎日またはほぼ毎日	46%	43%	43%	43%	40%
少なくとも週1回	23%	22%	27%	24%	18%
少なくとも月1回	15%	16%	14%	15%	15%
月1回未満	11%	14%	13%	13%	18%
なし	6%	4%	4%	4%	8%

なお、活字本、オーディオブック、電子書籍の読書も含む。また、楽しみのための読書だけではなく、学ぶための読書なども含めて読書を幅広くとらえている。16〜17歳の88%が高校生にあたる。
出典) Pew Research Center (2014) *Younger Americans and Public Libraries.* Available at: http://www.pewinternet.org/2014/09/10/younger-americans-and-public-libraries/ (Accessed:20 January 2022) をもとに作成

に図書館の貸出を受ける傾向にあることなどが示されている。

前述の二つの調査結果とは異なる傾向が同調査では示されている。読書を楽しみのための読書だけに限定せずに、学びのための読書も含めて幅広くとらえることにより、16〜17歳では他の世代と比べて読書する頻度が高くなり、1年間に読む本の冊数も多くなることが示されている。

②米国の子どもを取り巻く読書環境について

子どもを取り巻く読書環境について考える際に、子どもの読書の意義について充分に理解し、子どもが読む本を見つける手助けをし、自らも読書を楽しんでいる身近な大人の存在は大切である。このような観点から、スカラスティック社は、児童生徒の読書について2018年に第7回の全国調査を実施している［Scholastic, 2019］。

調査対象となった学齢期の子ども（6〜17歳）のうち、58%が「楽しみのために本を読むことは好きである」と回答しており、52%が「楽しみのために本を読むことは極めて、あるいは、とても重要である」ことに同意している。同調査結果から、「読みたいから読む」という自由読書に半数以上の子どもたちが肯定的であると言える。

また、読書は子どもたちが世の中でうまく切り抜ける手助けとなるかについて、次のような質問を子どもとその親にしている。「フィクションとノンフィクションを読むことは、私／私の子どもが世の中を理解するのに手助けとなる方法であるか」という質問に対して、子どもの74%、および、親の88%が同意している。親子ともに、フィクションであってもノンフィクションであっても読書はおおよそ肯定的に認識されている。

一方、「子どもたちが本を見つける手助けを必要としているか」については、親と子で回答が大きく分かれている。子どもたちは自分たちが読みたい本を見つけることが難しいと思っているにもかかわらず、親たちはそのことに気がついていない、あるいは、そのことを理解していない傾向にあると言える［Scholastic, 2019］。

もちろん読む本を自分で見つけられる子どももいる。頻繁な読者と読書の習慣がついていない読者を比較すると、頻繁な読者は読書を楽しんでいると

認識している人たちに取り囲まれている傾向にある。頻繁な読者の82%が、多くの知人、または、ほぼすべての知人が読書を楽しんでいると回答しているのに対して、読書の習慣がついていない読者の場合は34%のみがそのように回答している[Scholastic, 2019]。

　子どもの身近にいて子どもの読書の模範になるような人のことを、読書ロールモデル（Reading Role Model）と呼んでいる。読書ロールモデルは、子どもの生活に読書を浸透させるうえで重要な役割を果たしている。頻繁な読者は、より多くの読書ロールモデルを持っている。読書ロールモデルは必ずしも親など家族ばかりではなく、友人、教員、そして学校司書なども該当する。より多くの読書ロールモデルに囲まれていることが、子どもの読書環境をより豊かなものにする一因であると考えられる。

(2) 英国の子どもの読書の実情

　英国リテラシー・トラスト（National Literacy Trust, 以下NLT）とは、イギリスにおいてリテラシーの改善運動を実施し、自主的かつ戦略的に青少年や成人の読書推進活動を行っている団体である。NLTは、青少年の読書の実情について年に1回程度の調査を実施し、調査報告書を発行している。

　2021年の調査報告書によれば、オンライン調査に参加した8〜18歳の英国の青少年のうち、その51.5%が読書をとても楽しんでいた。年齢別で見ると、「8〜11歳」（62.4%）の比率が最も高く、次いで「16〜18歳」（58.9%）、「11〜14歳」（50.7%）、および、「14〜16歳」（48.1%）の順である[Clark and Picton, 2021]。すなわち、小学生レベルでの楽しみのための読書が中学生では減少する傾向にあり、その後は高校生の上級学年で増加の傾向に転じている。楽しみのための読書を小学生から高校生まで継続して行うことの難しさが示されている。

　図4.1は、英国の子ども（8〜18歳）が学校の授業以外で日常的に読書する比率（2005〜2021年）を示したものである[Clark and Picton, 2021]。近年では2020年5月の37.7%を除くと、約3割の子どもが学校の授業以外で読書している。2020年春に英国ではコロナ感染拡大に対処し最初の全国的なロックダウンが実施され、多くの子どもたちに自由な時間が与えられた。そのため読書を楽しみ、より多くの本を読んだことが、2020年5月の調査結果につな

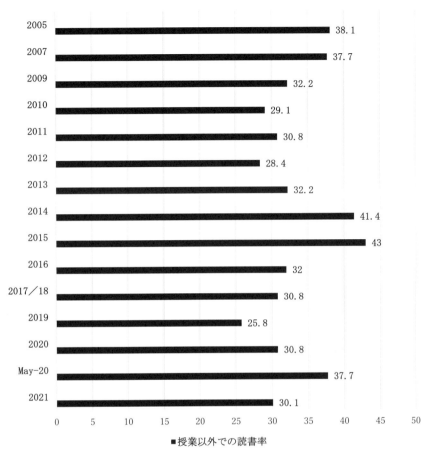

図4.1　英国の子ども(8〜18歳)が学校の授業以外で日常的に読書する比率
(2005〜2021年)
出典) Clark, C. and Picton, I.（2021）*Children and young people's reading in 2021: Emerging insight into the impact of the pandemic on reading*. London: National Literacy Trust. をもとに作成

がったものと考えられる。

　図4.2は、英国の子どもが読書する理由について、比率の高い順にまとめたものである[Clark and Picton, 2021]。上位3位に着目すると、「リラックスする手助けとなる」が52.7%と最も高く、次いで「新しい事を学ぶ手助けとなる」(51.4%)、「新しい言葉を学ぶ手助けとなる」(49.8%)の順である。図4.2の読書する理由については、大きく「学びのための読書」「癒しのための読書」お

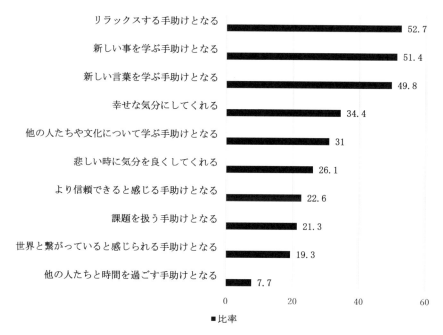

リラックスする手助けとなる	52.7
新しい事を学ぶ手助けとなる	51.4
新しい言葉を学ぶ手助けとなる	49.8
幸せな気分にしてくれる	34.4
他の人たちや文化について学ぶ手助けとなる	31
悲しい時に気分を良くしてくれる	26.1
より信頼できると感じる手助けとなる	22.6
課題を扱う手助けとなる	21.3
世界と繋がっていると感じられる手助けとなる	19.3
他の人たちと時間を過ごす手助けとなる	7.7

■比率

図4.2　英国の子ども（8〜18歳）が読書する理由（2021年）
出典) Clark, C. and Picton, I. (2021) *Children and young people's reading in 2021: Emerging insight into the impact of the pandemic on reading*. London: National Literacy Trust. をもとに作成

および「他者とのコミュニケーションのための読書」の三つに分けることができる。リテラシーを身につけ、知性と感性を育む読書の意義について、子どもにもある程度は理解されていることが示されている。

　図4.3は、2021年に英国の子どもが読んだ資料の種類とタイプについてまとめたものである[Clark and Picton, 2021]。7種類の資料（フィクション、ノンフィクション、雑誌、コミック／グラフィック・ノベル、ニュース、詩、歌の歌詞）を紙媒体で読んだか、画面上で読んだかについて尋ねたものである。フィクション、ノンフィクション、雑誌、コミック／グラフィック・ノベル、詩は、主に紙媒体で読まれている。一方、歌の歌詞とニュースは画面上で読まれる傾向にある。読む資料の種類に応じて、紙媒体で読むか画面上で読むか使い分けがなされている。しかし、全般的に2021年では子どもたちはデジタルよりも紙媒体で資料を読む傾向にあったことが、調査結果から

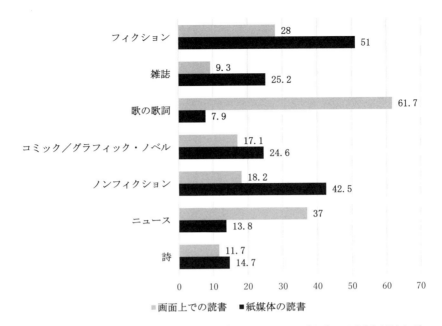

図4.3　少なくとも月1回は学校以外で読書する英国の子ども(8〜18歳)が読んだ資料の種類とタイプ(2021年)
出典) Clark, C. and Picton, I. (2021) *Children and young people's reading in 2021: Emerging insight into the impact of the pandemic on reading.* London: National Literacy Trust. をもとに作成

示されている。

(3) 読書に関する世界的な傾向

　国際出版連合(International Publishers Association, 以下IPA)は、出版業者の国際団体であり、各国の代表的な出版業者団体が加盟している。IPAは、出版を通じて文化の振興と国際交流を活発にすることをめざしている。

　IPAとノルウェー出版社協会(NPA: Norwegian Publishers Association)は、全26か国の国々における人々の読書習慣について、各国の読書に関する調査結果を確認し比較し報告書を作成した[Hegdal, 2020]。なお、全26か国のなかには米国および英国は含まれているが、日本は含まれていない。

　その報告書によれば、以下のように読書の世界的な傾向が示されている[Hegdal, 2020]。

①伝統的な読書は、過去20年間にわたり減退してきたという世界的な傾向が見られる。

②読書の減少のレベルは、国により様々である。

③読書の減少は、若者のグループ特にヤングアダルトにおいて、最も顕著である。

④女性は一般的に、男性よりもたくさん読書する。

⑤より多くの読者は、以前よりも読書冊数が少なくなっている。

⑥より多くの読者は、読書の頻度が少なくなっている。

⑦毎日読書する読者の数は減少しつつある。一方で、一週間に数回は読書する読者の数は増加しつつある。

⑧不読者の人数は減少しつつある。

⑨いくつかの国々では、余暇読書(Leisure Reading)の増加が見られる。

⑩子ども向けの読書推進活動はたくさんあるが、大人向けのものはほとんどない。

　年齢によらず、読書の頻度は世界的に減少傾向にあることが、同報告書から示されている。このことは一人当たりの読書冊数の減少にもつながる。一方で不読者の人数が減少しつつある。また、一週間に数回は読書する読者の数が増加しつつあることは、読者数の増加を意味する。なお、読書の減少はヤングアダルトが最も顕著であると同報告書にあるが、学びのための読書は除き、楽しみのための読書に限定してのことであると考えられる。

第2節　日本の子どもの読書の実情

　日本の子どもの読書の現状について、全国規模で長期間にわたり継続して実施している調査として、全国学校図書館協議会(以下 全国SLA)による「学校読書調査」をあげることができる。同調査は1955年から始まり、2021年度で第66回を迎えた。なお、2020年度は新型コロナウイルス感染症の影響で中止された。

　また、近年では年に一回「子供の読書活動の推進に関する調査研究」が文部

科学省委託調査として実施され、調査研究報告書として調査結果が示されている。なお、調査研究の目的が年度により異なることから、毎回の調査項目はそれぞれ異なっている。

これらの調査結果などに基づき、日本の子どもの読書の実情について以下に述べる。

(1) 日本の子どもの平均読書冊数と不読率の推移

図4.4は、過去21年分（2000〜2019年、2021年）の5月1か月間の平均読書冊数の推移を示したものである［全国SLA研究調査部，2021a］。前述のように全国SLAでは1955年から子どもの読書の現状に関する調査を継続的に実施してきた。本書では、2000年が「子ども読書年」であることから、一つの分岐点であるととらえ、2000年以降の数値をグラフに示す。

図4.4から、小学生および中学生の平均読書冊数はなだらかな増加傾向にあると言える。一方、高校生の平均読書冊数はほぼ横ばいという状況である。また、校種があがるごとに平均読書冊数は減少している。その背景として、読書意欲の低下が指摘されることもあるが、むしろ校種があがるとページ数の多い本を読むようになることが考えられる。

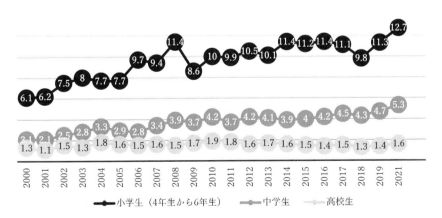

図4.4　過去21年分（2000〜2019年、2021年）の5月1か月間の平均読書冊数の推移
出典）全国SLA研究調査部（2021a）「第66回学校読書調査報告」『学校図書館』通巻第853号、pp.15-48 をもとに作成

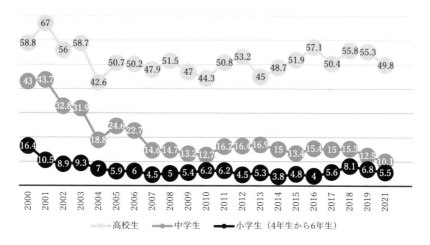

図4.5　過去21年分（2000〜2019年、2021年）の不読率（0冊回答者の比率）の推移
出典）全国SLA研究調査部（2021a）「第66回学校読書調査報告」『学校図書館』通巻第853号、pp.15-48をもとに作成

　図4.5は、過去21年分（2000〜2019年、2021年）の不読率（0冊回答者の比率）の推移を示したものである［全国SLA研究調査部, 2021a］。ちなみに、各年5月1か月間に1冊も読まなかった児童生徒の比率を校種ごとに計算し、不読率としている。
　図4.5から、校種があがるごとに不読率は上昇している。一方、2021年度の調査では、いずれの校種でも不読率は低下している。その背景として、新型コロナウイルス感染症に関連した学校休業中に学校は読書指導を行い、読書を課題としたことなどがあげられる。児童生徒におすすめの本のリストや情報を提供した学校もあった。学校休業中の学校図書館に関わる教職員による読書活動推進に関する様々な取り組みが、平均読書冊数の増加や不読率の低下につながったものと考えられる。

（2）日本の子どもの読書活動の実態

　日本の子どもの読書活動の実態について、読書する理由、読む本の分野、読む本の選び方、本の読み方の順に述べる。

①読書する理由

図4.6は、読書する理由について示したものである［浜銀総合研究所, 2017］。小学生・中学生・高校生ともに「本の内容を楽しむため」の比率が最

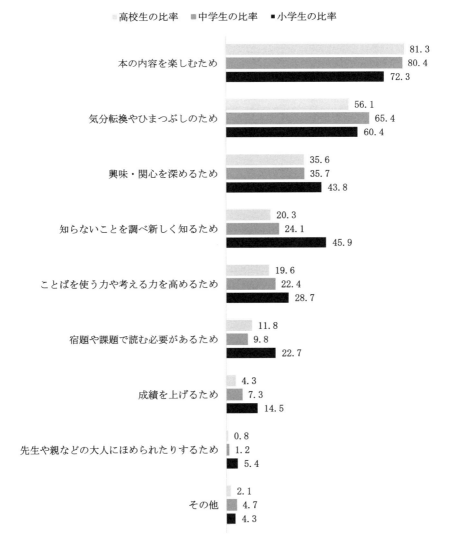

図4.6　日本の子どもが読書する理由
出典）浜銀総合研究所(2017)『子供の読書活動の推進等に関する調査研究報告書』平成28年度文部科学省委託調査 をもとに作成

も高く、小学生では約7割、中学生・高校生では約8割を占めている。次いで「気分転換やひまつぶしのため」の比率が小学生・中学生・高校生ともに高く、小学生・高校生では約6割、中学生では約7割を占めている。これらは「読みたいから読む」という自由読書の範疇に入るものであり、いわゆる「娯楽のための読書」に該当する。

　全般的に「興味・関心を深めるため」など「理解を深めるための読書」や、「知らないことを調べ新しく知るため」など「情報を得るための読書」よりも、「娯楽のための読書」に力点をおいて読書する傾向が見られる。

　一方、子どもの発達段階に着目すると、中学生・高校生と比べて小学生において特に比率が高いものは「知らないことを調べ新しく知るため」である。「興味・関心を深めるため」「ことばを使う力や考える力を高めるため」「宿題や課題で読む必要があるため」などにおいても、それぞれ小学生において比率が高くなっている。すなわち、「理解を深めるための読書」や「情報を得るための読書」については、小学生が熱心に取り組んでいると言える。

②読む本の分野

　図4.7は、読む本の分野について示したものである［浜銀総合研究所, 2017］。

　小学生・中学生・高校生ともに「詩集や小説、昔話・物語の本」の比率が最も高く、小学生・中学生では約7割、高校生では約8割を占めている。これらの本は、フィクションに該当している。

　一方、たとえば「社会や政治、歴史などに関する本」や「科学や生物、宇宙などに関する本」などは、ノンフィクションに該当する。いずれも小学生の比率が最も高く約3割を占めており、中学生・高校生と学年がすすむにつれて比率が低くなっている。

　以上のことから、子どもが読む本の分野として、全体的にフィクションに偏っており、しかも学年がすすむと自然科学や社会科学に関するノンフィクションを読む比率がさらに低くなっている。ノンフィクションは「理解を深めるための読書」や「情報を得るための読書」にとって意義があると考えられる。しかし、実際には子どもたちは、ノンフィクションへの興味や関心が希

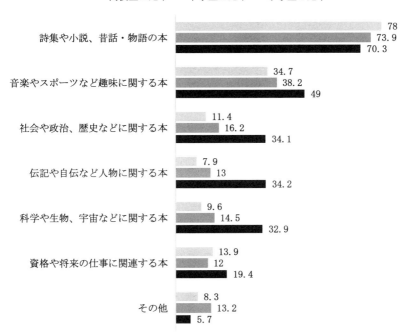

図4.7　日本の子どもが読む本の分野
出典）浜銀総合研究所(2017)『子供の読書活動の推進等に関する調査研究報告書』平成28年度文部科学省委託調査 をもとに作成

薄であることが示されている。

③読む本の選び方
　図4.8は、読む本の選び方について示したものである［浜銀総合研究所，2017］。
　図中の数値は、それぞれ「とてもあてはまる」に該当する子どもの比率である。小学生・中学生・高校生ともに多くの児童生徒は、「自分で読みたい本を選んで読む」傾向にある。それに対して、「誰かに紹介してもらった本を読む」という児童生徒は少ないと言える。
　同様の調査結果が全国SLAによる「第66回学校読書調査報告」からも示されている［全国SLA研究調査部，2021a］。同調査報告によれば、特に「先生

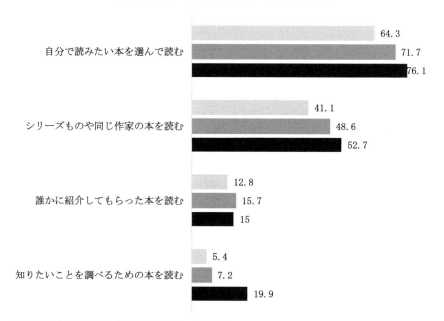

■高校生の比率　■中学生の比率　■小学生の比率

自分で読みたい本を選んで読む
64.3
71.7
76.1

シリーズものや同じ作家の本を読む
41.1
48.6
52.7

誰かに紹介してもらった本を読む
12.8
15.7
15

知りたいことを調べるための本を読む
5.4
7.2
19.9

図4.8　日本の子どもによる読む本の選び方
出典）浜銀総合研究所（2017）『子供の読書活動の推進等に関する調査研究報告書』平成28年度文部科学省委託調査 をもとに作成

のすすめ」や「家族のすすめ」に基づいて読みたい本を選ぶ児童生徒は、とても少ない傾向にある。それらと比べて「友人のすすめ」に基づき本を選ぶ児童生徒は、校種や性別で比率は多少異なるものの、約2割前後である。以上のことから、児童生徒の周囲の大人から行う児童生徒への読書に関する働きかけについては、創意工夫が求められる。

　図4.8によれば、「シリーズものや同じ作家の本を読む」に該当する子どもの比率が、小学生・中学生では約5割、高校生では約4割である。このことから、子どもたちが自分で読みたい本を選んで読む際に、シリーズものや同じ作家の本を選んで読む傾向にあることが示されている。読書生活を豊かなものにするためには、好きなキャラクターが登場するシリーズものや気に入っている同じ作家の本ばかりではなく、読書する分野やテーマの幅を広げ、フィクションにもノンフィクションにも親しむことが肝要である。

「知りたいことを調べるための本を読む」子どもは、小学生では約2割はいるものの、校種があがるにつれて減少傾向にある。中学生や高校生では、知りたいことを調べるために本よりはむしろ、インターネットなどを活用していることがその背景として考えられる。

④本の読み方
　図4.9は、本の読み方について示したものである[浜銀総合研究所，2017]。図中の数値は、それぞれ「とてもあてはまる」に該当する子どもの比率である。小学生・中学生の約6割、高校生の約5割が、「読み始めた本は最後まで読む」と回答している。また、小学生の約5割、中学生の約4割、高校生の約3割が、「同じ本や気になった箇所を読み返す」としている。通読および再読については、ある程度、児童生徒に定着していることが示されている。
　一方、「線を引きメモを取りながら読む」ことは、小学生・中学生・高校生ともに5%未満であり、本の読み方としてほとんど定着していない。もちろん図書館から借りた本に線を引き書き込みをすることはできないが、読みながらメモを取ることは可能である。内容についてよく考えながら、メモを取り細かいところまで丁寧に読むことは、精読の基本であるので、精読につい

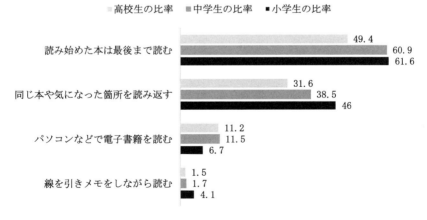

図4.9　日本の子どもによる本の読み方
出典）浜銀総合研究所(2017)『子供の読書活動の推進等に関する調査研究報告書』平成28年度文部科学省委託調査 をもとに作成

てはあまり定着していないことが考えられる。

　図4.9によれば、電子書籍については、小学生よりも中学生・高校生の方が読む比率が高い。

　同様の調査結果が全国SLAによる「第66回学校読書調査報告」からも示されている[全国SLA研究調査部，2021a]。同調査報告によれば、電子書籍の読書経験のある児童生徒の割合は、おおよそ小学生3〜4割、中学生4〜5割、高校生6割となっており、校種があがるにつれて比率が高くなっている。なお、同調査では電子書籍の読書経験の有無のみを尋ねており、電子書籍の読書習慣については触れていない。

　今後は児童生徒の日常生活にスマートフォンやタブレット端末がさらに普及することにより、電子書籍に親しむ児童生徒の増加が見込まれる。

(3) 日本の子どもの活字本と電子書籍による読書

　第四次「子供の読書活動の推進に関する基本的な計画」では、電子メディアの普及が子どもの読書環境に影響を及ぼす可能があることを踏まえ、その影響について実態を把握し分析を行う必要があるとしている。そのような背景から、近年では電子メディアと読書に関する調査研究が行われてきた。その調査研究報告書に基づき、以下に、活字本と電子書籍による読書や電子書籍に対する子どもの考え方について述べる。

①活字本と電子書籍

　図4.10は、日本の子どもによる紙の本での読書について示したものである[創建，2019]。図中、「読みたくて読んだ」とあるのは、自らすすんで活字本の読書をしたということであり、いわゆる「自由読書」である。また、「学校での活動で読んだ」とあるのは、学校での時間を決めての全校一斉読書活動などが該当する。

　図4.10から、全般的に「読みたくて読んだ」が最も多く、次いで「学校での活動で読んだ」および「宿題や授業に関連して読んだ」の順である。決められた時間に全校で一斉に行う読書や学びのためにしなければならない読書よりも、自由読書として活字本を読む傾向にあることが示されている。高校生の

「学校での活動で読んだ」比率が小学生・中学生と比べてかなり低い傾向にある。その背景として、高等学校での全校一斉読書活動の実施率の低さが考えられる。

　図4.11は、日本の子どもによる紙の本および電子書籍での読書について示したものである[創建，2019]。子どもの読書の実態を、「紙の本も電子書籍

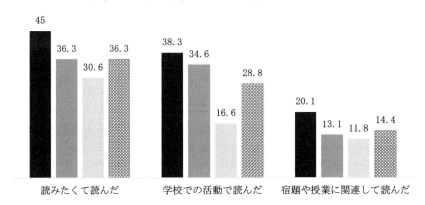

図4.10　日本の子どもによる紙の本での読書（過去1か月間）
出典）創建(2019)『子供の読書活動の推進等に関する調査研究報告書概要版』平成30年度文部科学省委託調査 をもとに作成

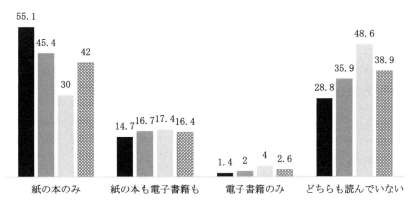

図4.11　日本の子どもによる紙の本および電子書籍での読書
出典）創建(2019)『子供の読書活動の推進等に関する調査研究報告書概要版』平成30年度文部科学省委託調査 をもとに作成

も読んだ」「紙の本は読んだが、電子書籍は読んでいない」「電子書籍は読んだが、紙の本は読んでいない」「どちらも読んでいない」の四つに分類し、分析を行っている。

　図4.11から、小学生と中学生では「紙の本は読んだが、電子書籍は読んでいない」がそれぞれ55.1%と45.4%で最も多い。一方、高校生では「どちらも読んでいない」という不読者が48.6%と最も多い。小学生・中学生・高校生ともに「電子書籍のみ」の比率は5%未満であり、とても低い。すなわち、電子書籍を読んでいる子どもは紙の本も読んでいる傾向にあると言える。

②電子書籍に対する子どもの考え方
　図4.12は、日本の子どもによる電子書籍に対する考え方について示したものである[創建, 2019]。「とてもそう思う」に限定すると、「無料で読むことができる」が27.5%と最も高く、次いで「何冊でも持ち運べる」(24.2%)、「い

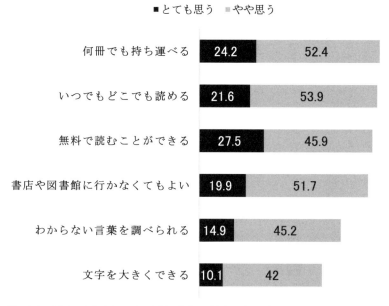

図4.12　日本の子どもによる電子書籍に対する考え方
出典) 創建 (2019)『子供の読書活動の推進等に関する調査研究報告書概要版』平成30年度文部科学省委託調査 をもとに作成

つでもどこでも読める」(21.6%)、「書店や図書館に行かなくても本が読める」(19.9%)、「インターネットや辞書などでわからない言葉などをすぐに調べることができる」(14.9%)、および、「文字を大きくすることができる」(10.1%)の順である。

　なお、図には示していないが、電子書籍を読んでいる子どもについては、「とてもそう思う」に限定すると「無料で読むことができる」(41.4%)をはじめとして、「何冊でも持ち運べる」(41.1%)、「いつでもどこでも読める」(39.7%)、「書店や図書館に行かなくても本が読める」(32.5%)など、より多くの肯定的な意見が寄せられている。しかし、一方では「本を買う前にためしに読めない」(13.1%)、「自分の読み直したいページをうまく開くことができない」(11.7%)、および、「友だちと本の貸し借りができない」(9.3%)など否定的な意見もあげている。これらは、実際に子どもが電子書籍を読んだうえでの意見である。

　今後の電子書籍のさらなる普及と利用拡大に伴い、大人だけではなく子どもも活字本と電子書籍のメリット・デメリットを認識し、読書の際にそれぞれの利点を活かした使い分け行動を行うものと考えられる。

第3節　学校図書館と公立図書館の現状

(1) 学校図書館の現状

　日本の学校図書館の現状について、文部科学省や全国SLA研究調査部が近年に実施した調査結果に基づき以下に述べる。

①学校図書館における人的整備および物的整備の状況

　子どもの読書環境を整備し、読書活動を推進するうえで、学校図書館の専門的な職務を担う司書教諭および学校司書は重要である。

　表4.4は、司書教諭および学校司書の配置状況について、その組み合わせをまとめたものである[文部科学省, 2022]。両者とも配置されている比率が最も高い校種は、「高等学校」(54.4%)であり、次いで「小学校」(51.1%)および「中学校」(45.5%)の順である。学校の規模などによることも考えられる

表4.4　司書教諭および学校司書の配置状況

状況　校種	両者とも有 (%)	司書教諭のみ (%)	学校司書のみ (%)	両者とも無 (%)	合計
小学校	9,813 (51.1)	3,605 (18.8)	3,389 (17.7)	2,390 (12.4)	19,197
中学校	4,531 (45.5)	1,738 (17.5)	1,844 (18.5)	1,837 (18.5)	9,950
高等学校	2,659 (54.4)	1,321 (27.0)	420 (8.6)	486 (9.9)	4,886

出典）文部科学省総合教育政策局地域学習推進課(2022)『令和2年度「学校図書館の現状に関する調査」結果について』文部科学省 をもとに作成

が、両者とも配置されていない学校は、「小学校」および「高等学校」では約1割、「中学校」では約2割である。学校図書館の専門的な職務を担う者が校内にいないということは、児童生徒の読書活動の推進にとって望ましいことではない。今後の人的整備が望まれる。

　次に、学校図書館の物的整備について、子どもの読書活動を推進するためには、質量ともに充実した豊富な蔵書を備えることが肝要である。

　学校図書館図書標準とは、公立義務教育諸学校の学校図書館に整備すべき蔵書の標準として、文部省（現在の文部科学省）が1993年に定めたものである。整備すべき蔵書冊数は、校種および学級数により異なる。たとえば、小学校で18学級の場合は10,360冊である。2020年の調査結果から、小学校の約3割、および、中学校の約4割が学校図書館図書標準で定められた蔵書冊数に達していない［文部科学省，2022］。これらの学校では、学校図書館図書標準の達成に向けて図書館資料の選定を積極的に行うことが求められる。

　学校図書館図書標準の達成状況に加えて、日本十進分類法による分類別の冊数および比率についても調査が行われている。小学校、中学校、高等学校のいずれの校種においても、蔵書全体の約4割を「9 文学」が占めている。一方、「2 歴史・地理」「3 社会科学」「4 自然科学」などは約1割程度であり、どちらかと言うとフィクションに偏った蔵書の構成となっている［文部科学省，2022］。今後は、ノンフィクションも含めて幅広い分野の読書を推進するうえでも、また、いろいろな教科での学習を学校図書館が支援するうえでも、

偏りの少ない蔵書の構成をめざすことが肝要である。

　また、表には示していないが、新聞の配備については約9割以上の高等学校が実施しているのに対して、小学校および中学校では約4割がこれからである［文部科学省，2022］。

　第6次「学校図書館図書整備等5か年計画」（令和4〜8年度）（2022〜2026年度）では、すべての公立義務教育諸学校が学校図書館図書標準の達成をめざすとともに、図書の選定基準・廃棄基準を策定し、古くなった本を新しく買い替えることを促進することをねらいとしている。また、各学校で学校図書館への新聞の複数紙配備（小学校等2紙、中学校等3紙、高等学校等5紙）を図る。さらに、学校司書の配置拡充を図り、学校図書館を活用した教育活動の支援などを行う。

　地方財政措置であるため、各自治体では学校図書館の整備にあたり、予算化を図り、図書や新聞の購入費、および、学校司書の配置のために活用することが求められる。

②学校図書館の活用および読書活動の実施状況

　子どもの読書活動の推進にあたり、学校図書館では充分な開館時間が確保されていることが必要不可欠である。また、学校図書館は、全校一斉読書活動やそれ以外の読書活動に積極的に関わることが大切である。

　表4.5は、学校図書館の開館状況と図書の貸出状況を示したものである［文部科学省，2022］。授業日数のうちの開館日数の割合については、「小学校」および「高等学校」が約9割を占めており、「中学校」では約8割である。一方、

表4.5　学校図書館の開館状況と図書の貸出状況

状況 校種	授業日数のうち 開館日数の割合	長期休業日数のうち 開館日数の割合	一人当たりの 年間貸出冊数
小学校	94.3%	16.9%	49冊
中学校	84.6%	16.7%	9冊
高等学校	93.1%	50.5%	3冊

出典）文部科学省総合教育政策局地域学習推進課（2022）『令和2年度「学校図書館の現状に関する調査」結果について』文部科学省 をもとに作成

長期休業日数のうちの開館日数の割合については、高等学校が約5割であるのに対して、小学校や中学校では約2割程度である。長期休業期間中の子どもの読書活動の推進については、貸出冊数や貸出期間に特別な配慮をすること、地域の公立図書館の利用を促すことなど、何らかの方策が求められる。

　一人当たりの年間貸出冊数については、「小学校」が49冊と最も多く、次いで「中学校」(9冊)、「高等学校」(3冊)の順である。高等学校では学校図書館の開館日数が小学校や中学校と比べて多いことが示されているが、そのことが必ずしも年間貸出冊数の多さにつながっているとは言えない。

　表4.6は、全校一斉読書活動の実施状況について示したものである[文部科学省，2022]。全校一斉読書活動とは、全校で時間帯を決めて一斉に行う読書活動のことで、読む本については児童生徒が自由に決めている。全校一斉読書活動の実施時間帯については、始業前に実施しているところ(「朝読書」と呼ばれている)が、校種を問わず最も多い。全校一斉読書活動の実施率は、「小学校」が90.5%と最も高く、次いで「中学校」(85.9%)および「高等学校」(39.0%)の順である。高等学校と比べて小学校や中学校では、学校図書館での一人当たりの年間貸出冊数が多いが、その背景の一つとして小学校や中学校では全校一斉読書活動がある程度定着していることが考えられる。

表4.6　全校一斉読書活動の実施状況

校種＼状況	実施学校数(%)	合　計
小学校	17,058(90.5%)	18,849
中学校	7,832(85.9%)	9,120
高等学校	1,340(39.0%)	3,436

出典) 文部科学省総合教育政策局地域学習推進課(2022)『令和2年度「学校図書館の現状に関する調査」結果について』文部科学省 をもとに作成

　表4.7は、全校一斉読書活動以外の読書活動(読み聞かせ、読書会、ブックトーク、ビブリオバトル)および読書活動推進のための取り組み(推薦図書コーナーなどの設置、目標とする読書量の設定)について示したものである[文部科学省，2022]。

表4.7 全校一斉読書活動以外の読書活動および読書活動推進のための取り組みの実施状況

状況＼校種	図書の読み聞かせ(%)	読書会(%)	ブックトーク(%)	ビブリオバトル(%)	推薦図書コーナーなど(%)	目標とする読書量の設定(%)	合計
小学校	17,479 (95.0)	2,599 (14.1)	6,543 (35.6)	1,884 (10.2)	14,613 (79.4)	9,200 (50.0)	18,395
中学校	2,637 (35.1)	371 (4.9)	1,721 (22.9)	1,762 (23.5)	6,341 (84.5)	1,714 (22.8)	7,507
高等学校	288 (11.1)	412 (15.8)	294 (11.3)	981 (37.7)	2,196 (84.4)	327 (12.6)	2,602

出典）文部科学省総合教育政策局地域学習推進課(2022)『令和2年度「学校図書館の現状に関する調査」結果について』文部科学省 をもとに作成

　全校一斉読書活動以外の読書活動については、校種による違いが見られる。たとえば、小学校では「読み聞かせ」(95.0%)に主眼を置きながら「ブックトーク」(35.6%)にも力を入れている。すなわち、「読み聞かせ」だけのこともあるが、本を紹介する際にはおすすめ本を読み聞かせていることが考えられる。また、中学校では「読み聞かせ」(35.1%)の比率が小学校と比べて大幅に低くなっており、「ブックトーク」(22.9%)も減少傾向にあるが、「ビブリオバトル」(23.5%)は増加している。「ビブリオバトル」とは、読書推進の文脈のなかで行われる「本の紹介ゲーム」である。中学校では自らの読書について他者へ伝えるという積極的な姿勢が求められている。さらに高等学校では、「読み聞かせ」(11.1%)が一段と減少し「ブックトーク」(11.3%)も減少するが、「ビブリオバトル」(37.7%)や「読書会」(15.8%)は中学校よりも増加している。自らの読書について他者に語る機会が増えることは、自己のアイデンティティを確立すべき時期にある高校生にとって意義があると言える。

　欧米では「読み聞かせ」について、小学校だけではなくその後も継続して行うべきであるという考え方が、提唱されている。しかし、日本では校種があがるにつれて、「読み聞かせ」は減少傾向にあり、代わりに「ビブリオバトル」が増加傾向にある。

　全校一斉読書活動以外の読書活動推進のための取り組みでは、「推薦図書コーナーなどの設置」について校種を問わず約8割の学校で実施されている。

一方、「目標とする読書量の設定」については、小学校では半数のところで実施されているが、校種があがるにつれて減少している。小学校では、毎週1時間程度を「図書館の時間」として、学級活動あるいは国語科のなかに位置付けているところが多いことが、その背景として考えられる。

③学校図書館の整備方針と児童生徒の読書活動の推進

図4.13は、学校図書館の整備方針について示したものである［全国SLA研究調査部，2021b］。「学習に役立つ蔵書の充実」についてが、校種を問わず最も多い。一方、「必読図書を定め読書活動を充実させる」は、校種による違いが見られる。すなわち、「小学校」では48.5％と約半数近くが同意しているにもかかわらず、「中学校」（34.8％）、「高等学校」（10.4％）と校種があがるにつれて、減少傾向にある。

「児童生徒の憩いの場として学校図書館を充実させたい」は、校種を問わず半数以上が同意している。また、「積極的に情報発信を行い、活用される学校図書館をめざしたい」と回答した学校は、小学校では44.2％、中学校では59％、高等学校では63.2％と校種があがるにつれて、増加傾向にある。

読書に着目すると、必読図書を定めることよりも、むしろ学習に役立つ蔵

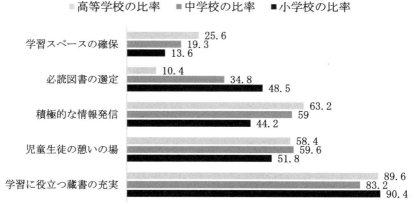

図4.13　学校図書館の整備方針
出典）全国SLA研究調査部（2021b）「2021年度学校図書館調査報告」『学校図書館』通巻第854号、pp.16-40をもとに作成

書を充実させることを、学校図書館の整備方針とする傾向にある。また、児童生徒がくつろいで読書できる環境を整えること、読みたい本に巡り合えるように新着図書やおすすめ本についての情報を定期的に発信し、読書への動機づけをはかることが大切であると認識されている。

④学校図書館における電子書籍の導入状況と課題

　2019年6月に「視覚障害者等の読書環境の整備の推進に関する法律」（通称「読書バリアフリー法」）が成立し、障がいの有無にかかわらず、さまざまな人々が利用しやすい形式で読書できる電子書籍が注目されるようになった。また、長期にわたるコロナ禍の影響から、来館せずに貸出サービスを受けることができる電子書籍の利便性が広く認識されてきた。

　しかし、実際に学校図書館における電子書籍サービスの導入率および導入の検討率は、2021年6月の時点で極めて低いものである。「導入している」と回答した学校は、小学校（3.3%）、中学校（2.5%）、および高等学校（1.6%）にすぎない。

　また、「導入を検討している」と回答した学校は、高等学校（4.9%）、中学校（3.8%）、および小学校（3.5%）のみである［全国SLA研究調査部，2021b］。

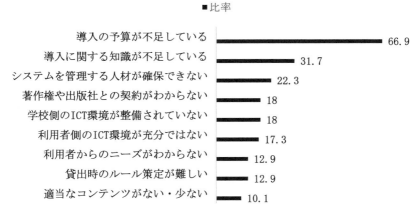

図4.14　学校図書館の電子書籍導入における課題
出典）リベルタス・コンサルティング（2021）『令和2年度「子供の読書活動の推進等に関する調査研究」調査報告書』令和2年度文部科学省委託調査 をもとに作成

さらに、学校図書館に電子書籍を導入する際の課題については、図4.14
に示すように「導入の予算が不足している」が66.9%と最も多い。次いで「導
入に関する知識が不足している」(31.7%)、および「システムを管理する人材
が確保できない」(22.3%)の順である[リベルタス・コンサルティング，2021]。
　GIGAスクール構想により、各学校では児童生徒ひとり一台の端末の普及
が進み、高速大容量の通信ネットワークも整備される傾向にある。そのよう
なことから、全校一斉読書活動や国語科の授業などで電子書籍を積極的に利
用している学校も見受けられる。教職員の電子書籍に関する理解を促すこと
などにより、このような情報環境を活かした読書活動の推進が、今後の学校
図書館に求められている。

(2) 公立図書館の現状

　公立図書館では、特に乳幼児から小学生までを対象とした図書館サービス
として児童サービスを、また、特に中学生と高校生を対象とした図書館サー
ビスとしてヤングアダルトサービスを実施している。児童サービスのうち、
特に生後から3歳未満の子どもを対象とするサービスを乳幼児サービスと呼
んでいる。学校図書館の利用者は、同時に公立図書館の児童サービスやヤン
グアダルトサービスの対象者でもある。児童サービスやヤングアダルトサー
ビスにはさまざまな意義があるが、その一つとして読書支援は極めて重要で
ある[金沢・柳，2022]。
　一口に公立図書館と言っても、都道府県立図書館と市区町村立図書館があ
り、両者には運営の基本について違いが見られる。すなわち、都道府県立図
書館は都道府県内の市区町村立図書館に対する援助に努めるとともに、住民
の直接的な利用に対応する体制も整備している。一方、市区町村立図書館は、
住民のために資料や情報の提供など直接的な援助を行う機関として、地域の
実情に合わせて運営している[金沢，2022]。
　これらのことを踏まえて、以下に児童サービスやヤングアダルトサービス
の現状、および、公立図書館における電子書籍の課題と活用について述べる。

①児童サービスの現状

　2015年度の日本図書館協会児童青少年委員会による児童サービス実態調査報告によれば、都道府県立図書館全57館のうち、48館（84.2%）が館内での児童への直接サービスを実施している。表4.8は、都道府県立図書館が実施している館内での児童への直接サービスについて示したものである［日本図書館協会，2019］。

表4.8　都道府県立図書館が実施している館内での児童への直接サービス

直接サービスの内容	件　数(%)
レファレンス・読書相談	48(100)
貸出	46(95.8)
お話し会	43(89.6)
集会活動(映画会など)	30(62.5)
その他	10(20.8)
合　計	48

出典）日本図書館協会児童青少年委員会編(2019)『公立図書館児童サービス実態調査報告　2015』日本図書館協会 をもとに作成

　児童サービスを実施しているすべての都道府県立図書館（48館）では、「レファレンス・読書相談」を実施している。また、「貸出」や「お話し会」など子どもの読書支援に関わるサービスも9割程度の図書館で実施しており、都道府県立図書館では子どもの直接的な利用にも対応していると言える。

　また、市区町村立図書館では、回答数2,928館のうち、2015年度に児童サービスを行っている図書館は、2,890館（98.7%）である。都道府県立図書館と比べて実施率が高く、住民のための直接的な援助に力を注いでいる。児童サービスのなかで市区町村立図書館が特に力を入れている集会活動は、「お話し会」である。ちなみに、「お話し会」を実施している図書館は2,711館であり、児童サービスを行っている図書館（2,890館）の93.8%を占めている［日本図書館協会，2019］。

　表4.9は、市区町村立図書館のお話し会の内容について示したものである［日本図書館協会，2019］。「読み聞かせ」が9割以上を占めており、お話し会

表4.9　市区町村立図書館のお話し会の内容

お話し会の内容	館数（実施率）
絵本の読み聞かせ	2,678（98.8）
紙芝居	1,714（63.2）
わらべうた・手遊び	1,644（60.6）
ストーリーテリング	696（25.7）
パネルシアター	555（20.5）
その他	144（5.3）
ブックトーク	97（3.6）
科学遊び	36（1.3）
合　計	2,711

なお、お話し会を行っている計2,711館を100%として実施率を計算した。
出典）日本図書館協会児童青少年委員会編（2019）『公立図書館児童サービス実態調査報告　2015』日本図書館協会 をもとに作成

表4.10　児童サービスのために重要と思うもの（上位5位）

都道府県立図書館	件数（%）	市区町村立図書館	件数（%）
研修の実施	29（60.4）	選書	1,479（50.5）
子どもの本の知識	22（45.8）	子どもの本の知識	1,249（42.7）
学校図書館への支援（連携）	17（35.4）	学校図書館への支援（連携）	1,118（38.2）
選書	14（29.2）	ストーリーテリング、読み聞かせ、ブックトーク	930（31.8）
レファレンス・読書相談	10（20.8）	レファレンス・読書相談	778（26.6）
合　計	48	合　計	2,928

出典）日本図書館協会児童青少年委員会編（2019）『公立図書館児童サービス実態調査報告　2015』日本図書館協会 をもとに作成

の内容として主要なものであることは明らかである。他に「紙芝居」「わらべうた・手遊び」「ストーリーテリング」なども行われており、お話し会の内容は全般的に充実していると言える。

　表4.10は、児童サービスのために重要と思うものについて尋ねた結果である［日本図書館協会，2019］。最も重要であると考えているものについて、都道府県立図書館では「研修の実施」（60.4%）をあげているのに対して、市区町村立図書館では「選書」（50.5%）をあげている。都道府県立図書館では、都道府県域の図書館に対して研修を行うことが責務の一つであるためと考えら

れる。「子どもの本の知識」「学校図書館への支援（連携）」「レファレンス・読書相談」については、両者とも同様に重要であると考えている。一方、市区町村立図書館は子どもへの直接的なサービスに主眼を置いていることから、「選書」に加えて「ストーリーテリング、読み聞かせ、ブックトーク」について大切であると認識している。

②ヤングアダルトサービスの現状

　2014年に実施されたヤングアダルトサービスの現状に関する全国調査によれば、ヤングアダルトサービスの実施率は、都道府県立図書館が66.7%（回答館数51館のうち34館で実施）、および市区町村立図書館が79.0%（回答館数1,013館のうち800館で実施）であった［平田・中西・日置・井上，2015］。前述の児童サービスと比べて、ヤングアダルトサービスは都道府県立図書館および市区町村立図書館ともに、実施率が低い傾向にある。

　表4.11は、その調査結果から、特にヤングアダルトサービスの図書館行事の内容について、市区町村立図書館で件数の多い順に並べたものである［平田・中西・日置・井上，2015］。これらはヤングアダルト向けの集会活

表4.11　ヤングアダルトサービスの図書館行事の内容

図書館行事の内容	市区町村立図書館件数（%）	都道府県立図書館件数（%）
図書館員体験・インターンシップ	445（55.6）	28（82.4）
POP作成	227（28.4）	16（47.1）
講演会・ワークショップ・講座・講習	74（9.3）	14（41.2）
ブックトーク・ビブリオバトル・書評漫才	48（6.0）	5（14.7）
伝言板	40（5.0）	2（5.9）
ノート	34（4.3）	0（0）
ポスター・栞（しおり）作成	34（4.3）	2（5.9）
読書会・おすすめ本の選考会	27（3.4）	6（17.6）
雑誌・新聞・ミニコミ誌発行	19（2.4）	1（2.9）
図書委員会・図書部	16（2.0）	1（2.9）
合計	800（100）	34（100）

出典）平田満子・中西美季・日置将之・井上靖代（2015）「YAサービスの現状―全国調査報告(1)―」『図書館界』Vol.67、No.2、pp.86-95をもとに作成

動にあたるものであるが、市区町村立図書館および都道府県立図書館ともに、「図書館員体験・インターンシップ」が最も多く、次いで「POP作成」「講演会・ワークショップ・講座・講習」の順である。

　読書に関連するものとして、「ブックトーク・ビブリオバトル・書評漫才」や「読書会・おすすめ本の選考会」なども行われている。これらは必ずしも数のうえでは多くはないが、ヤングアダルト自らが読んだ本の魅力を同年代に積極的に伝えようとするものである。

　ヤングアダルト向けの集会活動を行う理由についてであるが、単に図書館資料の利用を促すためだけではなく、ヤングアダルトの自分探しを手助けし、ヤングアダルトに社会的なつきあいのできる場と責任を果たす機会を提供するなど、幅広い観点から考えられる[Vaillancourt, 2000]。

③公立図書館における電子書籍の課題と活用

　2020年12月に実施された全国の自治体における電子書籍の導入・活用状況に関する調査結果によれば、公立図書館に電子書籍を導入している自治体は9.8%である。また、今後公立図書館で、電子書籍の貸出を予定している自治体は4.7%、および、電子書籍の導入を検討している自治体は22.4%である[リベルタス・コンサルティング，2021]。

　図4.15は、公立図書館における電子書籍の課題について示している[リベルタス・コンサルティング，2021]。電子書籍の貸出を予定・検討している公立図書館のうち、67.4%が「電子書籍を導入する予算が不足している」と回答している。一方、電子書籍を既に導入し貸出を行っている公立図書館のうち67.8%が「適当な電子書籍のコンテンツがない・少ない」を課題としている。また、52.2%が「電子書籍について利用者に周知や広報ができていない」ことをあげている。既に電子書籍が導入され貸出が行われている公立図書館と、予定・検討中である公立図書館とでは、異なる課題を抱えていることが明らかである。

　図4.16は、公立図書館の電子書籍を活用した子ども向けの取り組みについて示している[リベルタス・コンサルティング，2021]。子ども向けの取り組みを行っていないところは、全体の約3割を占めている。子ども向けの取

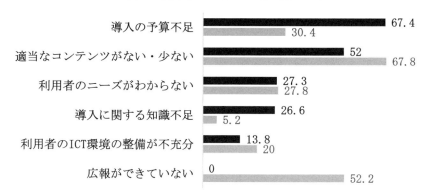

図4.15　公立図書館における電子書籍の課題
出典）リベルタス・コンサルティング（2021）『令和2年度「子供の読書活動の推進等
に関する調査研究」調査報告書』令和2年度文部科学省委託調査 をもとに作成

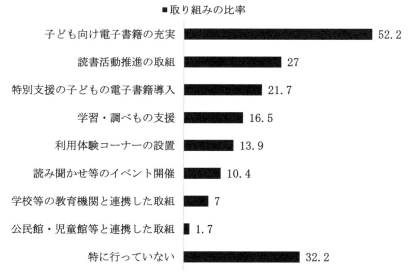

図4.16　公立図書館における電子書籍を活用した子どもの読書活動推進の取り
組み
出典）リベルタス・コンサルティング（2021）『令和2年度「子供の読書活動の推進
等に関する調査研究」調査報告書』令和2年度文部科学省委託調査 をもとに作成

り組みのなかで、「子ども向け電子書籍の充実」が52.2％と回答比率が最も高い。次いで「読書活動推進の取り組み」(27%)、「特別な配慮を必要とする子ども向けの電子書籍の導入」(21.7%)、および「学習・調べもの支援」(16.5%)の順である。これらはいずれも地域社会の学校教育を支援するうえでも、意義のある取り組みであると言える。

　また、「保育所や幼稚園・学校等の教育機関と連携した取り組み」(7%)や「電子書籍の利用体験コーナーの設置」(13.9%)などは、これから電子書籍の導入を考えている学校図書館にとって有益な取り組みであると言える。また、「読み聞かせ等のイベント開催」(10.4%)により、これまでのお話し会にはないような新たな試みが広がっていくことも、読書活動の推進の観点から期待される。

　以上のように、公立図書館のなかには、電子書籍の貸出だけではなく、電子書籍を活用した様々な取り組みを行っているところもある。今後は、図書館Webサイト、SNS、自治体などの広報誌、学校訪問による児童生徒や教職員対象の電子書籍の体験会などを通じて、電子書籍について多くの利用者に周知し広報に努めることが肝要である。

第4節　学校図書館の充実や子どもの読書活動の推進に関する法律や施策

(1) 学校図書館の充実や子どもの読書活動の推進に関する法律

　学校図書館の充実や子どもの読書活動の推進に関する法律として、特に重要であると考えられる「学校図書館法」、「子どもの読書活動の推進に関する法律」(通称「子どもの読書活動推進法」)、「文字・活字文化振興法」、「障害を理由とする差別の解消の推進に関する法律」(通称「障害者差別解消法」)、および、「視覚障害者等の読書環境の整備の推進に関する法律」(通称「読書バリアフリー法」)について以下に述べる。

①学校図書館法

　1953年8月8日に公布され、1954年4月1日に施行された学校図書館法では、第1条に学校図書館は学校教育において欠くことのできない基礎的な設備で

あることが示されている。第2条では学校図書館の目的として、学校の教育課程の展開に寄与するとともに、児童生徒の健全な教養を育成することがあげられている。第3条では、学校には学校図書館を設けなければならないと設置義務が明記されている。

　学校図書館の運営について第4条では、学校図書館を児童生徒および教員の利用に供するために、以下の5種類の方法が示されている。

一　図書館資料の収集と児童生徒や教員への図書館資料の提供。

二　図書館資料の適切な分類排列と目録の整備。

三　読書会、研究会、鑑賞会、映写会、資料展示会など学校図書館行事の開催。

四　図書館資料や学校図書館の利用に関する児童生徒への指導。

五　他の学校図書館、図書館、博物館、公民館などとの緊密な連絡および協力。

　以上のような学校図書館の運営を実現するためには、専門職としての人材を学校図書館に配置することが必要不可欠である。そこで、第5条では学校図書館の専門的職務を掌らせるための司書教諭について、第6条では専ら学校図書館の職務に従事するための学校司書について規定されている。

　これまでに学校図書館法は二度にわたる改正があった。1997年の改正により、一定規模(12学級)以上の学校には、2003年3月31日までに司書教諭の配置が義務付けられた。2014年の改正(2015年4月1日施行)により、2015年度から学校には学校司書を置くよう努めなければならなくなった。

　学校図書館法の制定により、学校図書館は学校教育において欠くことのできない基礎的な設備であること、学校には学校図書館を設けなければならないことが明文化された。また、学校の教育課程の展開に寄与することや、児童生徒の健全な教養を育成することが、学校図書館の目的として示された。さらに、その後の二度にわたる学校図書館法の改正により、学校図書館の運営を担う司書教諭と学校司書の配置について規定されたことは、学校図書館の発展にとって意義のあることである。

②子どもの読書活動の推進に関する法律

2001年12月12日に公布・施行された「子どもの読書活動の推進に関する法律」(以下「子どもの読書活動推進法」)では、子どもの読書活動の推進について、基本理念を定め、国および地方公共団体の責務(責任と義務)などを明らかにするとともに、必要な事項を定めている。

まず、子ども(おおむね18歳以下の者)が言葉を学び、感性を磨き、表現力を高め、創造力を豊かにし、人生をより深く生きる力を身につけるうえで、子どもの読書活動は欠くことのできないものであることを示している。そして、すべての子どもがあらゆる機会とあらゆる場所において自主的に読書活動を行えるように、積極的に環境の整備が推進されなければならないと明記している。

また、国の責務、地方公共団体の責務、事業者の努力、保護者の役割、学校や図書館など子どもの読書活動の推進に関する機関との国および地方公共団体による連携強化について、表明されている。

さらに、政府による「子どもの読書活動の推進に関する基本的な計画」を策定し公表しなければならないこと、それに基づく都道府県による「都道府県子ども読書活動推進計画」、市町村による「市町村子ども読書活動推進計画」を策定するよう努めなければならないことが、定められている。

国民の間に子どもの読書活動についての関心と理解を広めるために、そして、子どもが積極的に読書活動を行うように、「子どもの読書活動推進法」では、ユネスコが「世界本の日」としている4月23日を「子ども読書の日」と定めている。

③文字・活字文化振興法

2005年7月29日に公布・施行された「文字・活字文化振興法」では、文字・活字文化の振興に関する基本理念を定め、国および地方公共団体の責務を明らかにし、文字・活字文化の振興に関する必要な事項を定めている。

まず、「文字・活字文化」とは、活字その他の文字を用いて表現されたもの(以下「文章」)を読み書くことを中心として行われる出版活動、著作活動、表現活動など、人間の精神的な営みによるすべての文化的所産のことである。

基本理念として、すべての国民が、生涯にわたり地域、学校、家庭その他の様々な場において、等しく豊かな文字・活字文化の恵沢を享受できる環境を整備するために、文字・活字文化の振興に関する施策の推進が行われなければならないことを示している。次に、文字・活字文化の振興にあたり、国語が日本文化の基盤であることに充分配慮されなければならないこと、学校教育では読む力および書く力、並びにこれらの力を基礎とする言語に関する能力（以下「言語力」）の涵養に充分配慮されなければならないことを明記している。

地域における文字・活字文化の振興について、市町村は必要な数の公立図書館を設置し、適切に配置すること、国および地方公共団体は公立図書館の運営の改善および向上のために必要な施策（司書の充実、図書館資料の充実、情報化の推進など）を講ずることなどが示されている。

学校教育においては、言語力の涵養が充分に図られるように、司書教諭や学校司書の充実、学校図書館の図書館資料の充実および情報化の推進など、必要な施策を講ずるものとすることが明示されている。

「文字・活字文化振興法」では、国民の間に文字・活字文化についての関心と理解を広めるために、読書週間が始まる10月27日を「文字・活字文化の日」と定めている。

④障害を理由とする差別の解消の推進に関する法律

2016年4月1日から、「障害を理由とする差別の解消の推進に関する法律」（以下「障害者差別解消法」）が施行された。障害者差別解消法では、障がいを理由とした不当な差別的取り扱いを、国の行政機関や地方公共団体、民間事業者などに対して禁止している。これらのなかに、国公立学校も含まれる。加えて「合理的配慮」を提供することを定めている。「合理的配慮」とは、社会のなかにあるバリアを取り除くために、負担が重すぎない範囲で行う配慮のことである。なお、2021年5月の同法の改正により、私立学校でも「合理的配慮」が義務づけられた。

学校図書館においては、たとえば、照明を明るくする、館内表示には区別しやすい色の使い方を工夫する、書架を低くする、書架の間隔を広げる、点

字資料や拡大文字の資料を用意するなどの合理的配慮が考えられる。

⑤視覚障害者等の読書環境の整備の推進に関する法律

　2019年6月28日から、「視覚障害者等の読書環境の整備の推進に関する法律(以下「読書バリアフリー法」)が施行された。読書バリアフリー法では、何らかの理由により、目で見る資料が利用できない人々の読書環境の整備を総合的かつ計画的に推進し、国民すべてが等しく読書を通じて文字・活字文化の恵沢を享受できる社会の実現をめざしている。資料の提供にあたり、従来の点字図書や録音図書などを利用者に貸し出すだけではなく、マルチメディアDAISY(デイジー)図書や音声読み上げ対応の電子書籍のインターネット配信などを実施している図書館もある。なお、マルチメディアDAISY図書とは、活字による読書が困難な者を対象に、音声、テキスト、画像などを同時に再生できるデジタル録音図書のことである。

　学校図書館においても、インターネット経由での国立国会図書館「視覚障害者等用データ送信サービス」などの活用により、視覚障がいのある児童生徒に読書の機会を無料で保障することが可能である。

(2) 学校図書館の充実や子どもの読書活動の推進に関する施策

　学校図書館の充実や子どもの読書活動の推進に関する施策として、特に重要であると考えられる「子どもの読書活動の推進に関する基本的な計画」(通称「子どもの読書活動推進基本計画」)、「学校図書館図書標準」、および、「学校図書館図書整備等5か年計画」について以下に述べる。

①子どもの読書活動の推進に関する基本的な計画

　前述のように2001年12月12日に公布・施行された「子どもの読書活動推進法」では、「子どもの読書活動の推進に関する基本的な計画」(以下「子どもの読書活動推進基本計画」)を策定し公表しなければならないことが明記されている。それを受けて、2002年8月2日に「子どもの読書活動推進基本計画」が閣議決定された。

　「子どもの読書活動推進基本計画」では、基本的方針として、①子どもが読

書に親しむ機会の提供と諸条件の整備・充実を図ること、②家庭、地域、学校を通じて社会全体で子どもの読書活動の推進に取り組むこと、③子どもの読書活動の推進に関する理解と関心を普及させることが示されている。

　また、学校などにおける子どもの読書活動の推進に関する方策として、学習活動を通じた読書活動の充実、「朝の読書」や読み聞かせなどによる読書習慣の確立などがあげられている。学校図書館に関しては、「学校図書館図書整備5か年計画」による図書資料などの計画的な整備、学校図書館施設における読書スペースの整備、学校図書館の情報化の推進、司書教諭の配置、学校司書の配置、教職員間の連携、ボランティアの協力などによる学校図書館活動の支援などが示されている。その後、2008年3月11日に第二次計画、2013年5月17日に第三次計画、2018年4月20日に第四次計画が閣議決定された。

　第四次計画では、高校生の不読率が依然として高いことを踏まえて、読書習慣の形成と継続に向けて乳幼児から小学生期、中学生期、そして高校生期までの各発達段階での効果的な取り組みについて明示されている。たとえば、読書への関心が低下している高校生などに対しては、読書会、ブックトーク、ビブリオバトルなど、友人同士で本を薦め合う取り組みを充実させることがあげられている。

　「子どもの読書活動推進法」を拠り所としているこれらの基本計画では、子どもの読書活動の推進に関する基本的な方針と具体的な方策が示されている。

②学校図書館図書標準

　「学校図書館図書標準」とは、1993年3月29日に当時の文部省が校種、および、学級数ごとに学校図書館に備えるべき図書の冊数を数値目標として定めたものである。すなわち公立義務教育諸学校の学校図書館を対象に、校種による計算式に基づき、学級数に応じて少なくとも備えなければならない蔵書冊数の基準を示している。たとえば、12学級の学校の場合、小学校の学校図書館では7,960冊、中学校の学校図書館では10,720冊である。その後、2007年に特別支援学校制度の創設に伴い、これまでの盲学校、聾学校、および、養護学校に関わる「学校図書館図書標準」が文部科学省により改正された。なお、高等学校および特別支援学校(高等部)の学校図書館については、

蔵書冊数に関する数値の基準は設けられていない。

③学校図書館図書整備等5か年計画

　1993年に定められた「学校図書館図書標準」が実現するように、文部省は1993年度を初年度とする「学校図書館図書整備5か年計画」を地方交付税により措置した。しかし、計画期間中にこの基準に達した学校図書館は少なく、あらたな施策が必要となった。

　その後、2001年に制定・施行された「子どもの読書活動推進法」に基づき、2002年に閣議決定された「子どもの読書活動推進基本計画」では、学校図書館に関して「学校図書館図書整備5か年計画」による図書資料などの計画的な整備について盛り込まれている。そのようなことから、2002〜2006年度（第2次）、2007〜2011年度（第3次）、2012〜2016年度（第4次）、2017〜2021年度（第5次）、および、2022〜2026年度（第6次）と継続して計画されてきた。

　ちなみに第6次「学校図書館図書整備等5か年計画」では、公立の小中学校などにおいて学校図書館図書標準の達成をめざすために新たな図書を整備する。加えて、児童生徒が正しい情報に触れる環境整備などの観点から、図書の廃棄・更新を進めるための選定基準・廃棄基準を策定し、古くなった本を新しく買い替えることを促す。また、成年年齢の18歳への引き下げなどに伴い、児童生徒が主体的に主権者として必要な資質・能力を身につけることが重要であることから、学校図書館への新聞の複数紙配備を図る。さらに、学校図書館の日常的な運営・管理や学校図書館を活用した教育活動の支援を行う学校司書の配置拡充を図る。

　なお、地方財政措置は、使途を特定しない一般財源として措置されるので、各自治体において予算化が図られることにより、はじめて図書や新聞の購入費、学校司書の配置のための費用に充てられる。そのため、教育委員会と学校が連携して学校図書館の計画的な整備を進めること、各自治体は学校図書館の現状を把握し適切な予算措置を講じることが肝要である。

引用参考文献

金沢みどり(2022)『図書館サービス概論　第2補訂版』学文社

金沢みどり・柳勝文(2022)『児童サービス論　第3版』学文社

全国SLA研究調査部(2021a)「第66回学校読書調査報告」『学校図書館』通巻第853号、pp.15-48

全国SLA研究調査部(2021b)「2021年度学校図書館調査報告」『学校図書館』通巻第854号、pp.16-40

創建(2019)『子供の読書活動の推進等に関する調査研究報告書概要版』平成30年度文部科学省委託調査

日本図書館協会児童青少年委員会編(2019)『公立図書館児童サービス実態調査報告2015』日本図書館協会

浜銀総合研究所(2017)『子供の読書活動の推進等に関する調査研究報告書』平成28年度文部科学省委託調査

平田満子・中西美季・日置将之・井上靖代(2015)「YAサービスの現状—全国調査報告(1)—」『図書館界』Vol.67、No.2、pp.86-95

文部科学省総合教育政策局地域学習推進課(2022)『令和2年度「学校図書館の現状に関する調査」結果について』文部科学省

リベルタス・コンサルティング(2021)『令和2年度「子供の読書活動の推進等に関する調査研究」調査報告書』令和2年度文部科学省委託調査

Clark, C. and Picton, I. (2021) *Children and young people's reading in 2021: Emerging insight into the impact of the pandemic on reading.* London: National Literacy Trust.

Hegdal, Asfrid (2020) *Reading Matters: Surveys and Campaigns: How to Keep and Recover Readers.* International Publishers Association and Norwegian Publishers Association.

National Center for Education Statistics (NCES) (2013) *National Assessment of Educational Progress (NAEP) Digest of Education Statistics.* Available at: https://nces.ed.gov/programs/digest/d20/tables/dt20_221.30.asp (Accessed: 21 January 2022).

NCES (2020a) *NAEP Long-term Trends: Reading: Student Experiences: Reading for Fun Age 9.* Available at:
https://www.nationsreportcard.gov/ltt/reading/student-experiences/?age=9
(Accessed: 24 January 2022).

NCES (2020b) *NAEP Long-term Trends: Reading: Student Experiences: Reading for Fun Age 13.* Available at:
https://www.nationsreportcard.gov/ltt/reading/student-experiences/?age=13
(Accessed: 24 January 2022).

Pew Research Center (2014) *Younger Americans and Public Libraries.*
Available at: http://www.pewinternet.org/2014/09/10/younger-americans-and-public-libraries/ (Accessed:20 January 2022).

Scholastic (2019) *Kids and Family Reading Report. 7*[th] *ed. Finding Their Story.*
Available at:
https://www.scholastic.com/content/dam/KFRR/Downloads/KFRReport_Finding%20
Their%20Story.pdf (Accessed: 24 January 2022).

Vaillancourt, R.J. (2000). *Bare Bones Young Adult Services.* American Library Association.

第5章

子どもの読書資料

本章の要点

　学校図書館の活用や読書教育を実施する前提として、児童書やマンガをはじめとしてどのような資料が子どもたちの周りにあり、図書館、書店、そして読者などへどのように流通しているのか、という出版の状況を把握することが必要となる。

　そこで、本章では、まず児童およびヤングアダルトを対象とした読書資料の出版傾向を見ていく。具体的には、日本の出版がどのような仕組みになっており、現在どのように変化しつつあるのか、そして、その中で児童およびヤングアダルトの出版はどのような位置づけにあるのか、を追っていく。その上で、具体的にどのような読書資料が児童およびヤングアダルトに向けて出版されているのかを述べる。絵本やフィクション、マンガなどに加え、近年ではライトノベルおよびライト文芸などと呼ばれる新たなジャンルが登場し、さらにこれまでもあったジャンルにおいても時代に合わせた変化がなされていることを示す。

第1節　児童およびヤングアダルトを対象とした読書資料の出版傾向

(1) 日本の出版

　出版とは、「情報を書籍・雑誌などの印刷物、あるいはDVDやネットワークなど電子的方法によって複製し、頒布・販売の方法で普及させる活動」である[川井，2012, p. 3]。

　この定義の前半部である、「情報を印刷物や電子的方法によって複製する」

という点については、出版社が主な役割を担う。出版社は、書籍や雑誌などを企画・編集・制作し印刷して、複製物である出版物を発行する事業者を指す。日本の出版社の数は、2020年6月1日現在2,908で、総売上額は1.62兆円である。出版社の半分以上は4人以下の従業者によって成り立っており、そういった小さな出版社の売上げの1社あたりの平均は1,605万円である。一方、100人以上の規模の出版社(1社あたり平均272人)の売上げは、124.99億円となっており［総務省，2021］、出版社ごとの規模と売上げには大きな差がある。また、出版社の数は1997年の4,612を頂点に［出版年鑑編集部, 1998, p. 360］、およそ6割まで減少し、紙の出版物の推定販売金額も1996年の2.66兆円を頂点に、雑誌を中心として半分未満にまで落ちている(図5.1)［全国出版協会・出版科学研究所，2021, p. 3］。

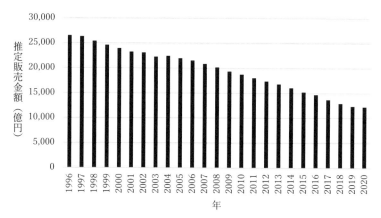

図5.1 取次ルートにおける紙の出版物の推定販売金額の推移
出典) 全国出版協会・出版科学研究所(2021)『2021年版　出版指標年報』全国出版協会・出版科学研究所、p. 3より作成

　出版社、特に書籍を中心とし発行する書籍出版社の仕事は、企画のための情報収集に始まり、企画立案、執筆交渉、原稿入手、造本設計、印刷所入稿、校正、制作、印刷、製本・装幀、宣伝といった流れで進んでいく。制作、営業などの仕事を専門に担当する社員も一定程度の大きさの出版社にはいるが、その中でも編集者の役割が最も大きい。編集者は、企画の段階から本の宣伝に至るまで出版のほとんど全てのプロセスに関わるためである［日本出版学

会，2022, pp. 80-84]。

　次に、上記の出版の定義の後半部、「頒布・販売の方法で普及させる活動」
である出版流通についてみていくと、日本においては、教科書など特殊な経
路を取る販売物や直接出版社が販売する直販などもあるが、出版社−取次−
小売店−読者という取次経路が主な経路となっている［日本出版学会，2022,
pp. 68-69]。

　この経路では、特に取次が重要な役割を果たしている。取次は、出版社と
小売店の間に立って本の卸売業を主に行う業者である。日本における主な機
能は四つある。一つめは仕入れと配本からなる商流機能で、出版社から持ち
込まれた書籍などを小売店へどの程度出荷するかを決める。二つめは、出版
社から届けられた書籍などを小売店ごとに振り分け、配送する物流機能であ
る。三つめは、小売店からの代金を回収し、出版社に支払う金融機能である。
小売店から出版社への入金が遅延した場合も代行して支払うという場合もあ
る。四つめは、書籍などの書誌情報のデータベースを構築し、在庫情報など
とともに出版社、小売店などに提供し、販売状況などを集約した情報を加工
して提供する情報機能である。取次は、2021年5月現在日本出版取次協会の
会員18社に加え［日本出版取次協会，2021]、神田村と呼ばれる東京出版物
卸業組合などの取次もいくつかあるが、全体としてその数は年々減少してい
る。シェアについては、その8割が日本出版販売、トーハン、楽天ブックス
ネットワークの三大取次におさえられている。また、図書館流通センターな
ど図書館専門の取次や地方・小出版取次センターといった地方にある、ある
いは小さな出版社が取引を行うための取次も存在する［日本出版学会，2022,
pp. 69-71；川井，2012, pp. 150-155]。

　日本の出版業界における出版物の取引方法としては、委託（販売）制と再販
制という方式が一般にとられている。委託制は、書店からの返品が一定期間
内ならば自由にできる制度であり、特に新刊委託が日本の出版業界では基本
とされている。これにより、出版社は多くの新しい出版物を書店の店頭に並
べることができ、書店も低いリスクで販売することができ、読者も多くの出
版物を書店店頭で目にすることができる。一方、委託制に対して、買切制と
いう方法もある。これは返品ができない取引方法で、岩波書店など一部の出

版社はこの方法をとっている。ただし、日本の新刊委託は、一般的な委託制とは異なり、入荷した商品に対して毎月締めで一旦支払いを行う。また、どのような書籍が入ってくるのかは取次の裁量が大きく、特に中小零細書店では、希望した新刊書籍が注文通りに入ってこないケースもある。そのためもあり、返品率も高くなっている。そこで、通常販売価格の20％程度である書店の取り分を、35％まで上げて買切制とする「35ブックス」などの試みや、書店に取次を経由せず納品し、書店の取り分を上げるトランスビューのような出版社も現れている。

　再販制とは「再販売価格維持契約制度」の略称で、「一般にメーカーが問屋や小売店に対して小売販売価格を拘束すること」、すなわち定価販売を義務付けることを指す。独占禁止法で禁止されている行為であるが、書籍、雑誌、新聞、CDなどはその対象外となっている。これにより、出版物は全国どこでも同じ価格で販売されることとなり、小売店の過度の値引き競争が避けられるなどの利点が指摘されている。ただし、一方で、再販制の導入経緯が不明であり業界の既得権益になっている、価格設定が硬直化し売れ残りが大量に出ている、出版流通の寡占を固定化し新規参入が難しくなっている、などの欠点も指摘されている。そのため1980年には、一部の商品を再販契約の対象外とする「部分再販」や、一定期間が経てば再販制から外す「時限再販」も行うことができるようになった。また、下で述べるように、電子書籍において再販制は適用されていない［日本出版学会，2022, pp. 72-76；川井，2012, pp. 154-162］。

　そして、読者に直接資料を渡す場所として、図書館と小売店が考えられる。小売店については、書店、コンビニエンスストア、古書店などがある。これらについて、以下に順番に取り上げる。

①図書館

　公立図書館の資料費については、1997年度の370億円を頂点として、減少を続け、2019年度は279億円となっている［日本図書館協会図書館調査委員会，1999, p. 25；日本図書館協会図書館調査事業委員会・日本の図書館調査委員会，2021, p. 29］。学校図書館については、2020年度は図書購入費1校

あたり推計で、小学校が47.0万円、中学校が59.8万円、高等学校が71.7万円であり、全体としては、189.4億円となっている。こちらも、公立図書館同様減少している［全国SLA研究調査部，2021, p. 29；日販・出版流通学院，2021, p. 27］。

②書店

　書店は、出版物を直接読者に販売する小売店で、実店舗を持つ書店（オンライン販売のみの書店と対比してリアル書店と呼ぶ場合もある）のみを指すケースもある。日本において実店舗を持つ書店は、2020年度で8,789店存在し、この10年で4分の1ほど減少している。売上げも、1996年度の1兆8,402億円を頂点とし、基本的に右肩下がりで、2020年度は8,519億円となっている［日販・出版流通学院，2021, pp. 10, 14］。

　日本の書店の特徴としてあげられるのは、まず書籍と雑誌を両方販売していることである。これは、取次が書籍と雑誌を同時に扱っていることが要因の一つとなっている。また、近年のリアル書店の傾向として、カフェやギャラリーなどを併設する兼業化が進んでいること、展示方法の工夫や落ち着いた読書空間の提供など空間自体のイベント化を進めていること、こだわりの品揃えを特徴とし、個人の経営によるいわゆる「独立系書店」の開業事例が徐々に増加傾向にあることなどが挙げられる［日本出版学会，2022, pp. 208-216；川井，2012, pp. 162-165］。

③コンビニエンスストア

　コンビニエンスストアの市場は、2019年までは全体としてはプラス成長であった。だが、出版物については、2020年度においては出版物市場のシェア8.4%の1,231億円となっており、2001年度における出版物市場のシェア22.0%の4,901億円を頂点にシェアも売上げも減少している［日販・出版流通学院，2021, pp. 10, 17］。

④古書店

　古書店は、大きく新古書店と古書店に分けられ、前者はブックオフなど比

較的発行の新しい古書を売る店を指し、後者は発行年数が古い古書を売る店とされている。2018年度の集計では、前者の市場規模は383.2億円、後者の市場規模は329.8億円となっている。市場の規模は徐々に縮小している[日販・出版流通学院, 2019, p. 29]。

(2) 出版の近年における変化

　近年、出版は大きく変容している。様々なもののうち、ここではオンライン書店と電子書籍の伸長を取り上げる。まず、オンライン書店については、上述のように販売店舗を実際にもつのみのリアル書店と対をなすもので、オンライン上で書籍などの売買を行う書店である。2007年に統計が取られ始めて以降、常にプラス成長であり、2020年には2,636億円と出版物の販売額のおよそ18.0%を占めている。出版物の販売額自体は基本的にマイナスなので、そのシェアは年々伸びている[日販・出版流通学院, 2021]。書籍の販売から始まり、今では食品からクラウドサービスまでほぼあらゆるものを販売するamazon.co.jp(https://www.amazon.co.jp/)、大日本印刷が中心となり、丸善ジュンク堂書店の在庫などとも連動しているhonto(https://honto.jp/)、日販が運営し、近くの書店で購入した本を受け取ることのできるHonya Club(https://www.honyaclub.com)など様々な書店が存在している。これらの特徴としては、インターネットに接続すればいつでもどこからでも利用でき、自宅など指定した場所まで届けてくれること、実店舗という物理的な制限がないため豊富な品揃えが可能であることである。また、Web上でキーワードを入れるだけで目当ての商品が探し出せる迅速な検索システムを作成していること、比較的短期間で商品が入手できること、他のユーザーの履歴などを利用しておすすめの商品を提示するリコメンドサービスを持っていること、紙媒体と電子媒体、さらには新刊以外に古書も扱っていることなどである[日本出版学会, 2022, p. 211；川井, 2012, p. 170]。

　次に、電子書籍についてみていく。電子書籍の市場規模は、2014年度から2020年度までを比較すると、プラス成長をし続けており、1,144億円から約3.4倍の3,931億円へと成長している。2020年度の内訳は、マンガが87.0%、文芸・実用書・写真集などの文字ものが10.2%、雑誌が2.8%ほどとなって

いる。この三つのうち雑誌のみ2017年度をピークに減少している（図5.2）。

　電子書籍は紙媒体の出版物と異なり、再販制の対象外のため、その販売方法において20%以上の割引、場合によっては1巻無料などのセールを頻繁に行っている。また、Kindleダイレクト・パブリッシング（KDP）などに代表されるように、自費出版、セルフパブリッシングも容易にできるようになっている。

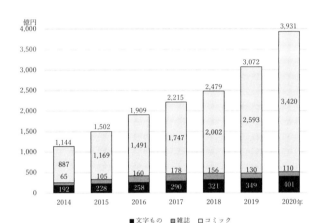

図5.2 電子書籍市場規模のジャンル別内訳の経年比較
出典）全国出版協会・出版科学研究所(2021)『2021年版 出版指標年報』全国出版協会・出版科学研究所、p.16

　ただし、日本の図書館用の電子書籍市場は、こうした動向とは異なる傾向を見せている。電子書籍を導入している公立図書館は、2022年4月1日現在で306自治体である。これは2年前の3.4倍であり、コロナ禍の影響もあり急激に増加しているが、それでも全自治体の17.1%に過ぎない［電子出版制作・流通協議会，2022］。学校図書館についてはさらに少なく、公立学校の一部でも電子書籍を導入している自治体は、2020年で2.0%しかなく、導入予定を検討中という自治体を加えても12.1%しかない［リベルタス・コンサルティング，2021］。

　こうした図書館用の電子書籍市場の立ち上がりの遅れは、図書館に十分な予算がないことや、購入できる電子書籍が少ないことが理由として挙げられる。例えば、マンガを除いて一般に流通している文字中心の電子書籍はおよ

そ50万点あるが、そのうち図書館用の電子書籍として扱われているのは、4割の20万点程度との指摘がある［植村ら，2021, p. 3］。

(3) 児童およびヤングアダルトを対象とした読書資料の現状

　上述のように、出版物の販売額は、2020年は巣ごもり需要のためかプラスに転じたが、1996年を頂点に基本的にマイナス成長が続いている。だが、児童およびヤングアダルト向けの出版物の販売額は例外的にプラス成長の傾向にある。この原因の一つには、次節で紹介するように、各ジャンルの出版物において、次々と新しい作家や流行が生まれていることが挙げられる。

　マンガやライトノベルおよびライト文芸といった比較的新しいジャンルの伸長も大きなものであるが、絵本や児童文学、知識の本といった伝統的な児童書の販売金額も、1998年の700億円に対し、2020年は930億円とプラス成長をしている（図5.3）［全国出版協会・出版科学研究所，2021, p. 136］。これには、第2章でみたような政治や社会などの後押しや、児童書そのものが現代の子供たちへ向けて調整したことによるという指摘もある［飯田，2020］。

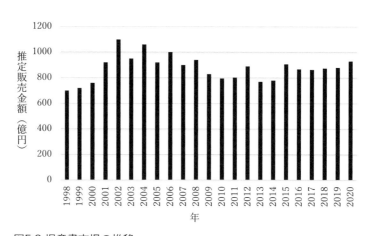

図5.3 児童書市場の推移
出典）全国出版協会・出版科学研究所（2021）『2021年版　出版指標年報』
全国出版協会・出版科学研究所、p. 136より作成

第2節　各読書資料の特徴

　ここからは、金沢・柳による分類を参考にそれをさらに展開させ[金沢・柳，2022, pp. 35-61]、絵本、フィクション、ノンフィクション、知識の本、レファレンスブック、ライトノベルおよびライト文芸、マンガ、本以外の資料という八つのジャンルに児童およびヤングアダルト向けの読書資料を分け、それぞれの特徴を述べる。

(1) 絵本

　絵本とは、「テキスト(ことば・文章)とイラストレーション(図像・絵)で、さまざまな「情報」を伝達する表現媒体」[生田ら，2013, p. 2]、あるいは「「絵(視覚表現)」と「詞(言語表現)」の異なる二つの要素が互いに調和結合した「本(書籍)」という形態を持つ表現メディア」などと定義されるが[鳥越，2002, p. 380]、図鑑やマンガは含まないのが一般的である[日本図書館協会用語委員会，2013, p. 17-18]。

　近代以前から同種のものは既に存在していたが、積極的に評価がなされるようになったのは、欧米でも1930年代から1950年代にかけてのことであり、日本では1970年代以降になってからである[鳥越，2002, p. 380]。

　2020年の販売金額は330億円で、児童書の販売金額における約3割を占めている[全国出版協会・出版科学研究所，2021, pp. 136-137]。上述のように児童書全体において当てはまることではあるが、絵本の売上げは増加ないし安定していると言える。

　1967年初版刊行の『いないいないばあ』(松谷みよ子)(図5.4)や『ぐりとぐら』(なかがわりえこ)など定番の作品の売れ行きは累計で500万部以上ある一方、新作の売れ行きが伸びない時期もあった。だが、2008年ごろからヨシタケシンスケ、トロルなど現代の作家についても注目が集まり始めている[飯田，2020, pp. 202-205]。

　絵本の分け方については、対象読者や形態などさまざまなものがあるが、生田らは主に内容からの分類を下記のように行っている[生田ら，2013, pp. 73-115]。まず、大きな分類として「物語絵本」と「さまざまなジャンルの絵

図5.4 いないいないばあ（松谷みよ子）
童心社、1967
https://www.hanmoto.com/bd/
isbn/9784494001019

本」の二つに分けられ、前者は物語を語ることに力点を置いており、一般に絵本と聞いて最初に想像されるもの、後者はそれ以外の部分を伝えることに力点を置いたものとなる。

①物語絵本の種類

　物語絵本は、創作物語絵本、昔話絵本・童話絵本、ファンタジー絵本、ナンセンス絵本・パロディ絵本、文字なし絵本の5種類にさらに分けられている。

(I) 創作物語絵本

　創作物語絵本は、さまざまなテーマで物語を語る絵本であり、夢や生命などがその中では語られる。

(II) 昔話絵本・童話絵本

　昔話絵本・童話絵本は、アンデルセン（Andersen, Hans Christian）童話や宮沢賢治の童話など、昔話や童話などを原作として描かれた絵本である。

(III) ファンタジー絵本

　ファンタジー絵本は、作家個人によって作られた超自然的、非現実的な要素を含む物語である。

(IV) ナンセンス絵本・パロディー絵本

　ナンセンス絵本・パロディ絵本は、身近なものやことばをいつもと違う文脈で述べていくことで驚きや笑いをもたらすものである。

(V) 文字なし絵本

　文字なし絵本は、絵だけでストーリーを語るものである。時間の流れや変

化を描いたもの、動物や車などの「もの」や「こと」を確認して楽しむもの、他のメディアの手法を採用したものなど多様な作品がある。

②さまざまなジャンルの絵本の種類

　さまざまなジャンルの絵本も大きく五つに分けられ、ことばの絵本・詩の絵本、認識絵本・生活絵本、科学絵本・写真絵本、教材絵本、仕掛け絵本からなる。

　(I)ことばの絵本・詩の絵本

　ことばの絵本・詩の絵本は、ことばの響きやリズム、あいうえおなどの文字の認識が中心の絵本と、詩に挿絵をつけた形や、詩をストーリー仕立てにした絵本、マザー・グースなどのわらべうたの絵本などが含まれる。

　(II)認識絵本・生活絵本

　認識絵本・生活絵本は、食べ物、乗り物、動物について、あるいは「雨はどこから降ってくるのか」などを説明する認識絵本と年中行事や遊びなどを伝える生活絵本が含まれる。

　(III)科学絵本・写真絵本

　科学絵本は、尻尾や血の働きなど子供の好奇心をくすぐり、もっと知りたい、調べたいという子どもの気持ちを育てる絵本で、写真絵本は、絵ではなく写真の物語る力を用いた絵本である。

　(IV)教材絵本

　教材としての絵本は、一般的な絵本が教材として用いられるケースもある一方、道徳、人権、環境などについて学ぶという教育的意図のもとに作られた絵本もあり、それは教材絵本と呼ばれる。

　(V)仕掛け絵本

　仕掛け絵本は、ページをめくると絵が動く、あるいは飛び出してくるなど

の仕掛けがある絵本のことで、現代では、紙による造形以外にも光る演出や、音の出る演出があるものもある。

　ことばの絵本や仕掛け絵本などにも見られるように、近年の絵本は、文字が十分に読めない乳児向けの絵本や音や光を出すなどのマルチメディア化したものが登場しており、またさわる絵本や布の絵本などの障がいを持つ子どもに向けたものも作られている。

(2) フィクション

　フィクションは次項のノンフィクションと対をなすもので、作り事や虚構、あるいは小説をさす。ここでは児童およびヤングアダルト向けのフィクションを対象年齢から三つに分けて述べていく。

　まずは、幼年童話である。これは、幼児から小学校低学年までの子どもを読者の中心とするもので、「親しい大人に読んでもらって受容する「聞く文学」としての要素と、幼い子どもが初めて一人で読む「読む文学」としての要素を併せ持って」いる［国立国会図書館国際子ども図書館，2020, p. 68］。絵本との境界線は曖昧であるが、挿絵よりもテキストが主となり、テキストによって物語を紡いでいく。『エルマーのぼうけん』(ルース・スタイルス・ガネット著、わたなべしげお翻訳、1963、福音館書店) (図5.5)や『かいけつゾロリ』(原ゆたか)など定番のシリーズはあるが、対象年齢となる子どもに語るための制約が多いため新作の創作は難しく、批評や研究も少ないとされている［国立国会図書館国際子ども図書館，2020, pp. 72-73］。

　続いて、児童文学である。10歳前後の子どもを主な対象とし、幼年童話に比べると、因果関係や伏線といった複雑さ、描写の美しさ、登場人物への共感などへの理解を必要と

図5.5　エルマーのぼうけん
(ルース・スタイルス・ガネット著、わたなべしげお翻訳)
福音館書店、1963
https://www.hanmoto.com/bd/
isbn/9784834000139

する。『冒険者たち』(斎藤惇夫)など未知の場所へ冒険をする冒険小説、『そして五人がいなくなる』(はやみねかおる)など論理的に謎を解決する推理小説、『夏の庭』(湯本香樹美)など日常的な出来事を扱う物語、『荒野の呼び声』(ジャック・ロンドン著、海保真夫翻訳、岩波書店、1997)など動物を描く動物物語、『あのころはフリードリヒがいた』(ハンス・ペーター・リヒター著、上田真而子翻訳、岩波書店、2000)など戦争について扱う戦争児童文学、『ロビン・フッド物語』(ローズマリ・サトクリフ著、山本史郎翻訳、原書房、2004)など歴史的な出来事について想像力を巡らした歴史小説、J. K. ローリングによる「ハリー・ポッター」シリーズやクライブ・ステープルス・ルイスによる「ナルニア国」シリーズなど現実にはありえない空想の世界や出来事について述べたファンタジーなどがある[日本図書館協会児童青少年委員会・児童図書館サービス編集委員会, 2011, pp. 123-147]。

　最後に、ヤングアダルト文学は、中高生、場合によっては大学生なども対象とする。第二次世界大戦後、『ライ麦畑でつかまえて』(ジェローム・デイヴィッド・サリンジャー著、野崎孝翻訳、白水社、1984)など先駆的な作品が海外でうまれ、日本では2000年あたりから注目されるようになった[国立国会図書館国際子ども図書館, 2020, pp. 30-44]。子ども向けの資料は子ども本人や社会の暗い面を描くことをタブー視する傾向があったが、そういったタブーを崩壊させ、格差やいじめなどの社会問題を取り扱うのがヤングアダルト文学の一つの特徴である。また、子どもから大人までを対象とするいわば「ボーダーレス」な作品も含まれ、一般文芸との境界は曖昧になっている[国立国会図書館国際子ども図書館, 2021, pp. 67-88]。『14歳、ぼくらの疾走』(ヴォルフガング・ヘルンドルフ著、木本栄翻訳、小峰書店、2013)、『バッテリー』(あさのあつこ)など多様な作品があり、大人がヤングアダルトの世界を理解するためにも参考となる。

(3) ノンフィクション

　上記のようにフィクションと対をなす概念で、「事実を記録・解明し、また事実を挙げて所感を述べた作品」とされる[黒澤ら, 2004, p. 215]。ただし、フィクションと完全に対立するものではなく、「現実性・科学性・法則性を踏

まえて、事実を最優先させ、それを生かすようにのみ虚構が用いられる」［日本児童文学学会，1988, p. 584]。

　広義のノンフィクションは次に述べる知識の本やレファレンスブックなども含むが、ここでは狭義のノンフィクションのうち、ルポルタージュ、生物記、随筆、伝記について述べる。

　ルポルタージュは、実地報告のことで、児童およびヤングアダルト向けとしては、『「弱くても勝てます」　開成高校野球部のセオリー』(高橋秀実)など旅行記、探検記、体験記、冒険記などを指す。事実の記録であるので、事実の変更は行われていないが、上述のように事実をより事実らしくする「虚構性」も含まれている［黒澤ら，2004, p. 215]。

　生物記は、『ファーブルの昆虫記』(ジャン・アンリ・ファーブル著、大岡信編訳、岩波書店、2000)、『シートン動物記』(アーネスト・トンプソン・シートン著、越前敏哉翻訳、KADOKAWA、2012)に代表され、生物の生態を詳細に追ったものから、生物について物語性を持って述べたものまで、生物について様々に述べた本である。

　随筆は、自然や社会についての見聞、批評、思索などを思いつくまま書き記したジャンルで、平安時代の『枕草子』(清少納言)に始まり、現代でも幸田文、さくらももこなど様々な作家によって発表されている。西洋のエッセイと近い形態と言える［JapanKnowledge, n.d]。

　伝記は、マリー・キュリー(Curie, Marie)、織田信長など「歴史上に実在して一定の社会的貢献をした人物の個人的生涯を書いた作品」を指す［日本児童文学学会，1988, p. 499]。子どもへその人物への関心を抱かせるためには、歴史的事実に基づきつつ、物語性を持った作品であることが求められる。

(4) 知識の本

　知識の本は、人文科学、社会科学、自然科学など多岐にわたって、事実に基づいた知識を伝えるジャンルである。小学館、集英社、講談社など様々な出版社から出版されている日本や世界の歴史についての学習マンガといった伝統的なものから、『こども六法』(山崎聡一郎)、『空想科学読本』(柳田理科雄)、『ざんねんないきもの事典』シリーズ(今泉忠明監修)など新しいものまで、多様

な作品が近年注目を集めている。また、岩波ジュニア新書、ちくまプリマー新書などのヤングアダルト向けの新書や、片付けの仕方や友達との付き合い方などを説いた児童向け自己啓発書、実用書なども、近年では増えている。

(5) レファレンスブック

レファレンスブックは、情報を項目ごとにまとめ、音順などの排列によって容易に調べられるようにする書籍で、参考図書とも呼ばれる。部分部分を参照するために用いて、基本的には通読することを前提とはしていない。書誌、目録など他の資料を示すものと、辞書、事典、図鑑、年鑑など言葉や事実を解説するものに分かれる[日本図書館情報学会用語辞典編集委員会, 2020, pp. 259-260]。

児童およびヤングアダルトを対象とした、他の資料を示すレファレンスブックとしては、『子どもの本』(日外アソシエーツ編)などが出版されており、公立図書館などで提供される子どもやヤングアダルト向けブックリストも参考になる。また、Web上の情報も増えており、絵本ナビ(https://www.ehonnavi.net/)など検索機能、レビュー機能、試し読み機能などが充実しているサイトもある。

児童およびヤングアダルトを対象とした、言葉や事実を解説するレファレンスブックとしては、『ポプラディア』(ポプラ社)などの百科事典、『図鑑NEO』シリーズ(小学館)などの図鑑が売上げを伸ばしている。

(6) ライトノベルおよびライト文芸

ライトノベルは、起源については諸説あるが、1990年ごろから誕生し始めたジャンルで、主にヤングアダルト世代を対象とし、「電撃文庫」、「ガガガ文庫」など特定のレーベルを中心に展開している。内容については、文字通りライトなコメディタッチのものから、いじめや生きる意味などを扱った重いタッチのものまで様々なものがあり、ほとんど規定はない。そのため、ヤングアダルト文学と重なる部分も多い。だが、キャラクター同士の掛け合いをはじめとする会話が多い、挿絵が頻繁に挟まれているなどといった、アニメやマンガで培われてきた文化との親和性が高いことが一つの特徴と言え

る[新城, 2006]。文庫が中心となる展開だったが、下記で述べるWeb小説の書籍化が広まるにつれ、アルファポリスから出版された作品、「電撃の新文芸」といったレーベルなど単行本の作品も増加している。ライトノベルの文庫本の売上げの推定は2012年の284億円をピークに減少し、2020年には半減の142億円となっている[全国出版協会・出版科学研究所, 2021, p. 129]が、2020年度のWeb発単行本ライトノベルの売上げ金額の推定は、101億円であり[久保, 2021]、ある程度の規模をライトノベル全体においては保っている。

　こうしたライトノベルから派生したジャンルとして、ライト文芸がある。ライトノベルを読んでいた20代から40代に向けての層を対象とした、ライトノベルより少し大人向けの作品を指し、これも「メディアワークス文庫」、「新潮文庫nex」などの特定のレーベルを中心としてジャンルが形成されている。主な対象はライトノベルより高くなっているが、近年はヤングアダルトも、ライトノベルよりもライト文芸を好きな本にあげるケースがある。そこから、ヤングアダルトが一番手に取りやすい小説作品はライト文芸ではないか、という指摘もある[国立国会図書館国際子ども図書館, 2021, p. 52]。

　「小説家になろう」(https://syosetu.com/)、「アルファポリス」(https://www.alphapolis.co.jp/novel) などに掲載されている(いた)Web小説の書籍化も盛んである。Web小説は作者によって自由に投稿がなされ、行間、更新の頻度や分量の工夫など読者を惹きつけるために様々なテクニックが使われている[久保, 2021]。

　『ソード・アート・オンライン』(川原礫)、『本好きの下剋上～司書になるためには手段を選んでいられません～』(香月美夜)などは書籍化、さらに漫画化、アニメ化などのメディアミックスも進んでいる。こうした作品は書籍化されるにあたってもWeb版はそのまま読める場合もあり、書籍化はファンアイテムとしての位置付けもある。ただし、Webで人気のものは紙媒体の書籍でも売れる、という認識のもとに、Web版にふれていない読者に書店で初めて手に取ってもらうことを目的とする、という側面もある[飯田, 2016, pp. 71-72]。

　また、「野いちご」、「魔法のiらんど」などに掲載されている(いた)『天使がくれたもの』(Chaco)、『恋空』(美嘉) (図5.6) などケータイ小説は、Web小説

の一つの源流であるが、現在もジャンルとしてある程度の定着をしている。このジャンルは、読者のほとんどが女性であり、10代〜20代女子に支持されている「スターツ出版文庫」、「ケータイ小説文庫」などのレーベルがある[久保, 2021]。

図5.6　恋空（美嘉）
KADOKAWA、2021
https://www.hanmoto.com/bd/
isbn/9784049141733

次項で見ていくマンガをノベライズした作品も近年では人気が高く、2020年の新書ノベルズの売れ行き上位15位までを、集英社の週刊少年ジャンプ作品のノベライズが独占した[全国出版協会・出版科学研究所, 2021, p. 135]。このように、小説からのメディアミックスではなく、マンガ、さらには動画、音楽など他のジャンルから小説へのメディアミックスも、シームレスに多様なメディアに触れることができる現代においては、今後増えていくと考えられる。

ライトノベルおよびライト文芸はジャンル内での流行り廃りが非常に早く、「読み継がれる名作」と言える作品は少ないという指摘もある[飯田, 2021, p. 11]が、実写化やアニメ化といった映像化されヒットした作品については、その映像化された作品から入ってくる読者も多いため、一定の継続的な人気が見込める場合もある。

ヤングアダルトが文庫のライトノベルを好きな本にあげることが減り、そういったライトノベルは読者層があがり始めている。そこだけを切り取るとライトノベルの膨張期は2010年代前半でほぼ終わったと言えるが、ライト文芸やWeb小説など関連する新たなジャンルとの融合、あるいはそうしたジャンルへの発展により、また新たな展開を生んでいるのが現状であると言える。

(7) マンガ

マンガは、コミックなどとも呼ばれ、「様式化、単純化された絵と吹き出し

のせりふからなる場面（コマ）の連続によって表現された絵物語」である［日本
図書館情報学会用語辞典編集委員会，2020, p. 79］。『火の鳥』（手塚治虫）、『は
だしのゲン』（中沢啓治）などから『ONE PIECE』（尾田栄一郎）、『のだめカン
タービレ』（二ノ宮知子）などまで多様な年代の多様な読者を対象とした作品
が出版され、国内外で多くの読者を生んでいる。

　マンガの流通の仕方としては、紙媒体のマンガ雑誌を中心に作品を掲載し、
その雑誌自体は赤字であるが、単行本（コミックス）で売上げを稼ぐというシ
ステムが1990年代以降出来上がっていた。近年電子書籍、マンガアプリの
伸長により、『週刊少年ジャンプ』など一部の例外を除いて、あるいはそれら
の雑誌も含めて、雑誌を中心としたマンガの育成システムは大きな変更を余
儀なくされている［飯田，2018］。

　マンガは日本においては電子化が最も進んだジャンルで、紙媒体に対して
電子書籍の方が、売上金額が高くなっている。上述のように電子書籍の市
場は8割以上をマンガが占めている。LINEマンガ、Kindleストア、ピッコマ、
少年ジャンプ＋など様々な電子書籍サービスやマンガアプリが積極的な展開を行っている［インプレス総合研究所，2021］。無料で読めるものも多く、アプリの中でマンガ家やファンの育成も熱心に行っている。

　一般的なマンガ以外にも、例えば、幼児向けの学習マンガから、『君たちはどう生きるか』（吉野源三郎）（図5.7）など様々なビジネス書、思想書をマンガ化する、あるいはマンガによって解説するなどした図書も出版されており、現在の日本においてマンガは、まさに老若男女問わず読まれるものとなっている。

　その一方で、海賊版の被害も深刻となっている。インターネット上でマンガを全編無断掲載する海賊版サイトの被害は2021

図5.7　『漫画　君たちはどう生きるか』（漫画　芳賀翔一　原作
吉野源三郎）
マガジンハウス、2017
https://www.hanmoto.com/bd/
isbn/9784838729470

年で約1兆19億円となっており、2020年の4.77倍となっており、正規のマンガの市場規模である6,126億円を大きく上回っている。仮に、1%の海賊版ユーザーが正規のマンガを購入すれば100億円の売上げ増となり、無視できない金額となっている[伊藤, 2022]。漫画村など大手海賊版サイトに対する訴訟や、様々なキャンペーンを通じた海賊版ユーザーへの啓発活動なども行われているが、この問題の解決までの道のりは遠い。

(8) 本以外の資料

　最後に、本以外の資料として、紙芝居、逐次刊行物、児童生徒の作成した資料、視聴覚資料を取り上げる。

①紙芝居

　紙芝居は、物語を場面ごとに分け、厚紙の表に絵を、裏に言葉を書いて、演者が絵を順番に見せて語るもので、日本独特の文化とみなされている[日本図書館情報学会用語辞典編集委員会, 2020, p. 40]。紙芝居は、絵と言葉を用いる点では絵本と同じだが、演じられ、見られて聞かれることで初めて完結する、という特性を持っている。2020年の新刊発行点数は48点と少ないが[『子どもと読書』編集部, 2021]、読書が苦手な子どもも惹きつけるものがあるため、学校図書館や公立図書館においては、お話し会などでしばしば用いられる[日本図書館協会児童青少年委員会・児童図書館サービス編集委員会, 2011, pp. 224-230]。

②逐次刊行物

　逐次刊行物は、終期を予定せず、継続して刊行され、通常順序がある出版物のことで、雑誌や新聞などを主に指す[日本図書館情報学会用語辞典編集委員会, 2020, p. 151]。雑誌は、「主題、読者層、執筆者層などにおいて一定の方向性を持つ複数の記事を掲載している逐次刊行物」である[日本図書館情報学会用語辞典編集委員会, 2020, p. 85]。1970年代半ばから書籍に対して売上げで上回っていたが、2016年以降は売上げが逆転されることになり、厳しい状態が続いている[全国出版協会・出版科学研究所, 2021, p. 3]。児童

およびヤングアダルト向けの雑誌についても、例えば、学年ごとの関心に合わせた記事やマンガなどを掲載していた小学生向け学習雑誌は、代表格である小学館の『小学一年生』から『小学六年生』のうち『小学一年生』と『小学8年生』以外は休刊し、またティーン向けのファッション雑誌、ゲーム雑誌やマンガ雑誌も相次いで休刊やWebメディアへの移行が発表されている。

　新聞は、「不特定多数の人々を対象に，最新のニュースの報道と評論を主たる目的とし，同一のタイトルのもとに，ブランケット判もしくはタブロイド判の形態でとじずに刊行される逐次刊行物」で、通常は，日刊など短い期間で定期的に発行される［日本図書館情報学会用語辞典編集委員会，2020，pp. 124-125］。新聞も、2005年以降は売上げが減少し続けており、2005年から2021年にかけておよそ6割まで売上げ部数が減少している［日本新聞協会，2021］。児童およびヤングアダルト向けの新聞としては、『朝日小学生新聞』、『毎日小学生新聞』、『読売KODOMO新聞』などが挙げられる。また、Newspaper in Education (NIE) という、学校などで新聞を教材として活用する動き（https://nie.jp/）もある。文部科学省の第6次「学校図書館図書整備等5か年計画」では、留意事項として、新聞について、複数紙配備するよう努めることが述べられている［文部科学省，2022］。

③児童生徒の作成した資料

　児童生徒が探究的な学習などで作成した資料や作文集などの成果物も重要な資料である。模範となるような成果物は、次年度以降の児童生徒の学習において参考とするために、現物あるいはコピーを学校図書館で収集することも考慮する必要がある［堀川，2019, p. 41］。

④視聴覚資料

　音楽、映画、アニメ、ドキュメンタリーなどのCDやDVD、Blu-rayといった視聴覚資料は、原作小説や同じテーマの書籍などを所蔵することで、子どもの読書意欲を高める資料となり得る。また、書籍などへのアクセスに支援を必要とする子どもにとっても重要な資料となる。ただし、学校図書館では、DVD、Blu-rayなど映画の著作物の館外貸出などに対して、公立図書

館よりも著作権上の制限があるため、注意が必要である。

引用参考文献

飯田一史(2016)『ウェブ小説の衝撃』筑摩書房

飯田一史(2018)『漫画雑誌は死んだ。で、どうなるの?』星海社

飯田一史(2020)『いま、子どもの本が売れる理由』筑摩書房

飯田一史(2021)『ライトノベル・クロニクル2010-2021』Pヴァイン

生田美秋・石井光恵・藤本朝巳編著(2013)『ベーシック　絵本入門』ミネルヴァ書房

伊藤敦(2022)「資料1 出版物海賊版サイトの最新データと、対策の現状補足」https://www.soumu.go.jp/main_content/000789252.pdf（参照2022-06-08）

インプレス総合研究所(2021)『電子書籍ビジネス調査報告書2021』https://research.impress.co.jp/report/list/ebook/501228（参照2022-06-08）

植村八潮・野口武悟・長谷川智信・電子出版制作・流通協議会編著(2021)『電子図書館・電子書籍貸出サービス調査報告2021　Afterコロナをみすえて』電子出版制作・流通協議会

金沢みどり・柳勝文(2022)『児童サービス論　第3版』学文社

川井大介編(2012)『出版メディア入門　第2版』日本評論社

久保雅暖(2021)「特集　「Web発小説」の展開」『出版月報』第63巻第11号、pp. 4-13.

黒澤浩・佐藤宗子・砂田弘・中多泰子・広瀬恒子・宮川健郎(2004)『新・子どもの本と読書の事典』ポプラ社

国立国会図書館国際子ども図書館編(2020)『児童文学連続講座講義録　令和元年度　絵本からヤングアダルト文学まで－児童文学基礎講座』国立国会図書館

国立国会図書館国際子ども図書館編(2021)『児童文学連続講座講義録　令和2年度　10代に手渡す物語：ヤングアダルト総論』国立国会図書館

『子どもと読書』編集部(2021)「2020年新刊発行点数調査表」『子どもと読書』第446号、p. 26

出版年鑑編集部編(1998)『出版年鑑　1998　第1巻 資料・名簿編』出版ニュース社

新城カズマ(2006)『ライトノベル「超」入門』ソフトバンククリエイティブ

全国出版協会・出版科学研究所(2021)『2021年版　出版指標年報』全国出版協会・出版科学研究所

全国SLA研究調査部(2021)「続く学校図書館経費の減少：学校図書館の経費」『学校図書館』第854号、pp. 28-31

総務省(2021)『2020年経済構造実態調査』http://www.stat.go.jp/data/kkj/index.html（参照2022-06-08）

電子出版制作・流通協議会(2022)「電子図書館(電子書籍サービス)実施図書館」

https://aebs.or.jp/Electronic_library_introduction_record.html（参照 2022-06-08）

鳥越信編著(2002)『はじめて学ぶ日本の絵本史　III』ミネルヴァ書房

日販・出版流通学院(2019)『出版物販売額の実態 2019』日本出版販売株式会社

日販・出版流通学院(2021)『出版物販売額の実態 2021』日本出版販売株式会社

日本児童文学学会(1988)『児童文学事典』東京書籍

日本出版学会編(2022)『パブリッシング・スタディーズ』印刷学会出版部

日本出版取次協会(2021)「会員名簿」http://www.torikyo.jp/gaiyo/kaiin.html（参照 2022-06-08）

日本新聞協会(2021)「新聞の発行部数と世帯数の推移」https://www.pressnet.or.jp/data/circulation/circulation01.php（参照 2022-06-08）

日本図書館協会児童青少年委員会・児童図書館サービス編集委員会編(2011)『児童資料・資料組織論』日本図書館協会

日本図書館協会図書館調査委員会編(1999)『日本の図書館：1998　統計と名簿』日本図書館協会

日本図書館協会図書館調査事業委員会・日本の図書館調査委員会編(2021)「日本の図書館：2020　統計と名簿」日本図書館協会

日本図書館協会用語委員会編(2013)『図書館用語集　四訂版』日本図書館協会

日本図書館情報学会用語辞典編集委員会編(2020)『図書館情報学用語辞典　第5版』丸善出版

堀川照代編(2019)『「学校図書館ガイドライン」活用ハンドブック　実践編』悠光堂

文部科学省(2022)「第6次「学校図書館図書整備等5か年計画」」https://www.mext.go.jp/a_menu/shotou/dokusho/link/mext_01751.html（参照 2022-06-08）

リベルタス・コンサルティング(2021)「令和2年度「子供の読書活動の推進等に関する調査研究」」https://www.mext.go.jp/content/20210610-mxt_chisui02-000008064_0201.pdf（参照 2022-06-08）

JapanKnowledge(n.d)「随筆」『日本大百科全書(ニッポニカ)』https://japanknowledge.com（参照 2022-06-08）

第6章

学校図書館における子どもの読書環境の整備

本章の要点

　第5章でみたように子どもの読書資料は多種多様であり、日々新しい資料が登場している一方、これまで読書教育で用いられてきた資料の重要性も認識しておく必要がある。学校における読書教育で重要となる学校図書館では、そういった中で日々どのような資料をどのように児童生徒に提供していくのかを考えつつ、資料を選択し、効率的かつ効果的に資料を管理していくことが求められる。

　そこで、本章では、まず学校図書館で所蔵される資料をどのように選択すべきなのかについての理論を検討した上で、実際にどのように選択を行っていくかについて概観する。その後、その資料に対して分類を行い、目録を作成し、装備を行い、配架し、評価し、そして更新するまでの資料の管理をどのように行っていくのかを見ていく。これらの過程において、公立図書館などとは異なる点についても、適宜注意を払っていく。最後に、各学級に設けられ、児童生徒たちにとっても身近な学級文庫の意義と役割を明らかにする。

第1節　学校図書館資料の選択

(1) 選択の理論

　学校図書館でどのような資料を選択すべきなのかについては、いくつかの法律や指針、ガイドラインなどが出されている。どのような学校であっても、まずはそれを参照する必要がある。

　国際的なものとしては、1999年に承認された「IFLA/UNESCO学校図書

館宣言 1999」(IFLA/UNESCO School Library Manifesto 1999)、そしてそれを
2021年に改定した「IFLA学校図書館宣言(2021)」(IFLA School Library Manifesto(2021))、さらに「学校図書館宣言」の内容についての具体的指針について述べ、2015年に改定された「IFLA学校図書館ガイドライン」(IFLA School Library Guidelines)が挙げられる。これらは、学校図書館運営や組織一般について述べたものであるが、資料の選択についても、「学校図書館のサービスの蔵書の利用は、国際連合世界人権宣言・自由宣言に基づくものであり、いかなる種類の思想的、社会的、あるいは宗教的な検閲にも、また商業的な圧力にも屈してはならない」ことや[UNESCO, 1999]、児童生徒だけでなく、教職員や保護者に向けてもコレクションを構築すること、知的自由などについての国際的な宣言やコレクション管理の決定への責任などをコレクション管理の方針に組み込むこと[IFLA, 2015]、などの記述がある。

　次に、日本において参照すべきものを確認する。学校図書館に限らず、読書活動一般について出されている場合でも、資料の選択について記述されているものがある。2001年に公布・施行された「子どもの読書活動の推進に関する法律」の衆議院文部科学委員会における附帯決議において「三　子どもがあらゆる機会とあらゆる場所において、本と親しみ、本を楽しむことができる環境づくりのため、学校図書館、公共図書館等の整備充実に努めること。四　学校図書館、公共図書館等が図書を購入するに当たっては、その自主性を尊重すること」という記述がある。2005年に公布・施行された「文字・活字文化振興法」には、「第八条　2　国及び地方公共団体は、学校教育における言語力の涵養に資する環境の整備充実を図るため、司書教諭及び学校図書館に関する業務を担当するその他の職員の充実等の人的体制の整備、学校図書館の図書館資料の充実及び情報化の推進等の物的条件の整備等に関し必要な施策を講ずるものとする」という条文がある。

　より学校図書館に関連するものとして、1953年に公布された法律である「学校図書館法」、2016年に文部科学省より出された「学校図書館の整備充実について(通知)」に添付された「学校図書館ガイドライン」[文部科学省, 2016]、などが挙げられる。「学校図書館法」では、資料を「収集し、整理し、及び保存し、これを児童又は生徒及び教員の利用に供することによって、学

校の教育課程の展開に寄与するとともに、児童又は生徒の健全な教養を育成すること」が学校図書館の目的であるとしている。「学校図書館ガイドライン」では、「(5)学校図書館における図書館資料」の中の「2図書館資料の選定・提供」において以下の4点が指摘されている。

・学校は、特色ある学校図書館づくりを推進するとともに、図書館資料の選定が適切に行われるよう、各学校において、明文化された選定の基準を定めるとともに、基準に沿った選定を組織的・計画的に行うよう努めることが望ましい。
・図書館資料の選定等は学校の教育活動の一部として行われるものであり、基準に沿った図書選定を行うための校内組織を整備し、学校組織として選定等を行うよう努めることが望ましい。
・学校は、図書館資料について、教育課程の展開に寄与するという観点から、文学(読み物)やマンガに過度に偏ることなく、自然科学や社会科学等の分野の図書館資料の割合を高めるなど、児童生徒及び教職員のニーズに応じた偏りのない調和のとれた蔵書構成となるよう選定に努めることが望ましい。
・学校図書館は、必要に応じて、公共図書館や他の学校の学校図書館との相互貸借を行うとともに、インターネット等も活用して資料を収集・提供することも有効である。

また、文部省(現文部科学省)は1993年に、公立の義務教育の学校について、校種および学級数ごとに具体的な蔵書冊数を示した「学校図書館図書標準」を設定している[文部科学省，1993]。図書館関係の団体においても、全国学校図書館協議会は、2000年に制定し、2021年に改定した「学校図書館メディア基準」において[全国学校図書館協議会，2021b]、義務教育の学校以外にも高等学校も含めた学校図書館について、印刷メディア、視聴覚メディア、電子メディアなど、メディアごとの最低基準を学級数ごとに設定している。特に印刷メディアについては、小学校の図書館では「9　文学」は所蔵する印刷メディア全体の25%など、後述する日本十進分類法に基づいた配分比率

も示している。全国学校図書館協議会は他にも、学校図書館にどういった図書や絵本、コンピュータソフトを置くべきかの基準である「全国学校図書館協議会図書選定基準」[全国学校図書館協議会，2008]、「全国学校図書館協議会絵本選定基準」[全国学校図書館協議会，1972]、「全国学校図書館協議会コンピュータ・ソフトウェア選定基準」[全国学校図書館協議会，1996]、なども示している。

　全国的な指針やガイドラインだけでなく、実際に他の学校がどのような資料をどのように選択しているかも参照する必要がある。文部科学省による「学校図書館の現状に関する調査」は、定期的に全国の実際の学校の蔵書について、日本十進分類法による分類に基づいた蔵書構成の割合、「学校図書館図書標準」を満たした学校が各自治体レベルでどの程度あるかをまとめている。2020年の結果では[文部科学省，2022]、分類については、日本十進分類法による分類把握がなされている学校は67.4%であるが、特別支援学校は3割程度と低い割合となっている。分類別の蔵書の割合(日本十進分類法で把握がなされている学校についてのみが対象となっている)は、「9 文学」が最も多く39.9%、続いて「4 自然科学」が10.0%、「その他」が9.0%と続いている。また、「学校図書館図書標準」の達成状況が50%未満の小学校、中学校は3%未満である。ただし、特別支援学校については、「学校図書館図書標準」の達成状況が50%未満の学校は5割を超えていることが示されている(表6.1)。

　さらに、この調査では「学校図書館の図書館資料の選定・廃棄等の状況」に

表6.1　学校図書館図書標準の達成状況

		学校数	25%未満の学校	25〜50%未満の学校	50〜75%未満の学校	75〜100%未満の学校	図書標準達成の学校
小学校		18,849	0.1%	0.6%	5.8%	22.3%	71.2%
中学校		9,120	0.3%	1.8%	10.3%	26.5%	61.1%
特別支援学校	小学部	860	30.7%	29.1%	14.2%	10.6%	15.5%
	中学部	854	61.6%	23.9%	7.6%	3.3%	3.6%

出典)文部科学省(2022)『令和2年度「学校図書館の現状に関する調査」の結果について』p. 8より作成

ついてもまとめてあり、図書館資料の選定基準の策定状況としては、40.6%
が策定しており、図書館資料選定の委員会を設置しているのは26.9%、図書
館資料の廃棄基準を作成しているのは50.8%である。

　他の学校の具体的な選択基準を参照するにあたっては、周辺の学校に直接
問い合わせて入手することもできるが、自校の図書選定基準などをWeb上
に公開している学校もある。例えば、埼玉県立飯能高等学校では、「埼玉県立
飯能高等学校資料提供方針」を公開しており［埼玉県立飯能高等学校，2017］、
資料の選定、資料の提供方法、資料の除籍、資料の有効活用の4点について、
それぞれどのように行うかが明記されている。

(2) 選択の実際

　こうした法律やガイドライン、他校の動向などを踏まえ、実際に資料を選
択する際には、以下のステップを踏んで資料を選択していく。

　まず、奉仕対象となる学校のコミュニティの分析を行い、児童生徒、そし
て教職員にどのような利用者がいるのか、またそのニーズは何なのかについ
て明らかにする。特に学校図書館においては、学校教育において重要な位置
を占めている学習指導要領を踏まえた上で、ニーズを検討する。さらに、学
校独自のカリキュラムや学校行事など各学校の特徴にも注意を払う必要があ
る。

　次に、資料の選択の組織づくりを行う。選択の組織については、学校司書
や司書教諭だけでは選択の幅に限界があるため、各科目、各学年の代表と
なる教員を委員とした選定委員会、あるいは図書委員会を立ち上げる［高橋,
2012, pp. 17-18］。

　こうして組織づくりをした上で、続けて、収集方針を決定する。収集方針
とは、どのような資料を収集するのかについて成文化したもので、資料選択
についての法律やガイドライン、コミュニティ分析を参考にしつつ、学校や
学校図書館の運営方針に則して決定する。収集方針については、選定委員会
や図書委員会の中でのみ共有するのではなく、関係者への学校図書館に対す
る理解を促すために、職員会議による承認を得ることが必要である。また、
教職員だけでなく、児童生徒などにも図書館オリエンテーションなどを通じ

て伝えるようにすることも求められる。そして、収集方針をさらに具体的にしたものとして選択基準がある。どのような資料を、内容、出版社、製本の仕方などからどのように選択するのかをこの基準で決定する。ただし、収集方針も選択基準もあまりに細かく設定してしまうと、蔵書の柔軟さが失われてしまうため、注意が必要である［高橋, 2012, pp. 18-19；学校図書館問題研究会, 2021, pp. 26-30］。

　図書館の資料の収集方針、選択基準を決定した上で、具体的に資料を選択していく。その際に、選択のための方法としては、大きく二つに分かれる。リアルな資料そのものを実際に参照するという方法と、資料をWeb上で、あるいは代替物を情報源として参照するという方法である［高橋, 2012, pp. 24-37；岸田, 2020, pp. 105-113］。

①リアルな資料を参照して選書する方法
　まず、リアルな資料そのものを実際に見る、という方法には大きく以下の三つが挙げられる。

　(I)書店や図書館などに行く
　書店や公立図書館、他の学校図書館など資料を販売、提供している場所に行くことである。実際に並べられている資料を見ることで、どのような資料があるかだけでなく、中身も確認ができ、自分の学校のレイアウトの参考にもできる。場合によっては、他の教職員や児童生徒をそういった場所に同行し、資料を選んでもらう、という方法を取ることもできる。ただし、この方法は学校外に出かける必要があるため、スケジュールの調整などで手間がかかる側面もある。

　(II)見計らい
　次に、学校にまで見本となる資料を持ってきてもらう、見計らいが挙げられる。書店や出版社にあらかじめこちらで指定した、あるいは先方が選択した資料を学校まで持ってきてもらい、その中から実際に手にとって選択していく。児童図書十社の会(https://www.hon10.com/)、クリーンブックス・グ

ループ（http://www.cleanb.jp/）など出版社が合同、あるいは単独で、書店と協力し巡回販売を行っているケースもある。学校外に出かけることなく選択することができるため、学校図書館担当以外の教職員なども参加しやすいという利点がある。ただし、見計らいで持ち込まれた資料以外の資料は手に取って見ることができない、という欠点もあげられる。

（III）図書展示会

最後に、書店や図書館関係者を主に対象とした図書展示会に参加することが挙げられる。取次や書店などが年数回各地で1週間程度の期間で開催しており、新刊以外にも学校図書館に適したさまざまな資料を発見できる機会にもなる。ただし、これも展示会期間にスケジュールの調整を行う必要がある。

②Web上のまたは紙媒体の選書ツール

次に資料をWeb上で、あるいは代替物を通じて見る、というものとしては、大きく以下の5種の選書ツールを情報源として参照する。

（I）資料のリスト

まずは、全国書誌、出版情報誌などの資料のリストが挙げられる。全国書誌とは、ある国で刊行されたすべての出版物を収録したリストであり［日本図書館情報学会用語辞典編集委員会，2020, p. 133］、日本の場合は国立国会図書館が「全国書誌データ」として作成、公開している。出版情報誌は、『これから出る本』（日本書籍出版協会　月2回）、『YA図書総目録』（ヤングアダルト図書総目録刊行会　年刊）、『学校図書館のためのブックカタログ』（図書館流通センター　年1回＋増刊年3回）などが紙媒体を主としたものとしてある。Web上では、amazon.co.jp（https://www.amazon.co.jp）、honto（https://honto.jp/）などのインターネット書店や、岩波書店（https://www.iwanami.co.jp）や講談社（https://www.kodansha.co.jp/）など各出版社のサイト、さらには上述の児童図書十社の会などの出版社が合同で設けたサイトなどがある。中身の一部や読者の書評などもサイトによっては読むこともできる。さらに新刊としては流通していない古書を検索できるサイトとして、amazon.co.jp以外にも「日本の

古本屋」(https://www.kosho.or.jp/) などの古書店のサイトが挙げられる。

(II)書評

　次に、書評が挙げられる。書評誌としては、『子どもの本棚』(日本子どもの本研究会　月刊)などが紙媒体で発行されている。また、日刊の一般紙にも書評欄がもうけられているケースが多い。Web上では、紙媒体で掲載された書評を再掲している「ALL REVIEWS」(https://allreviews.jp/)や、図書などを利用者が自由に登録し、感想を投稿しあうなどの機能を持つ読書管理ツールである「ブクログ」(https://booklog.jp)、「読書メーター」(https://bookmeter.com/) など多様なサービスが挙げられる。

(III)図書に関わる雑誌

　三番目に、図書に関わる雑誌が挙げられる。全国学校図書館協議会により選定された図書のリストを掲載した『学校図書館速報版』(全国学校図書館協議会　月2回)、MOE絵本屋さん大賞の発表など絵本についてとり扱う雑誌である『MOE』(白泉社　月刊)、新刊情報などの子ども向けの本一般について取り扱う雑誌である『こどもの本』(日本児童図書出版協会　月刊)、幅広くエンターテイメントの本を取り扱う雑誌である『ダ・ヴィンチ』(KADOKA-WA　月刊)などがある。

(IV)他の図書館などの発行物

　四番目に、公立図書館や他の学校図書館などの発行物が挙げられる。例えば、大阪府立中央図書館が提供しているYA向けの小冊子「ヤングアダルトYA!YA!YA!」とそのWeb版である「Web版ヤングアダルトYA!YA!YA!」(https://www.library.pref.osaka.jp/cgi-bin/benriyan/display_yayaya.cgi) などのように紙媒体とWeb媒体両方で提供されるものもあれば、埼玉県の高校図書館司書が毎年高校生にオススメの本を選出する「埼玉県の高校図書館司書が選んだイチオシ本」(https://www.shelf2011.net/ichioshi)のようにイベントを行い、その結果を掲載しているものもある。

（Ⅴ）ブックガイド

　最後に、各種のブックガイドが挙げられる。例えば、年齢ごとのオススメ作品の紹介や読者の声などを反映し、試し読みや購入もできる「絵本ナビ」（https://www.ehonnavi.net/）、10代向けのさまざまなジャンルのブックガイドに加え、本の買い方なども紹介している『10代のための読書地図』（本の雑誌社）、科学のおもしろさや素晴らしさを中学生や高校生を中心とした幅広い層に伝えていくための事業である「科学道100冊」（https://kagakudo100.jp）（図6.1）など、絵本や小説から科学書まで多彩なものが提供されている。

　以上のように、様々な方法や情報源が資料の選択において存在するが、マンガ、ライトノベル、ライト文芸などの児童ヤングアダルトが読みたい資料としてしばしばあげられる資料と、授業と関わりがあるなどの教員が読ませたい資料との間には違いがあることが多い。司書教諭や学校司書、そして選定委員会や図書委員会は学校図書館をどのような場所にしたいのかを考慮した上で、予算や空間などとの兼ね合いも考えつつ、資料を選択していくことが必要となる。

　実際に図書館の現場においてどのように資料の選択がなされているのかについて見てみると、学校図書館が充実しているとされている10の中高に対する、国立国会図書館国際子ども図書館による2012年の調査がある［国立国会図書館国際子ども図書館，2014］。この調査の結果としては、共通する単一の資料選択の特徴はなかったが、「利用者のニーズの重視」、「読書材提供の重視」、「情報リテラシー育成への貢献」、「大人の読書への橋渡しの意識」、「大学教育への知的継続性」が資料の選択に影響を与える志向性として存在することが示されている。

図6.1　「科学道100冊　2022」
出典）科学道100冊委員会（2022）「科学道100冊　2022　ポスター」https://kagakudo100.jp/wkgdp/wp-content/themes/kadobeya/img/lineup2022/kagakudo100-2022_booklet.pdf

また、公立中学校の学校図書館担当者20名にインタビューした斎藤の研究では［斎藤, 2019］、大きく担当者が意識する五つのカテゴリーが指摘されている。まず、読書活動や学習活動の支援など多様な「図書館の機能」や、生徒のニーズを意識し多様な情報源を使用するといった「選書の手段」は意識されていることが一方では示されている。だが、もう一方では、選書の組織づくりができずひとり選書になってしまうといった「選書の規定」、「学校図書館メディア基準」と実際のコレクションとの乖離が起きていることや生徒の読書年齢に幅があること、さらに大人（教員）の読ませたい資料と子ども（生徒）の読みたい資料とのバランスに悩むといった「バランスの調整」、特定の資料に対するクレームへの不安や対処という「選書のリスク」も意識されていた。これらから特に重要な問題として、担当者のスキルと時間の不足が指摘されている。

第2節　学校図書館資料の分類と目録作成

(1) 分類

　分類とは、図書館の実務においては、「資料に対して、分類表を用いて分類記号を付与する作業」にあたる［日本図書館情報学会用語辞典編集委員会, 2020, p. 226］。資料の主題などに基づいて分類記号をつけることで、資料を分類記号順に配架した際、同じ主題や近い主題の資料を利用者が容易に見つけることができるようになる。それぞれの資料に付与された分類記号は、所在記号（請求記号）の一部となり、図書記号（著者記号）、補助記号とともに資料の背表紙につけられる。図書記号とは、同じ分類記号を付与された資料同士をさらに順序づけするために付与される記号で、著者や資料成立の責任を持つ個人や団体の名前などの頭文字を付与する。補助記号とは、複数巻で構成されている資料の順序づけを行う巻冊記号、同一図書である複本を示す複本記号などからなる。また、管理や利用者の利便性のために他の資料とは別の場所に配架する別置を行うことがある。例えば、絵本やレファレンスブック、図書以外の資料などについてがこれに当てはまる。こうした資料については、所在記号とは別に別置記号を付与する［全国学校図書館協議会,

2021a, pp. 168-169］。

日本の多くの公立図書館、大学図書館では、分類表は日本十進分類法（Nippon Decimal Classification, 以下NDC）のものを用いている。NDCは、知識を十進法の階層構造に基づいて分類しており、『日本十進分類法 新訂10版』（もりきよし原編，2014）

表6.2　日本十進分類法の第1次区分

0	総記	5	技術
1	哲学	6	産業
2	歴史	7	芸術
3	社会科学	8	言語
4	自然科学	9	文学

が最新のものである。1から9までの九つの区分と、どこにも入らないものに割り当てる0（総記）を第1次区分（表6.2）、それを1から9まで、または0に分類した第2次区分、さらに同様に区分した第3次区分、第4次区分……と続いていく。第4次区分以降は細目と呼ばれ、上から3桁目以降に小数点を入れる。分類を行う手段については基本的にタイトル、序文・目次・後書き・解説、本文などを読む、あるいは参考資料を繙くといった方法で行う［谷口・緑川，2016, pp. 192-205］。学校図書館でも将来的な図書館の利用に役立てるため、NDCで分類を行い、第3次、あるいは第4次区分まで分類を行うことが一般的である。ただし、別置する資料、例えば絵本などはサイズや作家ごとに並べることが多い。図書館としての資料の分類の仕方を明示しつつ、一方では児童生徒に利用しやすい分類を心がけることも忘れてはならない。

また、資料には請求記号以外に、件名標目も付与する。件名標目とは、資料の主題を表した言葉であり、特に図書館で用いる際には決められた範囲の言葉（統制語）の中から選択して用いる。件名標目は言葉で検索することができ、また複数の件名標目をつけることもできるが、NDCのように数字で表記したものではない。そのため、件名標目の五十音順に従って書架に並べても近い主題が必ずしも近くに置かれることにはならない。そこで、件名標目は、背ラベルなどではなく、下記で見る目録の中に反映させる。

件名標目の一覧表である件名標目表には、一般的な公立図書館でも用いられている「基本件名標目表」（Basic Subject Headings, 以下BSH）、小学校向けの「小学校件名標目表」、中学・高校向けの「中学・高校件名標目表」などがある。学校図書館で件名標目の付与を行う際には、主題を分析し、件名標目表と照らし合わせて標目を決定する。その際、教育課程で利用するのにふさわ

しい言葉、利用対象者の興味関心に関わる言葉を用いる必要がある［全国学校図書館協議会，2021a, pp. 170-171］。

(2) 目録

　資料に対しては、目録を作成する。目録とは、図書館で利用可能な資料を発見・識別・選択・入手できるよう、著者名、タイトル、分類記号などの書誌データ、所在データおよび、著者名、件名などの統一形を管理するための各種の典拠データを各資料について作成し、データベース等として編成するものである［日本図書館協会目録委員会, 2022b］。カード目録、冊子体目録などの形態がこれまでにあったが、近年ではMARC（MAchine Readable Cataloging）形式によってコンピュータに登録し、データベース化して検索できるようにする学校図書館が多い。2020年の文部科学省の調査では、小学校で80.5%、中学校で79.3%、高等学校で92.2%が蔵書をデータベース化しており、そういった学校の90%程度がこれを活用して貸出・返却を行っている［文部科学省，2022］。

　MARC形式によりデータベース化することで、さまざまな検索が可能になり、利用者の利用したい資料の発見に結びつきやすくなる。例えば、中間一致で検索を行うことができれば、タイトルの最初の部分以外でも検索語と一致すれば、資料が検索結果に反映される。

　日本において多くの図書館は、「日本目録規則」に従って目録を作成している。最新版は『日本目録規則2018年版』であり、Web上で一部が公開されている［日本図書館協会目録委員会，2022a］。この版は、国際的な標準との連携や相互運用も意識したものとなっており、図書以外も含めたWeb上のさまざまな資料と自館の資料を繋げることも可能となりつつある［全国学校図書館協議会，2021a, p. 167］。

　ただし、実際の目録作成においては「日本目録規則」をもとにしつつ、資料保存ではなく資料活用を目的とした目録データ、校種や学年などに配慮して児童生徒が自力で検索できる目録データ、過去の課題などで利用した資料のデータを出力するなど教職員への支援にも対応できる目録データとなるように心がける［全国学校図書館協議会，2021a, pp. 166-167］。

また、近年は分類や目録のデータも外部から購入することが可能であるが、そうした場合でも、必ず購入したまま用いず、そのデータが正しいかどうかのチェックを、学校図書館の担当者の手によって行うことが必要である。

　目録は自校内のみで公開するのが一般的だが、埼玉県の高等学校図書館の蔵書を横断的に検索する「こうとけんさく」のように、他の学校との連携をとり、地域の学校間で公開するケース［カーリル，2020］、青山学院高等部図書館（https://agh.opac.jp/opac/Top）のように一般に公開するケースもある。

第3節　学校図書館資料の装備と配架

(1) 装備

　学校図書館資料として登録した資料に対しては、装備を行う。登録印や蔵書印を押し、資料番号を示したバーコード、請求記号を書いた背ラベル、資料の表紙などを保護する透明フィルムなどを貼付する。また、資料管理のデータベース化が進んでいない場合には、本の裏見返しにブックポケット、ブックカード、返却期日票も貼付する。その際、タイトルや著者名などは隠れてしまわないように注意する［大平，2012, pp. 23-25］。これらの装備の作業は、図書を購入する際に、専門の業者に行ってもらうよう依頼することも可能である。また、ボランティアや児童生徒と協力して行うケースもある。

(2) 配架

　装備した資料は、請求記号に基づいて配架を行う。基本的には左から右、上から下に、Ｚを描くように書架に並べる。その際、棚には、一段一段資料の出し入れがしやすいように右側に余裕を持たせて並べること、奥に入り込まないように棚の前で揃えること、資料が倒れないようにブックエンドなどを用いることを意識する［大平，2012, pp. 28-29］。

　また、資料の配架の仕方によっては、絵本コーナーの近くに調べ物の資料がある、見つけたい本がなかなか見つからないなど、利用者が不便を感じていることが観察される場合もある。その際は、利用者が利用しやすいように資料を移動させるなどの工夫が必要である。

その他、資料の別置も有効である。別置される資料には、図書以外の資料、レファレンスブック、文庫本、大型本、絵本、教員用図書、新刊書があげられる。さらには、季節の行事や授業の単元で使用するために一時的に別置される場合もある。また、図書館の案内表示も有効となる。図書館内の案内図、書架見出し、棚見出しなどをつけることで、利用者は自分の探したい資料が見つかりやすくなる。その際、表示法や用いる言葉もわかりやすくするなどの工夫が必要となる［全国学校図書館協議会，2021a, pp. 172-173］。

第4節　学校図書館資料の評価と更新

(1) 評価

　一度蔵書とした資料は、その後も評価を継続的に行い、必要であれば更新する必要がある。蔵書については、更新までを含めて考えることで、学校図書館の読書教育などでの利用価値が上がる。

　評価は計画的に行い、評価のサイクルをしっかり準備しておくことがまずは必要である。そのためには、図書館の年度計画の中に評価を組み込むことが大切である。評価については、利用の度合いに基づいて行う方法と、リストや他校の蔵書などに基づいて行う方法の大きく二つがある［竹村，2012, pp. 18-20；堀川，2018, pp. 77-78］。

①利用の度合いに基づく評価の方法
　利用の度合いに基づく方法として、四つをここでは述べる。

　(I)貸出データの分析
　貸出の多い図書や分類などがどれかを貸出データから分析する方法である。蔵書管理の電子化が進んでいる図書館であれば、比較的容易に貸出についてのデータは手に入る。

　(II)館内利用の調査
　館内で利用が多い図書を調査する方法で、例えば児童生徒には利用した図

書を書架に戻さず、ブックトラックなどに戻してもらうことでどのような図書を利用したのかが明らかとなる。この方法を取ることで、児童生徒が実際にどのような図書を利用しているのか、貸出データを補完することとなる。

(III)利用者からのリクエスト

利用者に図書館に資料として置いて欲しい本を尋ねる方法も挙げられる。ただしその際に、常に利用者の読みたい資料を購入していると蔵書が偏る恐れもある。また、予算や場所の限界もある。

(IV)利用可能性

実際に特定の資料が利用できるかという利用可能性を調査する方法もある。データ上は所蔵していても、貸出されているなどで利用できない資料は、複本なども考慮する必要があることが明らかとなる。また、児童生徒の検索スキルでは見つけ出しにくい資料も、この方法で明らかにすることができる。

②リストや他校の蔵書などに基づく評価の方法

次に、リストや他校の蔵書などに基づいて行う方法として、大きく五つ取り上げる。

(I)過去の自館との比較

過去の自館のデータとの比較である。昨年度の蔵書と比較してどの程度資料が更新されたか、つまり新規購入資料と処分した資料の量の差を各分野において検討することや、それぞれの分野でどの程度貸出が伸びたか、あるいは減少したか検討することがこれにあたる。

(II)他校との比較

他校の蔵書との比較である。近隣の学校や同規模、同じような教育課程の学校などと比較することで、現在必要な、あるいは不要な資料は何なのかを検討できる。

(Ⅲ)チェックリストとの比較

　特定の分野について、揃えておくべき図書のチェックリストを作成し、それとの比較を行う方法がある。チェックリストの作成は、資料の選択の際にも利用したブックリスト、例えば、『私たちの選んだ子どもの本　改訂新版』(東京子ども図書館)、『学校図書館速報版』(全国学校図書館協議会)に掲載されている「選定図書」のリストなどに基づいて行うことなどが考えられる。

(Ⅳ)教員によるチェック

　ある分野に詳しい教員などによるチェックを受ける方法も有効である。その分野について適切な資料が過不足なく揃っているかを評価してもらうことになる。

(Ⅴ)蔵書基準に基づいた検討

　蔵書基準に基づいた検討とは、例えば、上述した、文部科学省による「学校図書館図書標準」や全国学校図書館協会による「学校図書館メディア基準」を満たしているのかを調査することなどが挙げられる。

　評価は以上のように多様な方法があり、それらを組み合わせて行うことで、さまざまな視点から蔵書の検討を行うことができる。

(2) 更新

　評価を行った上で、不要となった資料、あるいはデータ上は存在するが行方不明になっていることがわかった資料などについては「払出し」を行う。払出しとは、書架にある資料を取り出す除架、そして、資料を登録している図書原簿からの削除、そして、資料のものとしての処分までの一連の作業を指す。払出しについては、恣意的な運用にならないように、全国学校図書館協議会の定めた「学校図書館図書廃棄基準」や他校の基準などを参考に、自校の基準を作成する。その際、可能ならば廃棄委員会などを設けて、複数の教職員の目で払出しを決定すると良い[竹村，2012, pp. 23-25；堀川，2018, pp. 77-78]。

払出しには、少なくとも7種類あげられる［竹村，2012, pp. 25-29］。

①廃棄払出し

廃棄払出しは、データが古くなったものや、利用がないまま相当年数が経ったものといった資料としての価値がないと評価されたものを、払い出すことである。

②毀損払出し

毀損払出しは、汚損した資料や、表紙などが取れた資料に対して、修理に出すよりも新たに購入した方が良いと判断した際に払い出すことを指す。ソフトカバーの資料はハードカバーのものに比べると、しばしばこの理由で払い出すこととなる。

③亡失払出し

亡失払出しは、貸出したまま返ってこない、紛失した、災害によって失われた場合などで払い出すことを指す。

④寄贈払出し

寄贈払出しは、他の図書館などに寄贈する払出しに当たるが、あまり多くはないとされている。

⑤交換払出し

交換払出しもあまり多くはないが、他の図書館などと資料を交換する際の払出しである。

⑥数量更正払出し

数量更正払出しとは、登録した資料を合冊や分冊する、つまり上下巻に別れた資料を1冊にまとめる、あるいは逆に1冊の資料を複数冊に分けるために払い出すことにあたる。

⑦保管転換払出し

　保管転換払出しは、同じ機関内で資料を移管する払出しで、学校の統廃合の際に学校図書館の蔵書を払出し、新設の学校に資料を転換するケースなどがあたる。

　こうして払出しを行った上で、再び新しい資料を選択し、蔵書を更新していくことで、学校図書館はその役割を十全に果たすことができる。

第5節　子どもに身近な環境としての学級文庫の意義と役割

　学級文庫とは、学校の各教室に設けられるコレクションを指す。主として小学校に設けられるが、中学校、高等学校でも設けられるケースがある。ただし、「学級文庫など教室内で手にとりやすいところに本が置かれてますか」という質問に対して、小学生では約8割、中学生では約6割、高校生では約3割が「そう思う」と回答している調査が示すように［浜銀総合研究所，2017］、学校段階が上がるにつれ、学級文庫の設置や充実の割合は低くなっている。

　自学自習や課外読書を学校で行うという、明治後期、大正期からの実践の蓄積が学級文庫の歴史にはある。時には教員や児童生徒が手弁当で文庫の資料を用意することもあったが、現在は、公立図書館からの団体貸出や、学校図書館からの貸出などを通して揃えるケースが多くなっている［日本図書館情報学会用語辞典編集委員会，2020, p. 36］。

　学級文庫の意義としては、いつでも資料を手に取ることができることで、児童生徒にとって、本が身近になることがまずあげられる。例えば、米国で6歳から17歳の子供と親、1,040組に調査をしたところ、家庭に本が多い場合と同様、しっかりとした学級文庫が教室にある場合、読書をよく行う児童生徒の割合は高くなっているという結果が出ている［Scholastic, 2019］。

　また、教育課程においても、調べ物をする総合的な学習（探究）の時間や読み聞かせをする国語科の時間の際に、関連する資料が学級文庫にあることで児童生徒が関心を持つように働きかけるケースもある。さらに、正規の教科以外にも、例えば、朝読の時間で読む資料を学級文庫で提供することも可能

である。例えば、豊川市では「マイブックプロジェクト」という試みを行っている。これは、中学2年生の生徒に対して、特定の書店で使用できる1,500円の図書クーポンを渡し、本を買う楽しさを味わってもらい、さらに本に紹介メッセージを付け、学級文庫のコレクションにし、他の生徒と読み合い、読書の幅を広げようというものである[豊川市中央図書館, n.d.]。

引用参考文献

大平睦美(2012)『学校図書館をデザインする　メディアの分類と配置』全国学校図書館協議会

学校図書館問題研究会編(2021)『学校司書のための学校図書館サービス論』樹村房

カーリル(2020)「「こうとけんさく」の運用を開始しました」https://blog.calil.jp/2020/10/kouto.html（参照 2022-06-08）

岸田和明編著(2020)『図書館情報資源概論』樹村房

国立国会図書館国際子ども図書館(2014)『学校図書館におけるコレクション形成：国際子ども図書館の中高生向け「調べものの部屋」開設に向けて』https://dl.ndl.go.jp/view/download/digidepo_8484023_po_2014-series.pdf?contentNo=1&alternativeNo=（参照 2022-06-08）

埼玉県立飯能高等学校(2017)「埼玉県立飯能高等学校資料提供方針」https://hanno-h.spec.ed.jp/zen/wysiwyg/file/download/1/2841（参照 2022-06-08）

斎藤純(2019)「学校図書館の選書業務における担当者の意識の構造と課題：公立中学校の学校図書館担当者へのインタビュー調査をもとに」『Library and information science』No. 82, pp. 1-22

全国学校図書館協議会(1972)「全国学校図書館協議会絵本選定基準」https://www.j-sla.or.jp/material/kijun/post-82.html（参照 2022-06-08）

全国学校図書館協議会(1996)「全国学校図書館協議会コンピュータ・ソフトウェア選定基準」https://www.j-sla.or.jp/material/kijun/post-39.html（参照 2022-06-08）

全国学校図書館協議会(2008)「全国学校図書館協議会図書選定基準」https://www.j-sla.or.jp/material/kijun/post-34.html（参照 2022-06-08）

全国学校図書館協議会監修(2021a)『司書教諭・学校司書のための学校図書館必携：理論と実践　新訂版』悠光堂

全国学校図書館協議会(2021b)「学校図書館メディア基準」https://www.j-sla.or.jp/pdfs/20210401mediakijun.pdf（参照 2022-06-08）

高橋友尚(2012)『学校図書館メディアの選びかた』全国学校図書館協議会

竹村和子(2012)『その蔵書、使えますか？　図書の更新のすすめ』全国学校図書館協議会

谷口祥一・緑川信之(2016)『知識資源のメタデータ　第2版』勁草書房

豊川市中央図書館(n.d.)「豊川市マイブックプロジェクト」https://libweb.lib.city. toyokawa.aichi.jp/contents/?page_id=391(参照2022-06-08)

日本図書館協会目録委員会(2022a)「日本目録規則　2018年版」https://www.jla.or.jp/ mokuroku/ncr2018 (参照2022-06-08)

日本図書館協会目録委員会(2022b)「日本目録規則　2018年版　付録　D用語解説」 https://www.jla.or.jp/Portals/0/data/iinkai/mokuroku/ncr2018/ncr2018_d_201812.pdf(参 照2022-06-08)

日本図書館情報学会用語辞典編集委員会編(2020)『図書館情報学用語辞典　第5 版』丸善出版

浜銀総合研究所(2017)「子供の読書活動の推進等に関する調査研究報告書」https:// www.mext.go.jp/content/20210610-mxt_chisui02-000008064_2801.pdf(参照2022-06-08)

堀川照代編(2018)『「学校図書館ガイドライン」活用ハンドブック　解説編』悠光堂

もりきよし原編(2014)『日本十進分類法　新訂10版』日本図書館協会

文部科学省(1993)「学校図書館図書標準」https://www.mext.go.jp/a_menu/sports/do-kusyo/hourei/cont_001/016.htm(参照2022-06-08)

文部科学省(2016)「別添1「学校図書館ガイドライン」」https://www.mext.go.jp/a_ menu/shotou/dokusho/link/1380599.htm(参照2022-06-08)

文部科学省(2022)『令和2年度「学校図書館の現状に関する調査」の結果について』 https://www.mext.go.jp/content/20220124-mxt_chisui01-000016869-1.pdf(参照2022-06-08)

IFLA(2015) "IFLA School Library Guidelines, 2nd revised edition"https://www.ifla.org/ wp-content/uploads/2019/05/assets/school-libraries-resource-centers/publications/if-la-school-library-guidelines.pdf(参照2022-06-08)

Scholastic(2019) "KIDS & FAMILY READING REPORT 7th edition" https://www.scho-lastic.com/readingreport/home.html(参照2022-06-08)

UNESCO(1999)「ユネスコ学校図書館宣言」長倉美恵子、堀川照代訳、http://www. u-gakugei.ac.jp/~schoolib/htdocs/?action=common_download_main&upload_id=9966 (参照2022-06-08)

第7章

子どもの読書に関する発達段階と読書教育

本章の要点

　子どもに読書教育を行ううえで、子どもの読書能力や読書興味に応じて支援や配慮が求められる。読書能力とは、書かれているものの意味を速く正確に読み取る能力のことであり、読字、語彙、読解、読速などさまざまな能力を含んでいる。一方、読書興味とは、乳幼児からヤングアダルトまでが発達段階に応じて、好んで読む読み物の種類についてのことである［阪本，1971］。

　本章では、まず、子どもが生まれてから高等学校卒業までに、どのように読書能力が発達していくかについて論じる。次に、子どもが幼い頃からどのような読み物に興味を持ち、成長の過程でその興味がどのように推移していくかについて述べる。さらに、それらを踏まえて、子どもの発達段階に応じた読書教育について考察する。

　小学校では、たとえば「図書館の時間」のなかに、学校図書館の利用による読書教育を盛り込むことなどが考えられる。一方、中学校や高等学校では、生徒が全校一斉読書活動や自由読書を行う際に読書アドバイスやブックトークを行うこと、および、各教科などでの授業内容に関連する本の読み聞かせやブックトークを行うことなどが考えられる。

第1節　子どもの読書能力の発達段階

　読書能力（Reading Ability）とは、書かれているものの意味を速く正確に読み取る能力のことであり、読書能力を構成する要因として主に以下の4点があげられる［阪本，1971］。

①読字 文字を読む能力のことであり、漢字の読みが中心となっている。
②語彙 習得している単語の量と質である。
③読解 具体的には意味把握が中心となっている。なお、文法的な能力も読解のなかに含まれる。
④読速 理解しながら読む速度についての能力である。

　読書能力には、単語の認知、理解の正確さ、黙読の速さ、語彙の発達、推論し行間を読む能力、読んだものを評価する能力など、さまざまな能力が含まれている。

　近年では、保健センターの0歳児検診などの折に、赤ちゃんと保護者に絵本を手渡す「ブックスタート」が、市区町村自治体の活動として定着している。また、「ブックスタート」を契機として、家庭や公立図書館の乳幼児サービスでは絵本の読み聞かせなどに熱心に取り組んでいる。

　このような動向を反映し、日本では子どもの読書能力の発達段階について、阪本による提言[阪本，1971]を踏まえたうえで、近年では一応の目安として「読書入門期」の前に「前読書期」を設け、以下のように区分している[全国学校図書館協議会「シリーズ学校図書館学」編集委員会編，2011]。

【目安としての子どもの読書能力の発達段階】
Ⅰ 前読書期（4歳以前）

　話し言葉で、他者とのコミュニケーションを図っている。自分ではまだ文字を充分に読めないので、家族など周囲の者に絵本を読んでほしいとせがむ時期である。

Ⅱ 読書入門期（4歳〜6歳）

　読書のレディネスが発達し、読書を開始するまでの時期である。なお、レディネス（Readiness）とは、学習が成立するように、必要な心身の条件が準備されている状態のことであり、「学習準備性」とも言われている。

1 読みのレディネス促進期（4歳〜5歳）

　　お話を聞きたがる。絵本を見て空読みする。文字を覚え始める。

2 読書開始期（5歳〜6歳）

　本を読みたがる。文字を拾い読みしながら、本を読む。

Ⅲ 初歩読書期（小学校1年生2学期頃〜3年生の終わり頃まで）

基礎的な読書能力が完成するまでの時期である。

1 独立読書開始期（小学校1年生2学期頃）

　簡単でやさしい本であれば、ひとりで読み始める。拾い読みによるもので読みの速度は遅い。

2 読書習慣形成期（小学校1年生3学期〜2年生1学期頃まで）

　読解語彙が増加し、初めて出会う語に戸惑わずに、文意がつかめる。読み返さなくても読み進めることができる。読書習慣が身につく。

3 基礎読書力成熟期（小学校2年生2学期〜3年生の終わり頃まで）

　読書の基礎的スキルが一応の成熟の段階に達する。文がスムーズに読め、長い文章でも読み通せる。黙読も上達する。

Ⅳ 多読期（小学校4年生〜中学校1年生の終わり頃まで）

　読書に関する技能が成熟し、多読や目的に応じた読書ができるようになる時期である。

1 無差別多読期（小学校4年生〜5年生の中頃まで）

　自発的に読書する。目的を持った読書ができる。読みも速くなり、速度を自由に調整できる。

2 選択的多読期（小学校5年生の中頃〜中学校1年生の終わり頃まで）

　さらに多読となる。目的に応じて図書を選択して読めるようになる。図書の内容について、評価や鑑賞もできる。

Ⅴ 成熟読書期（中学校2年生〜）

成人としての読書の水準に達することができる時期である。

1 共感的読書期（中学校2年生〜高等学校1年生）

　多読の傾向は減少し、むしろ愛読書を読みふける傾向が見られる。成人向けの図書が読めるようになる。読書の目的や図書の種類に応じた読み

方をするようになる。

2 個性的読書期(高等学校2年生〜)

　特殊な文体の図書やより専門的な図書を読みこなす。図書を読んで考え、その内容を評価し、その結果、自己の個性を伸ばすことができる。読書能力は、ほぼ成熟の域に近づく。

　以上は、一応の目安として参考にすることができる。実際には、上記に示された年齢よりも早く発達する者もいれば、発達の遅い者もいる。

　米国ではアドラー(Adler, M. J.)らが、読書のレベルには、第一レベル「初級読書」(Elementary Reading)、第二レベル「点検読書」(Inspectional Reading)、第三レベル「分析読書」(Analytical Reading)、および、第四レベル「シントピカル読書」(Syntopical Reading)の四つがあるとしている[Adler and Doren, 1972]。まず「初級読書」は、小学校あるいは中学校を終える頃までに学習するものであるが、読み書きのまったくできない子どもが初歩の読み書きの技術を習得するためのものである。次に「点検読書」は、与えられた時間内にできるだけ内容をしっかり把握することを目的として、系統立てた拾い読みをする技術を習得するためのものである。また「分析読書」は高等学校で習得することであるが、理解を深めるための読書であり、取り組んだ本を徹底的に読み抜くためのものである。さらに「シントピカル読書」は、大学で習得することであるが、一つの主題について何冊もの本を相互に関連づけて読むことであり、比較読書法と捉えることもできる。

　また、第一レベル「初級読書」には、少なくとも以下の四つの段階があることが広く認められている。

【アドラーらによる「初級読書」の四つの段階】

①第一段階　「読み方準備期」　就学前

　言葉をはっきり話すことができて、読み方を習得するための準備が整う。

②第二段階　「単語の習得期」　小学校1年生〜

　1年間に300〜400語程度の単語を習得する。この時期を終える頃には、簡単な本であればひとりで読み通すことができる。

146

③第三段階　「実用的な読み書き能力の習得期」小学校4年生の終わり頃〜

　語彙が急速に増え、文脈をたどって知らない単語の意味を把握する技術
　を身につける。学校以外にひとりで本を読む楽しみを覚える。

④第四段階　「読み方能力の完成期」　　小学校あるいは中学校を終える頃

　第三段階までに習得した読書方法に磨きをかけて、未熟ではあるにして
　も、まず大抵のものは読めるようになる。しかし、まだ読書の第一レベ
　ル「初級読書」を終了しただけのことである。

　表7.1は、目安としての子どもの読書能力の発達段階とアドラーらによる
読書のレベルと段階を対比させたものである。子どもの読書能力の発達段階
の「I 前読書期」と「II 読書入門期」を合わせたものが「初級読書」の第一段階
「読み方準備期」に、「III 初歩読書期」が「初級読書」の第二段階「単語の習得期」
に、「IV 多読期」が「初級読書」の第三段階「実用的な読み書き能力の習得期」に、
「V 成熟読書期　1 共感的読書期」が「初級読書」の第四段階「読み方能力の完
成期」に対応するものと考えられる。なお、「V 成熟読書期　2 個性的読書期」
はより専門的な図書を読みこなすことから、アドラーらの「分析読書」のレベ
ルに該当する。

表7.1　子どもの読書能力の発達段階とアドラーらによる読書のレベルと段階

子どもの読書能力の発達段階	アドラーらによる読書のレベルと段階
I　前読書期 II　読書入門期	読書のレベル「初級読書」 　第一段階「読み方準備期」
III　初歩読書期	読書のレベル「初級読書」 　第二段階「単語の習得期」
IV　多読期	読書のレベル「初級読書」 　第三段階「実用的な読み書き能力の習得期」
V　成熟読書期 　1 共感的読書期	読書のレベル「初級読書」 　第四段階「読み方能力の完成期」
2 個性的読書期	読書のレベル「分析読書」

出典）阪本一郎編著(1971)『現代の読書心理学』金子書房、
全国学校図書館協議会「シリーズ学校図書館学」編集委員会編(2011)『読書と
豊かな人間性』(シリーズ学校図書館学 第4巻)全国学校図書館協議会、
Adler, M. J. and Doren, C. V. (1972) *How to Read a Book*. New York: Touchstone.
これら3点をもとに作成

いわゆる「初級読書」のレベルについて、日本でも米国でも詳しく区分して発達段階が丁寧に説明されている。小学校、および、中学校の段階で読書に関する基本的なスキルを身につけることの重要性や意義が広く認識されている。

第2節　子どもの読書興味の発達段階

乳幼児からヤングアダルトまでが、好んで読む読み物の種類について、一応の目安ではあるが、子どもの読書興味の発達段階として以下に示す[阪本, 1971]。

【目安としての子どもの読書興味の発達段階】
(1)子守り話期(2歳〜4歳)
いわゆる「しつけ時代」である。生活上の基本的な習慣(食事、着衣、睡眠、清潔など)を自立的に行えるように習得することが、この時期の課題である。絵本やお話を通じて、自分ですべきことと、してはならないことの区別を学ぶ。「子守り話」の特徴は、①短いこと、②多くは聞き手の子どもや語り手の大人が主役を演じること、③日常生活のひとこまを言葉で再認すること、④リズムやユーモアがあり、少しだけ教訓が含まれていることなどである。

(2)昔話期(4歳〜6歳)
やたらに自我を主張して親や周囲の者を困らせる「第一反抗期」である。また、「なぜ」「どうして」と盛んに質問を発する「質問期」とも呼ばれている。「昔話」の特徴は、①時と場所を超越し、現実から遊離した世界であること、②素材が子どもの身近な生活環境から提供されていること、③魔法や奇跡が起こること、④善悪がはっきりしており勧善懲悪であること、⑤地方色が出ていることなどである。

(3)寓話期(6歳〜8歳)
いわゆる「他律道徳時代」である。生活環境が家庭から学校へと広がる。社

会生活での新しい行動のルールが求められるため、自分の判断には自信を持てず、大人の判断を無条件に受け入れるようになる。単純なモラルを示す「寓話」や、偉人の幼年時代のエピソードで望ましい行動の手本となる「逸話」などに興味を示す。

(4)童話期(8歳〜10歳)

大人に全面的に依存して他律的に行動していたことから離れ、自主的な判断に基づいて積極的に行動するようになる。好まれる「童話」とは、①現実の子どもの生活をもとに、それを想像で色づけしたもの、②芸術的なもの、③自らの積極的なひとり立ちを励ますものなどである。英雄崇拝の心情をそそるような神話や伝説などのなかにある「英雄物語」、現実を超えて想像を楽しむ「架空物語」、また、科学の芽を育てる「図鑑」などにも興味を持つ。

(5)物語期(10歳〜12歳)

いわゆる「徒党時代」(gang age)である。友人間の適応が始まり、興味の対象がいっそう現実的になり、読み物の興味も多様化する。現実に子どもが社会生活を営むうえでの問題点が提起され、それを友情と正義で解決する過程を描いた「少年少女物語」、行動の障壁を知恵と勇気をもって突破する「冒険物語」、知的な洞察で問題を解決する「推理物語」などに興味を示す。

(6)伝記期(12歳〜14歳)

いわゆる思春期にはいり、「第二反抗期」と呼ばれる時期である。健全な精神的自立をめざすことが、課題である。偉人や英雄の人間的な苦闘を扱った「伝記」、科学者などの残した業績についての「記録文学」、および、冒険や怪奇などの事件を取り上げ伝記風に扱った「伝奇文学」などに興味を持つ。

(7)文学期(14歳以降)

青年期に特有の情緒的な動揺を自らコントロールして自我を安定させ、現実の社会のなかで生き抜いていく心構えを作ることが、課題である。市井の人々が日常的に真剣に取り組んでいることなど、人生の真実について伝える

「大衆文学」や、内面の心理的葛藤を丁寧に描写している「純文学」などに興味を示す。

(8)思索期(17歳以降)

客観的な知性に基づいて行動するようになり、理想の追求が著しくなるため、現実と理想との矛盾をいかに解消するかが課題となる。理念としての背景を持っている文学書、随筆、人生論や幸福論などの思索書、哲学書、宗教書などにも関心を持つ。

英国ではミーク(Meek, Margaret)が、7歳から12歳は読む力がめざましく伸びるので、物語でも絵本でも幅広い視点に立ったものが必要であるとしている。どの子どもにも是非読ませたいものとして、おとぎ話、昔話、伝説、神話をあげている。これらは、一般的にプロット(筋書)に動きがあり、会話は的を射ており、子どもたちが感情移入できるものである。9歳前後になると、学校でも家庭でも事実の追求が始まり、学ぶために読むことが必要になる。知識探求のため、事実をもとに正しい情報を提供する「知識の本」を図書館で探し、視野を広げることが大切である。11歳で既に読む力のある子どもには、自由に読ませることである。読むことが苦手な11歳児に読む力をつけるためには「しなければならない読書」と「純粋に楽しむための読書」のバランスを上手に取ることを教えることである。14歳になった読むことが得意な読者は、大人が読めるものは自分も読めると思っている。読むことが苦手な読者に対しては、イラストがあり、会話を基本にして書かれているティーンズ向け小説などから始めるように勧めることである[Meek,1982]。

読書興味の発達段階として一応の目安はあるものの、子どもの読む力に応じて読書興味も異なるので、実際には個別の対応が求められる。

第3節　発達段階に応じた読書教育

本章第1節、および、第2節でも述べたように、子どもは発達段階に応じて、読書能力や読書興味が異なる傾向にある。従って、それぞれの発達段階

にふさわしい読書教育を行うことが肝要である。以下に、小学生、および、中高生を対象とした読書教育について考察する。

(1) 小学生を対象とした読書教育

　小学生というのは、絵本を読み聞かせてもらうことから、自分で本を読むことへ大きな飛躍を要求される時期である[脇, 2014]。そのような時期であるので、特に大人からの読書に対する支援が重要である。小学校では、学校図書館利用教育のために「図書館の時間」として、毎週1時間程度を学級活動や国語科のなかに位置づけているところが多い。このような「図書館の時間」のなかに、学校図書館の利用による読書教育を盛り込むことなどが考えられる。

　表7.2は、小学生にすすめたい読書活動と本についてまとめたものである[亀村, 1975]。すすめたい読書活動とあるのは、教員、司書教諭、および、学校司書が小学生にどのような読書活動をすすめるかということである。そのような読書活動をすすめるにあたり、大人として子どもの読書をどのように支援するかについて考え行動することが大切である。また、すすめたい本とあるのは、発達段階に応じてどのような本を読むことをすすめたらよいのかなど、子どもへの読書アドバイスにつながる。

　表7.2から、低学年では、絵本の読み聞かせから始まり、さらに読み聞かせは絵本だけではなく、童話や民話(昔話)にも及ぶ。また、おもしろそうな本を自分で選び、読み通す。さらに、自分ひとりの読書にとどまるのではなく、おもしろかった本を友人にすすめる。中学年では、児童文学、伝記、科学物語へとさらに読書の幅を広げるだけではなく、読書会で本について話し合うなどグループによる読書活動を始める。高学年では、ノンフィクションや歴史物語などへも読書の幅を広げ、長編の作品を読み通す。そして、本の紹介文を読み、自分でも本を紹介する文を書いたりする。さらに、学校図書館ばかりではなく、公共図書館も利用して読書のための本を借りる[亀村, 1975]。

　すなわち、小学生の読書では、絵本を読み聞かせてもらうことから始まり、読み聞かせてもらう本の種類を絵本から童話や昔話などにまで広げ、自分で

表7.2 小学生にすすめたい読書活動と本

学年	すすめたい読書活動	すすめたい本
低学年	・読み聞かせを聞く。 ・本を読んで楽しむ。 ・おもしろそうな本を自分で選ぶ。 ・1冊の本を読み通す。 ・おもしろかった本を友人にすすめる。 ・学級文庫の整理、貸出、返却などを行う。 ・学級文庫から本を借りる。	・絵本 ・童話 ・民話
中学年	・目当てを持って、本を選ぶ。（紹介されたもの、好きな種類、好きな作家などによる。） ・友人や学級の全員に、本を紹介する。 ・グループで、読書会のような話し合いをする。 ・学級文庫の運営をする。（向上させるための話し合いも含める。） ・学校図書館を利用する。 ・読書の壁新聞などを作る。 ・本を読んでおもしろかったこと、心に残ったことを、文に書いてみる。	・創作童話 ・創作児童文学 ・民話 ・伝記 ・科学物語
高学年	・長編の作品を読み通す。 ・本を紹介する文を書く。 ・本の紹介文を読む。 ・新聞、雑誌などから、良書を知る。 ・学校図書館を利用する。 ・公共図書館を利用する。 ・読書新聞を作る。 ・グループで、読書会や輪読会を行う。	・ノンフィクション ・歴史物語 ・科学物語 ・創作児童文学

出典）亀村五郎著(1975)『読書指導』百合出版 をもとに作成

選んだおもしろそうな1冊の本を読み通す。さらに、小学校を終える頃には長編の作品を読み通すところまでに達することが、小学生の読書の課題であると言える。このような課題に取り組むためには、日頃からの読み聞かせに加えて、おすすめ本に関するブックトークを行うこと、テーマによる学年別のブックリストを作成し提供すること、学校図書館の蔵書検索も含めた学校図書館利用教育を行うことなど、読書に関する基本的な教育を行うことが肝要である。

　なお、物語は、長編の作品を読み通す力を身につけるうえで、また、自己認識力や自己制御力を養ううえでも、意義がある。なお、自己認識力とは、

自分自身の行動や心の動きを客観的に観察する力である。すなわち、物語は、一人の主人公が経験していくことを丁寧にたどっているので、長編であっても子どもは楽しみながら読みすすめることができる。また、物語は、主人公に感情移入できて同時に客観的な読者の目でも読めるので、自己認識力と自己制御力を養うことができる[脇, 2014]。

　絵本から物語の本への高いハードルを越えるための橋渡しとして、昔話が考えられる。昔話はお決まりのパターンどおりに展開していくので、子どもがお話の流れについていくことを手助けする。

　絵本の読み聞かせや昔話の読み聞かせの次の段階として、物語の読み聞かせなども小学生にとっては意義があると言える。絵本や昔話と比べると、物語は長いので1回では終わらないかもしれないが、小学校のクラスで少しずつ時間を取れば、何回かに分けて読み聞かせはできる。良い物語を共有することで、子ども同士の絆が深まり、集団としても読書意欲が高まる。

(2) 中高生を対象とした読書教育

　中高生は、いわゆる思春期にあたる時期である。危ういことが増えてくるにもかかわらず、大人に直接的な手助けを求めることが少なくなるので、本を読むことを大切にしてほしい時期である。読書から得た間接経験をたくさん蓄積しておけば、いざ岐路に立たされた時に、読書からアドバイスを得られるからである[脇・小幡, 2011]。

　中学校や高等学校では、特に「図書館の時間」が設けられているわけではない。

　そこで、学校図書館の利用による読書教育については、生徒が全校一斉読書活動や自由読書などを行う際に読書アドバイスやブックトークを行うこと、および、各教科などでの授業内容に関連する本の読み聞かせやブックトークを行うことなどが考えられる。前者は、生徒が学校図書館に来館し、学校司書などに個別に助言を求めることなどが想定される。一方、後者は、チーム・ティーチングで学校司書が各教科などの授業に関わり、単元が始まる時などに学習の動機づけとして、関連する本を読み聞かせブックトークを行うことなどが考えられる。

中高生を対象とした読書教育を行うための留意点を以下に示す。

【中高生を対象とした読書教育の留意点】
①生徒ひとりひとりにふさわしい本を探し出し、紹介する。
　生徒のなかには、全校一斉読書活動のための本、自由読書のための本、探究的な学習や各教科などの学習のための本など、必要に応じて自発的に本を求めて学校図書館に来館する者がいる。このような生徒に対しては、これまでの読書経験や読書傾向、興味や関心のあること、現在の学習で取り組んでいるテーマなど、学校司書は生徒との日常的な会話を通じてふさわしい本の紹介をすることができる。
　その際には、生徒自身が読む本を自分で選んだという認識を持てるように、複数の本を紹介することが肝要である。たとえばあるテーマについて、フィクションとノンフィクションを取り混ぜて、難易度の異なる複数の本を紹介することである。自分自身で選んだ興味のある本については、たとえ内容が少し難しくても、途中であきらめずに読み通すことが考えられる。

②ある特定のジャンルや作家の本に偏って読書している生徒に対しては、他のジャンルや作家の本を紹介し、読書の幅を広げるように促す。
　読書による間接経験を豊富にするためには、ある特定のジャンルや作家の本ばかりを繰り返し読むのではなく、異なるジャンルや作家の本も読むように、読書の幅を広げることが必要である。
　前者のような「平面的な読者」(Flat-earthers)を後者のような宇宙的な読者(Intergalactic Readers)に変えるためには、子どもたちの身の回りにいる尊敬できる大人によるブックトークが重要である[Chambers, 2011]。新たなジャンルや作家の本への挑戦を促し橋渡しをする司書教諭や学校司書などによるブックトークは、生徒の生涯にわたる読書生活を豊かにすることにもつながる。

③読書経験の共有を図れるように、読後にはさりげない会話のなかで、生徒の読書に関する感想に耳を傾ける。
学校図書館で借りた本を読み終わった時に、生徒はその本を返却するため

に来館する。その返却の際に、学校司書が生徒と言葉を交わし、生徒に読書に関する感想をさりげなく尋ねることができる。

たとえば、その本が物語の本であれば、生徒にどこが一番好きであったかなどを尋ねることが考えられる。そのように尋ねることで、生徒は自然と読み方が丁寧になり、思考力や想像力が働きはじめ、感情移入もできるようになる。また、生徒と物語を共有することになり、生徒は自分の思っていることが伝わったという喜びを味わうことができる[脇・小幡，2011]。さらに、その後の生徒への読書支援もスムーズに運ぶようになる。

④全校一斉読書活動や各教科などの折に、教員、司書教諭、学校司書、および、図書委員などによる朗読を行い、読書に対する生徒の関心を高める。

中学校に入学した生徒のなかには、今まで本らしい本は読んだことはないという者もいる。そのような不読者は、本はおもしろくないと思い込んでいる者や家庭など身近な場所に本がない者など、様々である。

東京都品川区立八潮中学校では、教員が3年間にわたり中学校の国語の授業で「連続朗読劇場」を実践した。これは、「教員による読み聞かせの帯単元」であり、実際に教員が選んだ本を教室に持ち込んで、生徒に読み聞かせるというものである。たとえば、生徒が自分では手に取りそうもないもの、生徒の心に響き、生徒の支えになると思われるものを教員は丁寧に選んだ。

1冊の本をクラス全員で共有し味わうという「連続朗読劇場」は、選書に工夫し読み方のコツをつかんでいる教員の力量と熱意によるものである。3年間の成果として、本好きの生徒が増え、多くの生徒が授業に集中できるようになった[宮本，2005]。

生徒に身近な教員、司書教諭、学校司書、そして、学校図書館と他の生徒をつなぐ役割を果たしている図書委員による朗読は、生徒にとって親しみやすいものであり、全校的な読書活動を推進するうえで大きな力となりうる。

引用参考文献
亀村五郎著(1975)『読書指導』百合出版

阪本一郎編著(1971)『現代の読書心理学』金子書房

全国学校図書館協議会「シリーズ学校図書館学」編集委員会編(2011)『読書と豊かな人間性』(シリーズ学校図書館学　第4巻)全国学校図書館協議会

宮本由里子(2005)「子どもたちに言葉のシャワーを―「連続朗読劇場」の力」『本を通して世界と出会う　中高生からの読書コミュニティづくり』(秋田喜代美・庄司一幸編、北大路書房) pp.55-67

脇明子・小幡章子著(2011)『自分を育てる読書のために』岩波書店

脇明子(2014)『読む力が未来をひらく　小学生への読書支援』岩波書店

Adler, M. J. and Doren, C.V.（1972）*How to Read a Book*. New York: Touchstone.

なお、日本語訳としては、下記の図書がある。

アドラー，M. J.・ドーレン，C. V.著、外山滋比古・槇未知子訳(1997)『本を読む本』講談社

Chambers, A.（2011）*Tell Me: Children, Reading and Talk with the Reading Environment*. Gloucestershire: Thimble Press.

なお、上記の図書の直接の日本語訳ではないが、チェインバーズの考え方を知るうえで参考になると思われる図書の日本語訳としては、下記の図書がある。

チェインバーズ，A.著、こだまともこ訳(2003)『みんなで話そう、本のこと―子どもの読書を変える新しい試み』柏書房

Meek, Margaret（1982）*Learning to Read*. London: The Bodley Head.

なお、日本語訳としては、下記の図書がある。

ミーク，マーガレット著、こだまともこ訳(2003)『読む力を育てる―マーガレット・ミークの読書教育論』柏書房

第8章

子どもと本を結びつける活動

本章の要点

　子どもが読書する素地をつくり、子どもの読書興味の幅を広げるためには、折に触れて本の紹介の機会を設け、読書経験を共有することが重要である。また、子どもが様々な本に親しめるように働きかけていくことも意義がある。子どもと本を結びつける活動として、たとえば、読み聞かせ、ブックトーク、ストーリーテリング、読書へのアニマシオン、ビブリオバトル、および、読書会などがあげられる。これらの活動のうち、全校一斉読書活動や各教科などで比較的多く実施されているのは、読み聞かせとブックトークである。

　また、子どもと本を結びつける活動にバリエーションをつけ、本の世界を楽しんでもらうためには、ストーリーテリング、読書へのアニマシオン、ビブリオバトル、読書会なども大切である。創意工夫をこらしてさまざまな活動を行うことで、子どもは読書へ関心を持つことができる。

　本章では、これらの活動を順に取り上げ、そのあり方や留意点などについて具体的に述べる。

第1節　読み聞かせ

(1) 読み聞かせとは

　絵本や児童図書などの読み聞かせは、子どもが本と出会うきっかけをつくり、本を通じて読み手と聞き手の交流を深めることにつながる。また、同じ本を読み聞かせてもらうという体験を、子ども同士が共有できる貴重な機会でもある。

さらに、読み聞かせを繰り返し行うことにより、子どもたちの語彙が増え、学習が継続し、読解力を高めることができる[Elley, 1989][OECD, 2010]。

　脇は、小学生のクラスでは特に物語の読み聞かせを勧めている。子どもたちが自分で本を読むようになれば、読み聞かせは必要ないと思われるかもしれないが、そうではないと述べている。読み聞かせを通じてよい物語を共有することで、クラスの子ども同士の絆が深まっていくからである[脇, 2014]。

　「読み聞かせ」(Read-aloud)を世の中に広めた人として知られているトレリース(Trelease, Jim)は、子どもが3か月や6か月になるまでを待たずに早期から、そして頻繁に読み聞かせを行うことを提唱している。その理由として、子どもたちが本好きになることが学習好きになることに繋がることをあげている。さらに、聞くことのレベルと読むことのレベルには大きな違いがあることから、子どもたちが大きくなっても読み聞かせを継続すべきであると述べている。子どもたちが自分たち自身で読むことができるレベルよりも、もっと複雑でおもしろい物語を子どもたちは聞いて理解できるからである[Giorgis, 2019]。

　アレン(Allen, Janet)は、読み聞かせが中学生以上でも価値のある方法であることの理由について、以下のように述べている[Allen, 2000]。

①生徒たちに楽しい方法でさまざまなジャンルの文芸作品に触れさせることができる。
②一般的な世界に関する知識と同様に、教科で扱う分野の予備知識も構築することができる。
③後になってから、読書する本を自ら選書できるように、生徒の読書興味の幅を広げる手助けとなる。
④生徒の聞き取りのスキルを高める。
⑤聞いたことについて話し合おうという雰囲気がつくられる。
⑥他の聞き手たちとともに、本を愛することを共有する機会を提供する。
⑦学習者のコミュニティを創り出す手助けとなる。

　カルキンズ(Calkins, L. M.)は、子どもたちにノンフィクションの本の読み

聞かせをすることも大切であると述べている。子どもたちが記事、評論、説明書、声明文などを理解したり書いたりするためには、そのようなジャンルで書かれたものがどのようなリズムを持っており、どのような構成になっているかを知る必要があるからである。ただし、いつもノンフィクションの全文を読み聞かせる必要はない。たとえば、新聞記事の見出し、雑誌記事の最初の段落、本のなかの興味をそそる一節などを選んで、ノンフィクションの読み聞かせを行うことなどが考えられる[Calkins, 2001]。

　以上のことから、読み聞かせは、子どもが生まれてから初等教育・中等教育の学校を卒業するまでの長期間にわたり、物語などのフィクションだけではなくノンフィクションも含めて幅広い分野について行うことが重要である。

(2) 読み聞かせの留意点
①読み聞かせをする作品の選び方
　どのような対象者、および、どのような機会やテーマでの読み聞かせであるかにより、読み聞かせをする作品の選び方は異なる。一般的に、あるテーマのもとに集団に対して複数の作品を読み聞かせる場合には、聞き手の関心や理解度などに個人差があることに配慮し、難易度の異なる作品を取り混ぜて選ぶことが大切である。

　また、集団に対する絵本の読み聞かせであれば、絵がはっきりしていて遠目がきいて絵と文のバランスが取れている絵本、そして、絵を見ながら耳で聞いて楽しめる絵本が望ましい。読み聞かせの候補としてあげた絵本を実際に図書館などで手に取り、声に出して読んでみて、耳に心地よいと感じられる絵本を選ぶことも重要である。

②読み聞かせの準備
　絵本の読み聞かせの準備として、まず、読み聞かせをする時の参考になるようなことをあらかじめ調べておくなど、充分に作品研究を行っておくことが考えられる。また、あらかじめ最初から最後まで選んだ絵本の黙読や音読を繰り返し行い、内容をしっかり理解しておくと、当日は自信を持って読み聞かせることができる。さらに、複数の作品を読み聞かせる場合は、1冊に

費やす時間を確認し、時間配分について見当をつけておくことが大切である。

③読み聞かせの方法

　集団に向けて、特に絵本の読み聞かせを行う場合には、以下のように絵本の持ち方、ページのめくり方、絵本の見せ方、絵本の読み方について配慮する必要がある［出版文化産業振興財団，2004］。

　絵本の持ち方については、子どもたちの集中を妨げないように、絵本を安定させる持ち方とし、指などで絵が隠れてしまわないように気をつける。

　ページのめくり方については、子どもたちに絵をしっかり見せてからページをめくるようにする。

　絵本の見せ方については、すべての子どもたちが絵を見られるように、本を持つ位置や高さに配慮する。また、本文だけではなく、表紙、見返し、裏表紙なども含めて、絵本のすべてを見せる。

　絵本の読み方については、大げさな感情移入はせずに、表情は変えたりせずに、自然体でゆっくりはっきり心を込めて読む。子どもたちからの途中での質問や呼びかけに対しては、「そうだね」などとお話の流れや周囲に差し支えない範囲で応じる。読み終えたら、子どもたちからの質問や呼びかけに充分に応える。

④読み聞かせ後の対応

　読み聞かせが終わったら、読み聞かせた本をその場に展示し、子どもたちが自由に手に取って一覧できる時間を設けることが望ましい。また、1週間程度、学校図書館に展示し、子どもたちがいつでも読めるようにしておくことも大切である。

　読み聞かせた本、費やした時間、子どもたちからの反応、読み聞かせを行っての反省点などを、その都度、記録しておくと、後日の読み聞かせの参考になる。読み聞かせの実践とその記録を蓄積しておくことは、将来に向けてのより良い読み聞かせにつながる。

(3) 読み聞かせと共有読書

　共有読書(Shared Reading)とは、教員などが子どもたちに本の読み聞かせをしている時に、子どもたちも目の前にある本を使って同時に読むことができるという共同で行う読書のことである。読み聞かせの場合は、各々の子どもの目の前に教員が読み聞かせている本があるわけではない。一方、共有読書では、子どもは各自、その本を手元に持っている。あるいは、教員がパワーポイントなどで本を拡大し、プロジェクターなどを使用し、クラス全員に見えるように提示することも考えられる。いずれにしても子どもたちは、耳と目の両方から読むことができる。

　アレンは、共有読書では、子どもに読み聞かせをしている時に、子どもの目の前に本があるということから、単なる読み聞かせよりも、子どもの読解力を向上させる可能性が高いことを見いだしている[Allen, 2000]。

　GIGAスクール時代の到来で、学校現場では小中学生にひとり一台の端末の配備が進むなか、学校向けの電子書籍定額読み放題(サブスクリプション)サービスを活用して、全校一斉読書活動を実施している小学校の事例がある。東京都荒川区立第一日暮里小学校では、朝の読書の時間に小学1年生が手元のタブレット端末に表示された電子書籍の絵本『てぶくろをかいに』を朗読し、他の児童たちも朗読に合わせて各自のタブレット端末の画面から読みすすめている。さらに、読み聞かせが終わると、挙手して感想を発表し合っている[川村，2022]。

　ひとり一台のタブレット端末の普及により、タブレット端末のなかにある本を活用して共有読書を容易に行うことができる。読み聞かせを行うのは、必ずしも教員ばかりではなく、子どもも行うことができる。今後は、従来の読み聞かせを発展させたものとして、より多くの学校で電子書籍を活用した共有読書に取り組むことが考えられる。

(4) 交流型読み聞かせについて

　日本の読み聞かせと海外の読み聞かせには、大きな違いがあると言われている。すなわち、日本の読み聞かせは「静聴型読み聞かせ」が前提となっており、声を発するのは読み手である教員のみで、聞き手である子どもは静かに

聴くことが求められている。一方、海外の読み聞かせは、「交流型読み聞か
せ」(Interactive Read-aloud)と呼ばれており、読み聞かせの前、途中、および、
後に、読み手と聞き手、または、聞き手同士の交流を行っている。

　交流型読み聞かせにおける「交流」には、聞き手である子どもの方から自然
発生的に生じるものと、教員の方から問いを投げかけることにより、子ども
が教員に反応を返すものの両方がある。交流型読み聞かせでは、フィクショ
ンの絵本やノンフィクションの絵本がよく使用されている[足立，2014]。

　「交流」についてであるが、たとえば読み聞かせ開始前に教員が子どもに本
の書名からどのような内容であるか予想させたり、その本について何か知っ
ていることはないかと尋ねたりする。また、読み聞かせの後に、子どもに読
み聞かせを聞きながら考えたことや感じたことを尋ね、全員で話し合うこと
なども考えられる。

　単なる一方的な読み聞かせで終わらずに、本の感想などを話し合うことに
より、自分とは異なる考え方があることを理解し、さらに他者の意見を参考
にして各自の読みを深めることもできる。

　交流型読み聞かせは、他の人たちとコミュニケーションを図りながら各自
の読みを深めるという点で、意義があると言える。そのようなことから、今
後は日本の学校でも交流型読み聞かせに取り組むことが重要である。

第2節　ブックトーク

(1) ブックトークとは

　ブックトーク(Booktalk)とは、特定のテーマに関する一連の本を主な登場
人物、著者、あらすじなども含めて、順序よく紹介することである。取り上
げる本への直接的な興味だけではなく、関連する本や書物一般について聞き
手の興味を喚起する点に、ブックトークの意義があると言える[松岡，1997]。

　絵本の絵を見せながら、その絵本を最初から最後まで読んで聞かせる読み
聞かせとは異なる。ブックトークは、本のあらすじを紹介し本文の一部分を
読み、「この続きはどうなるのだろう」「その本を読みたい」という聞き手の気
持ちを引き出し、実際に本を読んでもらうことにつなげるものである。

ブックトークには、次のような効果が期待できる［山梨県立図書館, 2015］。

①本を読むきっかけをつくる。
②これまで知らなかった新しいジャンルの本との出会いをつくる。
③紹介した本の著者やテーマなど、本の背景に子どもの目を向けさせる。
④見た目が地味などの理由で、読まれない本の利用を子どもに促す。
⑤ブックトークをする人と子どもの間に親しい関係を作り出す。また、一緒にブックトークを聞いた子ども同士の関係も深める。

　小学校の中学年頃になると、読み聞かせをしてもらうだけではなく、自主的に読書を始めようとする。そこで、特に小学校の中学年以上の子どもにブックトークはおすすめであり、本を手に取るきっかけとなりうる。また、さまざまなジャンルの本を紹介することで、子どもの読書興味の幅も広がることが期待できる。

(2) ブックトークの手順と留意点
①ブックトークをするために日頃から準備しておくこと
　ブックトークをするうえで大切なことは、日頃から本をたくさん読んでおくこと、子どもたちにおすすめしたい本やブックトークに使えるかもしれない本に出会ったら、その本のテーマについて考えながら記録に取っておくことである［ブックトーク実演・ガイドブック編集委員, 2021］。

②テーマを決めること
　たとえば、季節や年中行事、最近の出来事、学校で学習している事柄、家庭や学校での生活に関することなど、あらゆることがブックトークのテーマになりうる。子どもの実情を踏まえて、子どもが興味を持つような楽しいテーマを設定することが望まれる。

③テーマにふさわしい本を選ぶこと
　一回のブックトークで紹介する本の冊数は、時間が30分間くらいであれ

ば5冊あるいは6冊というのが、おおよその目安となる。実際に紹介する冊数よりも多くの冊数を集めておいて、以下のようにジャンル、難易度、および、バランスに留意し、ブックトークのテーマにふさわしい本を選ぶ。

(I)ジャンル

同じテーマを扱った作品について、昔話、伝説、神話、児童小説、詩などのフィクションに加えて、伝記などノンフィクションも含めて、幅広く選ぶ。

(II)難易度

同じ学年であっても子どもたちの読書能力は異なるので、各自の力に合わせて読む本を選べるように、難易度に幅を持たせて選ぶ。

(III)バランス

ブックトークをする本に偏りがないように、たとえば日本の作品の他に外国の作品も入れることなど、バランスを考えて本を選ぶ。

④展開を考えること

子どもの思考の流れを大切にしながら、紹介する本の魅力が印象深く充分に伝わるように、ブックトークの展開について考えることが大切である。たとえば、小学校の低学年ではまだ論理的な思考をほとんどしていないので、フィクションもノンフィクションも同様に楽しむことができる。小学4年生くらいになると、論理的な思考が発達するので、フィクションとノンフィクションを一緒に紹介すると、思考の流れが中断してしまい、本の良さが伝わらなくなってしまう。そのため、小学4年生以上は、フィクションとノンフィクションを前半と後半に分けて紹介するなど、配慮が必要である[金沢・柳, 2022]。

⑤シナリオをつくること

(I)子どもに興味を持たせるように、導入ではテーマについてはっきり伝えること

ブックトークに集中して耳を傾けてくれるように、導入ではテーマについてはっきり伝える。子どもに身近な話題をテーマに結びつけて話し、テーマに合わせた実物を見せるなど、上手に導入する。

たとえば、子どもの発達段階に応じて、以下のように導入に創意工夫をこらす。

・小学校低学年　テーマに関する歌、小道具などから始める。
・小学校中学年　クイズ、挿絵などから始める。
・小学校高学年　エピソード、写真などから始める。

(II) 紹介の際のポイントを決めること

まず、本の魅力を伝えるために、本の何を紹介したらよいのか考える。たとえば、あらすじ、登場人物のキャラクター、事件や出来事、著者、実際に読んだ際の感動などがあげられる。

次に、本のどこを紹介するのか検討する。あらすじを語って聞かせる、紹介したい箇所の文章を読み聞かせる、まえがき・あとがきや目次を紹介するなど、子どもがその本を読もうという気持ちになってくれるように、じっくり考えることが大切である。

(III) 紹介する順序や本と本とのつなぎのことばを決めること

最初と最後には、紹介する本のなかで特にアピールする本を持ってくる。丁寧に時間をかけて紹介する本と簡潔に紹介する本を組み合わせると、単調にならず、子どもたちは気持ちを切り替えて最後までしっかり聞くことができる。本と本とのつなぎ方についてであるが、つなぎのことばを決めることが重要である。前の本の内容を受けて次の本を紹介していくのが、スムーズな展開となりやすい。

⑥事前に練習をすること

手順や留意点、話す内容などを覚え、全体を通して声に出して、繰り返し練習する。全体に要する時間、それぞれの本に要する時間、本と本とのつなぎの言葉などを確認し、必要に応じてシナリオを修正する。子どもに本の世界を味わってもらえるように、スムーズな語り口となるよう練習を重ねる。また、本の見せ方や持ち方を工夫する。

⑦ブックトーク当日にブックリストを配布し、紹介した本が借りられるように用意しておくこと

ブックトーク当日には、紹介した本に関するブックリストを参加者全員に配布する。また、ブックトークの記録として、ブックリストを保管しておくと、後日のブックトークの参考になることが考えられる。

身近な大人が紹介してくれた本に、興味を示す子どもは多い。さらに、ブックトークの時に途中まで読み聞かせてもらった本の続きを、自分でも読んでみようと思うこともありうる。そこで、ブックトークが終わったら、紹介した本が借りられるように、学校図書館などで用意しておくことが大切である。

第3節 ストーリーテリング

(1) ストーリーテリングとは

ストーリーテリング(Storytelling)とは、語り手が昔話や創作童話などのお話を覚え、聞き手に語り聞かせることである。聞き手に絵本の絵を見せながらの読み聞かせとは異なり、ストーリーテリングは語り手があらかじめ物語を覚えておいて、自分の言葉で語るというものである。一般に、ストーリーテリングは、読み聞かせと比べて準備に時間がかかり、また実演するのが難しいとされている。

ストーリーテリングには、次のような効果が期待できる[松岡, 2009]。

①想像力を育てる。
②考える力を育てる。
③聞き手と語り手、あるいは、聞き手同士の人間関係を育てる。
④ことばの力(語彙、語感)を育てる。
⑤お話を楽しむ力を育てる。
⑥字の読めない子どもにも文学を楽しむことを可能にする。

すなわち、ストーリーテリングを通じて、子どもはお話に興味を持つよう

になり、読書に必要な能力を育むことができる。また、語り手と聞き手、聞き手同士の交流が図られ、信頼関係が築かれる。

(2) ストーリーテリングの手順と留意点

①ストーリーテリングをするために日頃から準備しておくこと

　楽しむことができて、ストーリーテリングを実演してみたいと思う物語に出会った時は、タイトル、著者名、出典、実演時間、登場人物、場面、概要、特徴的なフレーズなどを、小型で定型のインデックス・カードなどに記録しておくことが、ストーリーテリングの準備につながる［Steele, 2001］。

②お話を選ぶこと

　効果的で効率的なストーリーテリングを行うためには、昔話など語り手が既に親しんでおり、個人的に好きなお話を選ぶことが、大切である。また、同時に聞き手となる子どもの発達段階や興味にふさわしいお話を選ぶことも重要である。

　これらのことを踏まえたうえで、ストーリーテリングにふさわしいお話とは、以下のとおりである［山梨県立図書館, 2016］。

　（構成）
　・単純でわかりやすいこと
　　時系列で展開していき、登場人物が少なく、各々の人物像をはっきり区別できて、人物関係を把握しやすいお話などが該当する。
　・ストーリーがしっかりしていること
　　起承転結がしっかりした文章であることが大切である。たとえば、時と場所、主人公、課題などが始まりで簡潔に示され、事件や出来事が中盤で展開し、無事に問題が解決されて終わるお話などが該当する。
　（ことばや表現）
　・ことばが単純で簡潔であること
　　必要なことが、無駄のないことばで順序よく語られているお話がふさわしい。

・文章表現がわかりやすいこと
　文章やことばが抽象的ではなく具体的で、語り手も聞き手もイメージしやすいお話であることが大切である。
・文体がお話の内容に合っていること
　それぞれのお話の持つ特徴や雰囲気にふさわしい文章表現であることが望まれる。

　以上のことから、どちらかと言うと昔話は初心者でも語りやすいので、昔話から始めることがおすすめである。よいお話を選ぶためには、普段から幅広く多くの昔話や物語などを読んでおくことが大切である。読むという経験を積み重ねていくことが、結果としてよいお話を選ぶことにつながる。

③お話を覚えること
　よいお話や自分が好きなお話は覚えやすい。覚えるための留意点は、以下のとおりである［Steele, 2001］。
・声に出して繰り返し読んでみて、お話の全体の流れと雰囲気を把握する。
・お話の各場面をイメージして、その場面にふさわしい言葉や言い回しをあてはめる。
・場面にふさわしい身振りや表情などを示せるように、何度も鏡の前で実演する。
・お話の全体がスムーズな運びとなるように、最初から最後まで繰り返し練習する。

④お話を語ること
　実際にお話を語る際の留意点として、以下の2点をあげることができる。
・楽しみながら語ること
　好きなお話を子どもたちに伝えたいという思いを込めて、楽しみながら語る。
・自然体で語ること
　聞き手がイメージできるように、聞き手の反応を見ながら、リラックス

して自然体で語る。

さらに、聞き手に負担をかけないように、以下の4点に心がけることも大切である［金沢・柳，2022］。

・落ち着いた声で、ことばをはっきり発音する。
・聞き手の様子やお話の進み具合によって、お話のテンポや間の取り方を考える。
・語り手は前面に出ず、お話自体を伝えることに重点を置き、素直に語る。
・お話をなるべく中断させないように、努力する。

第4節　読書へのアニマシオン

(1) 読書へのアニマシオンとは

アニマシオン（Animación）は、スペイン語で「活気づけること、元気づけること」という意味である。読書へのアニマシオンとは、読書教育に創造的な遊びの要素を取り入れることにより、子どもたちが本に親しみ読書できるように元気づけることである。実際にスペインのサルト（Sarto, M. M.）が、読書へのアニマシオンとして75の作戦を考え出した。

読書へのアニマシオンの基盤となるのは自由な読書であり、使用する本としては、児童文学や青少年（ヤングアダルト）向け文学、および、子どもにも理解できる詩などがあげられる。作戦は易しいものから難しいものまである。作戦に応じて、使用する本を探さなければならない。ほとんどの作戦では、参加者はあらかじめ決められた本を読んでくることを要求されている［サルト，2001］。

読書へのアニマシオンでは、読んだことについて、自分の意見を発表し話し合うので、コミュニケーション力を育てることができる［有元，2014］。

また、子どもたちがアニマシオンのたびに、読んだ本のことを上手に話し合えるようになってきたこと、そして、アニマシオンで取り上げた本以外の本を自ら読もうとしたことなどは、読書に興味が湧いてきた証拠であると考えられる［サルト，2001］。

読書へのアニマシオンを行う際に、子どもたちの読む力を引き出すために

は、アニマドール（Animador）と呼ばれる仲介役が必要である。アニマドールは、スペイン語で「司会者、世話役、進行役」という意味である。学校のなかではアニマドールとして、教員、司書教諭、学校司書などが考えられる。アニマドールは、子どもたちに発言や答えを促し、子どもたちの反応を注意深く観察し、分析し、子どもたちの意見に耳を傾けることが肝要である。すなわち、子どもたちが自分たち自身の意見を発表し、お互いに話し合うと読みが深まるので、アニマドールの言葉は最小限にして子どもたちの発言を引き出すことである［有元，2014］。

(2) 読書へのアニマシオンの作戦について

　参考までにサルトが考え出した75の作戦のうち、おおよその対象年齢に応じて以下に三つの例を示す［サルト，2001］。

(作戦1)読みちがえた 読み聞かせ

内容　同じ物語を二度読んで聞かせ、二度目に読んだときに、読み間違えたところを見つけ出すことをねらいとした作戦。

参加者　幼児や、まだ文字が充分に読めない子ども向けである。25名でも40名でも参加できる。

ねらい　・読み聞かせに耳を傾け、注意を払う。
　　　　・読み聞かせてもらっていることを理解する。
　　　　・注意力を育てる。

実践方法　子どもたちがあらすじをつかみやすいように、まずアニマドールは選んだ物語をゆっくりと読み聞かせる。次に、アニマドールは、ところどころ言葉を差し替え、登場人物の名前や場面設定などを変えて、二度目の読み聞かせを行う。子どもたちが間違いに気づいたら、その場で声をかけてもらう。

(作戦5)いる？ いない？

内容　脇役も含めた登場人物が、本のなかに出てきたかどうかを見つけ出すことをねらいとした作戦。

参加者　小学校3年生〜6年生向けである。最大で25名〜30名が参加でき

る。

ねらい　・読んだ本の内容を理解する。

　　　　・登場人物を通しての体験を楽しむ。

　　　　・記憶力を引き出す。

　　　　・登場人物を識別できるようになる。

実践方法　アニマドールが作成した人物リストをもとに行う。人物リスト
　　　　には、本のなかに実際に出てきた人物名とアニマドールが作っ
　　　　た架空の人物名を取り混ぜておく。アニマドールは、本のなか
　　　　に出てきた人物に印をつけるように言う。印をつけ終わったら、
　　　　本のなかに誰がいて誰がいなかったか、全員に発言させる。

(作戦 73)この本を好きなわけ、知っていますか？

内容　ある本を読んで味わった喜びを、人に伝える作戦。

参加者　中学生に最適である。中学生になると、それまでに読んだ多くの
　　　　本のなかで心を打たれた本や、とても興味のある本、大好きな本
　　　　があるからである。

ねらい　・本を自分で選ぶ自由を大切にする。

　　　　・人とのコミュニケーションを促す。

　　　　・良い作品を見つけたことを仲間に説明するという行為を、高く
　　　　評価する。

実践方法　アニマドールが、前もって、次回は全員、自分の一番好きな本
　　　　を持ってくるように、また、なぜその本をみんなに薦めたいか、
　　　　理由も考えておくように伝えておく。当日は、ひとりずつ、自
　　　　分が選んだ本について発表する。特に参加者からの質問がない
　　　　場合は、アニマドールが質問して発表者を盛り立てる。

(3) 読書へのアニマシオンの留意点

　前述のように、アニマシオンを考え出したサルトによれば、アニマシオン
のほとんどの作戦で、参加者はあらかじめ決められた本を読んでくることを
要求されている。しかし、前述の(作戦 1)に示すように、幼児や、まだ文字
が充分に読めない子どもであれば、事前に読んでくることを要求せずに、読

み聞かせから始めることもありうる。参加者が事前に読んでおくためには、参加者の人数分の同じ本を用意しなければならず、そのことは必ずしも容易であるとは限らない。そこで、本が1冊あれば読み聞かせをして、その場でアニマシオンを無理なく実施できる方法についても検討が重ねられ、広く紹介されている。

　アニマシオンでは、アニマドールから子どもたちへの働きかけが重要である。たとえば、読み聞かせが終わったら、「どのようなところが面白かった？」「どの場面が好き？」「どの登場人物が好き？」などと問いかけることが大切である。どのような質問をするかについては、本の内容と子どもたちの発達段階に応じて臨機応変に対応することである。また、「何でもよいから感想を言ってごらん」などという問いかけには、戸惑って答えられない子どももいるので、答えられる問いかけをあらかじめ考えておくことが肝要である[有元, 2014]。

第5節　ビブリオバトル

(1) ビブリオバトルとは

　ビブリオバトルとは、「書評を媒介としたコミュニケーションの場づくり手法」であり、簡単に言うと「本の紹介ゲーム」である。ビブリオバトルは大学の研究室で始まったが、現在では大学、高校、中学校、小学校、書店、図書館、一般企業など様々な場所で行われている。また、近年では、読書推進の文脈でビブリオバトルが語られることが多い。

（ビブリオバトルの公式ルール）

　ビブリオバトルの公式ルールは、以下の四つの項目で表現されている[谷口, 2013]。

①発表参加者が読んでおもしろいと思った本を持って集まる。

②順番にひとり5分間で本を紹介する。

③各々の発表の後に参加者全員でその発表に関するディスカッションを2〜3分間行う。

④すべての発表が終了後に「どの本が一番読みたくなったか」を基準とした

投票を参加者全員一票で行い、最多票を集めたものを『チャンプ本』とする。

（ビブリオバトルの実際）

実際にビブリオバトルの参加者は、主催者、発表参加者、聴講参加者の三つに分けられる。ひとりにつき発表5分間とディスカッションを2〜3分間で合計8分間程度の時間を要するため、1回のビブリオバトルは4〜6人程度の発表参加者が適当であると言われている。

発表時間が5分間であるのは、単なる「あらすじ」だけではなく、自分で感じたことやその本を読んだ理由なども含めて、ちょっとした自分史を語れるようにということである。すなわち、ビブリオバトルは「人を通して本を知る」場であるばかりではなく、「本を通して人を知る」場でもある。

すなわち、ビブリオバトルをコミュニティのなかで繰り返し行っていくことで、徐々にコミュニティ内での相互理解を深めていくことができる。

（ビブリオバトルの機能）

以上のことを踏まえて、ビブリオバトルの機能として、主に以下の四つをあげることができる［谷口, 2013］。

①「書籍情報共有機能」：参加者で本の内容を共有できる。
②「スピーチ能力向上機能」：スピーチの訓練になる。
③「良書探索機能」：よい本が見つかる。
④「コミュニティ開発機能」：お互いの理解が深まる。

(2) 学校でのビブリオバトルの事例

小学校、中学校、および、高等学校で行われているビブリオバトルの事例について、以下に述べる。

①小学校での事例

福岡県久山町立久原小学校では、10分間の「朝読書の時間」に子ども自身が学校図書館にある本のなかから紹介する本を自由に選び、ビブリオバトルを行った［西田・小早川, 2015］。

前述の公式ルールとは異なるが、ひとりの持ち時間は、発表が1分30秒間、

発表後のディスカッションが1〜2分間で実施した。好きなページを見せながら好きな理由を伝える低学年、好きな言葉や心に残った文章を紹介する中学年、作者や同じシリーズについても触れる高学年と、発達段階などに応じて発表の仕方も様々であった。各クラスのチャンプ本が決まったら、「全校読書集会」で各クラスの代表が発表した。ビブリオバトルの成果として、読書の幅が広がりチャンプ本を借りる児童が見られたことなど、また、今後の課題として、効果的な発表の内容や方法についての指導が必要であることなどが、あげられた。

②中学校での事例

　福島県郡山市立緑ヶ丘中学校では、国語の授業のなかで「印象に残る説明をしよう―プレゼンテーションをする」(2年国語)という単元でビブリオバトルを行った[班目, 2015]。

　まず、ジャンルは問わず、できるだけ学校図書館にある本のなかから、自分が読んでおもしろかった本やみんなに広めたい本を選んでおくように指示した。また、事前にワークシートに「本の基本情報(書名、著者名、出版社など)」、および、「伝えたいこと(あらすじ・内容、心に残った言葉・文、お薦めの理由など)」の2点をメモさせておいた。ビブリオバトルの実施にあたり、5〜6名の班を作り、順番に5分間の発表、および、3分間のディスカッションを行った。全員が終了後に、投票によりチャンプ本を選ばせた。

　ビブリオバトルは、プレゼンテーションの学習になるばかりではなく、本を紹介するために再読を行うことなどを通じて、多くの生徒の読書意欲を高める効果のあることも示された。

③高等学校での事例

　東京都立杉並総合高等学校では、読書活動推進の一環として、また、身近な人たちとのコミュニケーションのツールとして、ビブリオバトル大会を全学年で開催した[東京都教育委員会, 2022]。

　夏休み期間中に、発表したいお気に入りの本を決め、9月から国語科との協力のもと、現代文の授業も使いながら開催した。まず、身近な人たち6

～7人のグループのなかで、チャンプ本を選ぶ。次に、各クラスで、さらに、オンラインを駆使して学年全体で、チャンプ本を選んだ。その後、全校のチャンプ本を決定した。なお、図書委員が司会進行やタイムキーパーを務めるなど、積極的にビブリオバトルの運営に参加した。ビブリオバトルの成果として、読んでみたい本や手に取ってみたい本ができて、学校図書館への来館者数が増加したことなどがあげられた。一方、ビブリオバトルで発表された本と学校図書館が新着図書として案内している本には乖離のあることがわかった。そのようなことから、生徒たちが実際にどのような本を読んでいるかアンケートを取ることを検討している。

第6節　読書会とリテラチャー・サークル

　読書会とリテラチャー・サークルは、米国で1990年代に広がった読書指導法である。市販されている本を用いていること、読者が自然に行っている読書の過程を教室の実践に持ち込もうとして開発されたことなど、両者には共通点がある[足立, 2013]。

(1) 読書会とは

　読書会とは、その会のメンバーが定期的に集まり、読んだ本について感想や考えたこと、疑問に思ったことなどを話し合う会のことである。読書をグループで行い、他者の感想を聞いてグループのなかで意見を交換することにより、読解力、思考力、表現力などを豊かにすることができる。読書会には、発表会、輪読会、研究会などの形式がある。発表会とは、各自が自由に選んで読んだ本について、感想や意見などを発表する形式である。輪読会とは、同一の本についてグループのメンバーで各々の分担箇所を決め、メンバーが順番に内容に関する解釈などを発表し、みんなで理解する形式である。一方、研究会とは、同一の本を事前に読んでおいて、それについて報告し、助言者の意見を聞く形式となっている[金沢, 2022]。

　日本では、読書会は第二次世界大戦前から行われていた。戦後は、公立図書館では図書館行事の一つとして、また、学校では読書指導の一つの方法と

して、位置付けられている［日本図書館情報学会用語辞典編集委員会，2020］。

　欧米諸国では、読書会について、「ブッククラブ」(book club)、「ブックサークル」(book circle)、「リーダーズ・クラブ」(readers club)など様々な名称が使われている。これらのうち、「ブッククラブ」が世界的に最もポピュラーな表記である。

　読書会(ブッククラブ)は、学校や大学、職場、図書館など、いろいろな場所で行われている。また、対面だけではなく、Zoomなどを活用しオンラインでも実施されている。オンライン読書会の開催により、遠方からでも気軽に参加できるようになった。さまざまな人々が各地から集うことにより、活気のある読書会が期待できる。

　市販されている本を用いた学校で行う読書会の進め方については、大きく以下の三つに分けられる［吉田，2013］。

【学校で行う読書会の進め方について】

①全員が同じ本を読んで語り合う読書会

　読む本があらかじめ決められていて、児童生徒が自分で読む本を選書できないという制約がある。また、全員が同じ読みのレベルではないのに、同じ本を読むことになる。一方、様々な読みの方法をレクチャーする時などには、効果的である。

②教師が選書した数冊の本のなかから各自が選んで読み、語り合う読書会

　あらかじめ教師が選書した数冊のなかから自分にふさわしい本を選び、同じ本を選んだ人たちとチームをつくる。チームのなかで読み進めるための計画を立てて、計画通りに毎回読む分量を読んでいく。読んだ後に話し合うことが前提となっているので、読みながらメモを取り、気になる言葉や疑問に思ったところなどに付箋を貼っておく。チーム全員が主役であり、話し合うために読むので、単に読むということとは、読み方が異なる。

　児童生徒には、どの本を読むか、誰とチームをつくるか、どこまで読むか、どこで話し合うか、どのように話し合うかなど、選択肢が与えられる。

③常に本について語り合うチームを先につくり、そのチームで行う読書会

長期の読書会と言われるものである。教員は読書会で読む本の選書にあたり児童生徒から相談を受けるが、基本的には児童生徒がいろいろなことを決定して行う。校内で常に活動している読書会であるので、選書、読み進めるための計画の策定、読書会の実施などについてスムーズに行うことができる。

　以上のように、学校での読書会の進め方が示されているが、各校の実情に応じてのバリエーションもありうる。また、学年があがるにつれて、読書会の進め方を変えていくということも考えられる。読書したいという児童生徒の気持ちを大切にしながら、個々の読書能力にも配慮し、読書会を柔軟に行うことが肝要である。

(2) リテラチャー・サークルとは

　リテラチャー・サークルとは、1冊の本を小グループでディスカッションを行いながら読み進めていく読書指導法である。

　ダニエルズ(Daniels, Harvey)は、リテラチャー・サークルの公式な定義(11点)について以下のように示している[Daniels, 2002]。

①生徒たちは、自分たち自身の読書資料を選ぶ。

②本の選択に基づいて、小さな暫定的なグループが形成される。

③異なるグループは異なる本を読む。

④グループは読んだことについて話し合うために、定期的に予定通りに会合を持つ。

⑤生徒たちは、自らの読書と話し合いの両方を推し進めるために、記録を取るノートを使う。

⑥話し合いのトピックは生徒から発議する。

⑦グループでの会合は、本についてのオープンな自然な会話をめざしている。

⑧教員は、グループのメンバーでも指導者でもなく、ファシリテーターとして貢献する。

⑨評価は教員の観察、そして、生徒の自己評価によるものである。

⑩陽気さや楽しみの精神が、リテラチャー・サークルを行う空間に広がる。

⑪本を読み終わると、グループ以外のクラスメイトにも読んだ本を紹介し、読書について分かち合う。その後、読む本を新たに選択し、選択した本に基づき新しいグループが生まれる。

そこで、実際にシカゴで行われているダニエルズらのリテラチャー・サークルの手順は、以下の通りである[足立, 2013]。
①教員が生徒に、あるテーマに関する複数の本を紹介する。
②生徒は教員が紹介した本のなかから読みたい本を選ぶ。同じ本を選んだ者同士で3〜5名のグループを作る。
③グループごとに選んだ本の読む範囲を決める。1冊の本を数回に分けて、読み進めていく。
④グループごとに生徒は自分の読む役割を決める。優れた読者が行っている読書を生徒に意識的に行わせるために、役割を決めるのである。各グループ内に同じ役割を担う生徒が他にはいないように留意する。
⑤生徒はそれぞれの役割に基づき、グループで決めた範囲を読む。
⑥役割に基づいて、グループで話し合う。
⑦③〜⑥を何回か繰り返し、1冊の本を読み終える。生徒は毎回異なる役割を担う。
⑧グループで話し合ったことを、クラスに紹介する。

なお、①では教員によるブックトークに加えて、読み聞かせを行うことも考えられる。
　上記の⑤に述べたリテラチャー・サークルにおけるメンバーの役割について、ダニエルズはフィクションの場合とノンフィクションの場合で異なる提言をしている。
　表8.1は、ダニエルズの考え方に基づき、フィクションとノンフィクションに分けて、メンバーの役割を示したものである[Daniels, 2002]。フィクションでは、四つの基本的な役割と四つの任意の役割があげられている。基本的な役割とは、どのグループにも必ず置きたい役割のことであり、任意の役割とは、本の内容やグループの様子によっては置くことが考えられる役割

表8.1　リテラチャー・サークルにおけるメンバーの役割

フィクションのための役割	ノンフィクションのための役割
(基本的な役割)四つ	(基本的な役割)五つ
①コネクター(Connector) 　読んでいることを、自らの生活、経験、他の本、著者などと結びつける。	①コネクター(Connector) 　読んでいる資料と外部の世界とのつながりを見いだす。
②クェスチョナー(Questioner) 　本の登場人物や著者などについて疑問を見つける。	②クェスチョナー(Questioner) 　本のなかに書かれていたことについて、疑問を見つける。
③リテラシー・ルミナリー/パッセージ・マスター(Literacy luminary/ Passage master) 　話し合いができるように、興味深い、わからない、または、重要な段落や節を、取り上げる。	③パッセージ・マスター(Passage master) 　読書会のメンバーが本のなかで興味深い、おもしろい、わからない、または、重要な節に気がつくように、手助けする。
④イラストレーター(Illustrator) 　読んでいる本から浮かぶイメージやビジョンについて、絵を描く。	④ボキャブラリー・エンリッチャー 　(Vocabulary enricher) 　新しい、見聞きしたことのない、重要な言葉など、メンバーが気づいて話し合う必要のある言葉を見つけ、辞書などから定義を書き留めておく。
(任意の役割)四つ ①サマライザー(Summarizer) 　当日の読書の短い要約を用意する。	⑤イラストレーター(Illustrator) 　本に関連しているある種の絵を描くことである。本から得られたアイディアを伝える絵を描くことができる。
②リサーチャー(Researcher) 　著者や描かれた時代など、本に関連したトピックについて調査する。	
③ボキャブラリー・エンリッチャー/ワード・ウィザード(Vocabulary enricher/Word wizard) 　本のなかで特別な意味を持つ少数の言葉、重要な言葉などを取り上げる。	
④トラベル・トレイサー/シーン・セッター(Travel tracer/Scene setter) 　場面の特徴をとらえ、どこで登場人物が行動するかを注意深く追跡する。	

出典）Daniels, Harvey（2002）*Literature Circles: Voice and Choice in Book Clubs and Reading Groups.* 2nd ed. Markham: Pembroke Publishers. をもとに作成

のことである。たとえば、活動的な登場人物が活躍し場面が頻繁に変わるようなフィクションの本であれば、場面と登場人物の行動との関連性について容易に理解できるように、「トラベル・トレイサー／シーン・セッター」という役割を置くことが考えられる。

　一方、ノンフィクションでは五つの基本的な役割のみが置かれており、任意の役割は一つも置かれていない。たとえば、「ボキャブラリー・エンリッチャー」は、フィクションでは任意の役割として位置づけられているが、ノンフィクションでは基本的な役割とされている。重要な、わかりにくい、または、見慣れない言葉に印をつけて、それらの定義を辞書などで調べ、書き留めておくこと、さらには、グループのなかでメンバーがこれらの言葉を見つけ出し話し合うように手助けすることなどが、その役割としてあげられている。ノンフィクションでは、わかりにくい重要な言葉をそのままにしておいては、正確な情報を入手することが難しくなるからである。

　ひとりでは読み通すことが難しい本であっても、グループで役割を分担して読むことによって通読が可能になることが、リテラチャー・サークルの利点の一つである。

(3) 学校での読書会やリテラチャー・サークルの事例
①読書会の事例

　読書が好きな生徒が一定数いるお茶の水女子大学附属中学校では、日常的に生徒と学校司書が本について語り合うことを行っている。夏休み前に全校生徒に配布した「夏読」のリーフレットに、『海の島』(アニカ・トール著、菱木晃子訳、新宿書房、2006)を載せたところ、読書好きな約10名の生徒の間で読まれた。読後の生徒の感想にも手ごたえを感じ、秋の読書週間のイベントの一つとして読書会を計画した。読書会当日のために本を参加者の人数分集める必要があり、複数の公共図書館から借りて用意することができた。

　読書会の参加者は7名であったが、学校図書館で放課後に行った。学校司書が司会を担当した。まず、時代背景、あらすじ、登場人物を確認し、次に、一番好きな登場人物、疑問に思った点、主人公はどのように変化したかについて話し合った。読書会終了後のアンケートでは、「読みが深まった、また読

書会をやってみたい」など肯定的な意見が寄せられた。その後も年に3回の
ペースで読書会を継続している［奥山，2017］。

②リテラチャー・サークルの事例

　大阪府豊中市立豊島小学校では、毎年6年生は広島に修学旅行に出かけて
いる。修学旅行前に全校児童に平和について考えてもらうために、学校司書
が原爆をテーマとした絵本の読み聞かせを各クラスで行っている。特に6年
生には絵本の内容をしっかり把握してもらえるように、リテラチャー・サー
クルの手法を使って以下のように実施した［内川，2017］。

(I)テーマにそった絵本を36人クラスで6グループ（1グループ6名）のため
　に、6種類各6冊を用意する。冊数を確保できるように、公共図書館や
　他校の学校図書館などに協力を要請する。
(II)グループごとに、ひとり1冊、同じ絵本を手渡す。
(III)各グループでは、自分の役割（「思い出し屋」「イラスト屋」「質問屋」「だ
　んらく屋」「ことば屋」など）に従って読み、読んだ内容をお互いに披露し、
　話し合う。

　子どもたちは、自らの役割に基づき、読むための努力をする。ただ漫然と
読むのではなく、さまざまな場面を丁寧に読み進める。話し合いでは、それ
ぞれの役割に応じて読み手として発言し、読み取った内容について交流する
ことができた。このような体験を積み重ねることで、すべての役割を統合し
た「優れた読み手」になることができる。

引用参考文献
足立幸子（2013）「初読の過程をふまえた読書指導—ハーベイ・ダニエルズ「リテラ
　チャー・サークル」の手法を用いて—」『新潟大学教育学部研究紀要　人文・社会
　科学編』第6巻、第1号、pp. 1-16
足立幸子（2014）「交流型読み聞かせ」『新潟大学教育学部研究紀要　人文・社会科学
　編』第7巻、第1号、pp. 1-13

有元秀文(2014)『［新版］子どもが必ず本好きになる16の方法・実践アニマシオン』合同出版

内川育子(2017)「"ふだん使い"の学校図書館から生まれること―子どもの"わくわく"をつかまえたい！―」『学校司書の役割と活動―学校図書館の活性化の視点から―』(金沢みどり編著、学文社、2017、239p.) pp. 114-125

奥山文子(2017)「図書館は安心して本のことを話せる場所―知を分かち合い、読書の喜びを共有する図書館を目指して―」『学校司書の役割と活動―学校図書館の活性化の視点から―』(金沢みどり編著、学文社、2017、239p.) pp. 136-145

金沢みどり(2022)『図書館サービス概論　第2補訂版』学文社

金沢みどり・柳勝文(2022)『児童サービス論　第3版』学文社

川村貴大「子どもの読書、電子化の波　学校向けサブスク続々、紙と併用」『朝日新聞』2022-01-11(夕刊)1面

サルト著、宇野和美訳(2001)『読書へのアニマシオン　75の作戦』柏書房

出版文化産業振興財団(JPIC)編著(2004)『JPICの読む聞かせハンドブック(第6版改訂版)』出版文化産業振興財団

谷口忠大(2013)『ビブリオバトル　本を知り人を知る書評ゲーム』(文春新書901)文藝春秋

東京都教育委員会(2022)「実践事例「オンラインも活用したビブリオバトル大会」(東京都立杉並総合高等学校)」『東京都子供読書活動推進計画　未来を支える読書　読書活動実践事例集』
https://www.kodomo-dokusho.metro.tokyo.lg.jp/tmg/wp-content/uploads/user/jirei/jirei_suginami.pdf (参照 2022-05-23)

西田章子・小早川太美子(2015)「読書会「ビブリオバトル」でつながるチーム久原の輪」『学校図書館』通巻第775号、pp. 27-29

日本図書館情報学会用語辞典編集委員会編(2020)『図書館情報学用語辞典　第5版』丸善出版

ブックトーク実演・ガイドブック編集委員編(2021)『やってみよう！　ブックトーク　～子どもを本の世界に誘うために～』滋賀県教育委員会事務局生涯学習課

班目淑子(2015)「本を語ることはおもしろい！」『学校図書館』通巻第775号、pp. 31-32

松岡享子(1997)「ブックトークの意義とその効果的方法」『こどもとしょかん73』pp. 11-19

松岡享子(2009)『お話とは』新装改訂版(レクチャーブックス・お話入門1)東京子ども図書館

山梨県立図書館編集(2015)『ブックトーク　実践のコツ＆本の選び方』山梨県立図書館

山梨県立図書館編集(2016)『ストーリーテリング　実践のコツ』山梨県立図書館

吉田新一郎(2013)『読書がさらに楽しくなるブッククラブ』新評論

脇明子（2014）『読む力が未来をひらく　小学生への読書支援』岩波書店

Allen, Janet（2000）*Yellow Brick Roads: Shared and Guided Paths to Independent Reading 4-12.* Portland: Stenhouse.

Calkins, Lucy McCormick（2001）*The Art of Teaching Reading.* New York: Longman.

Daniels, Harvey（2002）*Literature Circles: Voice and Choice in Book Clubs and Reading Groups.* 2nd ed. Markham: Pembroke Publishers.

Elley, Warwick B.（1989）'Vocabulary Acquisition from Listening to Stories', *Reading Research Quarterly*, 24（2）, pp. 174-187.

Giorgis, Cyndi（2019）*Jim Trelease's Read-Aloud Handbook.* 8th edition. New York: Penguin Books.

OECD（2010）*PISA 2009 Results: Overcoming Social Background: Equity in Learning Opportunities and Outcomes, Vol.II.* PISA（Paris: OECD Publishing, 2010）, p. 95. Available at:

https://doi.org/10.1787/9789264091504-en（Accessed 13 May 2022）.

Steele, Anitra T.（2001）*Bare Bones Children's Services.* Chicago: American Library Association.

第9章
各教科などにおける学校図書館の活用と読書指導

本章の要点

　学校の中で読書を普及させていくためには、学校生活の中心である各教科などの指導計画の中にも学校図書館の活用を取り入れ、読書指導を行っていくことが重要である。また、各教科などにおいても、学習指導要領で重要視されている言語活動の充実などのために、読書を積極的に取り入れていく必要がある。

　本章では、まず、小学校、中学校、高等学校の学習指導要領とその解説や各種調査などを参照しながら、各教科で学校図書館などを活用し読書指導を行うべき理由について、学力などを向上させることにつながるためであることを示す。次に、国語科をはじめとして、社会科や算数数学などその他の科目においてもどのように学校図書館や読書指導が関わっていくのかを学習指導要領とその解説の記述を通して明らかにしていく。最後に、図書委員会や学校行事など特別活動との関わりという側面からも、学校図書館や読書指導がどのように関連しうるのかを見ていく。

第1節　各教科などで実施することの意義

　学校図書館などを活用し、読書指導をより効果的に実施していくためには、読書に特に関連した学校行事などだけではなく、日常的に各教科などにおいても、実践を行う必要がある。

　例えば、「IFLA/UNESCO学校図書館宣言 1999」（IFLA/UNESCO School Library Manifesto 1999）、そして「IFLA学校図書館宣言（2021）」（IFLA School

Library Manifesto（2021））両宣言ともに、学校図書館の目的として、「学校の使命およびカリキュラムとして示された教育目標を支援し、かつ増進する」ことが挙げられている［UNESCO, 1999; IFLA, 2021］。「学校図書館法」においても、第2条において学校図書館は「学校の教育課程の展開に寄与する」ことが明記されている。「学校図書館ガイドライン」においても、「学校は、学習指導要領等を踏まえ、各教科等において、学校図書館の機能を計画的に利活用し、児童生徒の主体的・意欲的な学習活動や読書活動を充実するよう努めることが望ましい。その際、各教科等を横断的に捉え、学校図書館の利活用を基にした情報活用能力を学校全体として計画的かつ体系的に指導するよう努めることが望ましい」と明記されている［文部科学省，2016］。

　また、2017年、2018年に告示された学習指導要領とその解説を見ると、読書は、「多くの語彙や多様な表現を通して様々な世界に触れ、これを疑似的に体験したり知識を獲得したりして、新たな考え方に出合うことを可能にするものであり、言語能力を向上させる重要な活動」とされている［文部科学省，2017f, p. 83；文部科学省，2017g, p. 83；文部科学省，2018e, p. 123］。

　学習指導要領やその解説において学校図書館は、「学校教育において欠くことのできない基礎的な設備」とされ、読書活動や読書指導の場である「読書センター」としての機能、学習活動の支援や授業の内容を豊かにしてその理解を深める「学習センター」としての機能、児童生徒・教職員の情報ニーズに対応し、情報の収集・選択・活用能力を育成する「情報センター」としての機能を有していることが明記されている［文部科学省，2017f, p. 91；文部科学省，2017g, p. 90；文部科学省，2018e, p. 128］。

　各教科などと学校図書館との関連については、「これからの学校図書館には、読書活動の推進のために利活用されることに加え、調べ学習や新聞を活用した学習など、各教科等の様々な授業で活用されることにより、学校における言語活動や探究活動の場となり、主体的・対話的で深い学びの実現に向けた授業改善に資する役割が一層期待されている」と述べられており［文部科学省，2017f, p. 91；文部科学省，2017g, p. 90；文部科学省，2018e, p. 128］、学校図書館、そして言語活動の一部ともなる読書指導が、重要な位置を学校の各教科などで占めるべきであることが読み取れる。

より具体的には、各学校において、児童生徒の発達の段階を考慮し、「言語能力、情報活用能力(情報モラルを含む。)、問題発見・解決能力等の学習の基盤となる資質・能力を育成していくことができるよう、各教科・科目等の特質を生かし、教科等横断的な視点から教育課程の編成を図るものとする」とされている[文部科学省，2017a, p. 19；文部科学省，2017b, p. 21；文部科学省，2018a, p. 20]。そして、「言語能力の育成を図るため、各学校において必要な言語環境を整えるとともに、国語科を要としつつ各教科・科目等の特質に応じて」、児童生徒の言語活動を充実し、あわせて、読書活動も充実することが指摘されている[文部科学省，2017a, p. 22；文部科学省，2017b, p. 24；文部科学省，2018a, p. 28]。

　そして読書活動については、「学校図書館を計画的に利用しその機能の活用を図り」、児童生徒の「主体的・対話的で深い学びの実現に向けた授業改善に生かすとともに」、児童生徒の「自主的、自発的な学習活動や読書活動を充実すること。また、地域の図書館や博物館、美術館、劇場、音楽堂等の施設の活用を積極的に図り、資料を活用した情報の収集や鑑賞等の学習活動を充実すること」とされている[文部科学省，2017a, p. 23；文部科学省，2017b, p. 24；文部科学省，2018a, p. 29]。

　読書と関連する調査として、国際学習到達度調査(Programme for International Student Assessment、以下PISA)は、しばしば各教科についての議論の中において取り上げられている。数学的リテラシー、科学的リテラシーに加え、読解力がこの調査の中にあり、2018年の定義では、「自らの目標を達成し、自らの知識と可能性を発達させ、社会に参加するために、テキストを理解し、利用し、評価し、熟考し、これに取り組むこと」が読解力とされている。具体的には、以下の能力を測定することを目指している[文部科学省・国立教育政策研究所，2019]。

①情報を探し出す
　　―テキスト中の情報にアクセスし、取り出す
　　―関連するテキストを探索し、選び出す
②理解する

一字句の意味を理解する

　　一統合し、推論を創出する

　③評価し、熟考する

　　一質と信ぴょう性を評価する

　　一内容と形式について熟考する

　　一矛盾を見つけて対処する

　これらの能力は、「言語活動の充実」といった学習指導要領の内容ともリンクしていくものと言える。

　このように、学校図書館や読書指導が各教科などの実践に取り込まれていくべきことがさまざまなレベルで述べられているが、実際にその効果がどのようなものであるかについては、以下のような指摘がなされている。

　浜銀総合研究所は［浜銀総合研究所, 2017］、子どもに対して読書活動が及ぼす影響について、大きく「学力的側面」と「心理的側面」の二つの側面から整理し、「論理的思考」、「意欲・関心」、「意思伝達」、「状況把握・動揺対処」、「視点獲得」、「他者理解」、「人間関係」、「現在の充実感」、「将来展望」の九つの観点について、読書時間や読書量との関連性を検討している。その結果、特に小学生においては多くの観点と読書時間や読書量に正の関連性が見られること、特に「論理的思考」、「人間関係」については、小学生・中学生・高校生ともに、正の関連性があることを指摘している。これは、学年や性別といった個人属性や家庭の蔵書数といった家庭環境の違い、また、ゲームや塾など普段他の活動にかけている時間の違いを考慮しても見られる。さらに、個人のみでなく、学校単位での分析も行うと、「小学生・中学生の段階では、学校において読書活動推進に関する体制を整備し、取組等を実施することが、児童・生徒の読書活動を実際に促進し、さらには、意識・行動等の水準向上に寄与する可能性が高いことが示された」としている。

　PISA2018の日本についての結果の分析においても、「読書を肯定的にとらえる生徒や本を読む頻度が高い生徒の方が、読解力の得点が高い。中でも、フィクション、ノンフィクション、新聞をよく読む生徒の読解力の得点が高い」ことが示されている。また、「②理解する」能力については、安定的に高い

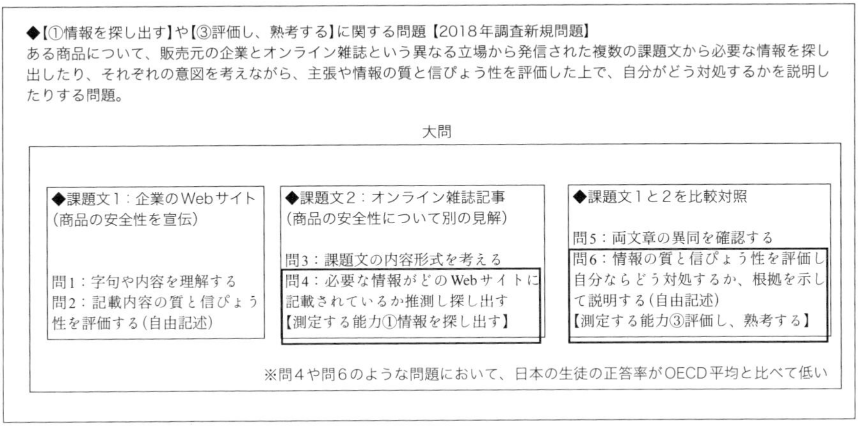

◆【①情報を探し出す】や【③評価し、熟考する】に関する問題【2018年調査新規問題】
ある商品について、販売元の企業とオンライン雑誌という異なる立場から発信された複数の課題文から必要な情報を探し出したり、それぞれの意図を考えながら、主張や情報の質と信ぴょう性を評価した上で、自分がどう対処するかを説明したりする問題。

大問

◆課題文1：企業のWebサイト
（商品の安全性を宣伝）

問1：字句や内容を理解する
問2：記載内容の質と信ぴょう性を評価する（自由記述）

◆課題文2：オンライン雑誌記事
（商品の安全性について別の見解）

問3：課題文の内容形式を考える
問4：必要な情報がどのWebサイトに記載されているか推測し探し出す
【測定する能力①情報を探し出す】

◆課題文1と2を比較対照

問5：両文章の異同を確認する
問6：情報の質と信ぴょう性を評価し自分ならどう対処するか、根拠を示して説明する（自由記述）
【測定する能力③評価し、熟考する】

※問4や問6のような問題において、日本の生徒の正答率がOECD平均と比べて低い

図9.1　日本の生徒の正答率が低い問題の一例
出典）文部科学省・国立教育政策研究所（2019）「OECD 生徒の学習到達度調査2018年調査（PISA2018）のポイント」https://www.nier.go.jp/kokusai/pisa/pdf/2018/01_point.pdfより作成

が、「①情報を探し出す」能力、「③評価し、熟考する」能力については、2009年調査結果と比較すると、平均得点が低下している。さらに、「自由記述形式の問題において、自分の考えを根拠を示して説明することに、引き続き課題がある。誤答には、自分の考えを他者に伝わるように記述できず、問題文からの語句の引用のみで説明が不十分な解答となるなどの傾向が見られる」と指摘されている（図9.1）。こういった事項を踏まえた施策の一つとして、以下の二点からなる「読解力等の言語能力の確実な育成」が挙げられている［文部科学省・国立教育政策研究所，2019］。

①小中高等学校を通じた国語科における指導の充実
・文章を正確に理解するために必要な語彙、情報の扱い方の確実な定着（辞書や事典の活用等）。
・「読むこと」の指導における㋐文章の構成や論理の展開、表現の仕方を捉え内容を解釈すること、㋑文章と図表の関係を踏まえて内容を理解すること、㋒文章を読んで理解したことに基づいて自分の考えをもち表現することの重視。

・多様な文章を読んで考えたことを話し合ったり、文章にまとめたりする
　などの言語活動の重視。
②言語能力の育成に向けたカリキュラム・マネジメントの充実
・グラフや図表を読む、実用的な文章(新聞や広報誌等)に触れる等の機会
　の充実や各教科等の学習を支える語彙の確実な習得(辞書や事典の活用
　等)のための各教科等の特質に応じた言語活動等の充実。
・総合的な学習(探究)の時間や理数探究等における論文、レポート等を重
　視した言語活動の充実。
・朝の読書活動等による読書習慣の定着や学校図書館の整備・活用等の言
　語環境の整備。

　以上のように、各教科などでの学校図書館の活用や読書指導の実践は非常
に意義のあることであり、今後ますます推進されるべきであると、度々指摘
されている。

第2節　各教科における指導と実践

(1) 現場からみる学校図書館や読書指導の位置付け

　それでは実際に、学校図書館や読書指導について現場の教員はどのように
考えているのだろうか。野口は[野口, 2013]、「教科の学習に関連した本を紹
介すること」、「批評文の書き方を指導すること」、「学校図書館の計画的利用
を指導すること」など10の指導内容について意識、関心、実施の程度などを
尋ね、神奈川県立の高校の教員1,768人から有効回答を得ている。その結果、
(1)教科の学習に関連した本を紹介することが最も読書指導とみなされ実施
も行われている一方、批評文や読書感想文の書き方はあまりそのように認識
されていないこと、(2)経験などの要因に加え、国語科の教員であるかどうか
によって読書指導についての意識、関心、実施に差があることなどが明らか
となった。
　吉澤・平久江は[吉澤・平久江, 2017]、「図書館経営」、「図書館奉仕」、「読書
指導」、「教科等指導」の四つの大枠からなる37職務に対し、どの程度司書教

論・学校司書に要望するかについて尋ね、3県9自治体の市立小中学校180校の国語科と社会科の主任合計324人から有効回答を得ている。その結果、(1)全体的に利用は十分ではないが、中学校に比べ小学校における利用や図書館担当者への相談が多いこと、(2)レファレンス、利用指導(オリエンテーション)、読書案内・指導、情報・資料の提供などといった職務が求められる一方、企画・立案、授業の実施、評価などといった教員と密接に関わる職務については相対的に求められていないこと、(3)読書指導と教科指導を必ずしも分けて考えていないこと、(4)学校図書館への期待はあるものの、業務の負担増や身分の不安定さに対する危惧を持っていることを明らかにした。

　また、授業の事例を用いて検討した研究もある。東京学芸大学の学校図書館運営専門委員会が作成している、日本最大級の学校図書館活用事例紹介データベースである『授業に役立つ学校図書館活用データベース』(http://www.u-gakugei.ac.jp/~schoolib/htdocs/)の実践事例を分析した宮田らの研究を、ここでは概観する[宮田ら, 2018]。この研究では、2017年8月23日までにデータベースに登録された279事例に対して調査を行い、どの学年の、どのような科目のどのような単元で、どのような主題や形態の図書が、どのように利用されているのかを検討している。結果としては、(1)教科と紹介されている図書の主題(日本十進分類法による)の間には緩やかな対応関係があるが、特定の分類に偏ることは必ずしもなく、一つの授業でも多様な主題の図書が使われていること、(2)提供された図書の過半数は出版から10年以内であるが、図工・美術・工芸・書道は比較的古い本が使われるなど、教科による差が一部あること、(3)小学校と中学校の間で、提供される図書のページ数が大きく増加していることが示されている。さらに、(4)提供の仕方としては、図書の提供や展示をはじめとする「貸出・展示」、授業計画・実施にまで関わるなどの「授業関与」、ブックリストなどの準備である「資料・教材整備」、児童生徒が作業をするための場所や検索ツールの準備や、読み聞かせの実演者のコーディネートなどの「環境整備・調整」、授業後図書館に関連コーナーを作るなどの「授業後の展開」の五つが言及されていること、などが明らかとなった。

　これらの研究から、国語科が中心となって学校図書館の利用や読書指導に

ついては行われていること、読書指導と学習指導は必ずしもわけて考えられていないこと、また、多様な図書が実際の各教科の授業のサポートの中では利用されていることなどが見えてくる。こうした研究や実践がある中で、学習指導要領とその解説の記述から、それぞれの教科や科目等で具体的にどのように指導を行うのかについて見ていく。

(2) 国語

　国語科は、上記のように、最も学校図書館を用いた指導や読書指導が行われている。学習指導要領やその解説においても、上記のように言語能力の育成は一つの柱となっており、「国語科を要とし」て言語活動の充実、そして読書活動を充実することが述べられている。

　国語科で育成を目指す資質・能力は、「国語で正確に理解し適切に表現する資質・能力」と規定され、学習指導要領における柱となる「知識及び技能」、「思考力、判断力、表現力等」、「学びに向かう力、人間性等」から整理されている。そしてこの三つの柱に沿った資質・能力の整理から、内容を以下の2領域で構成する形となっている［文部科学省，2017c, pp. 6-7；文部科学省，2017d, pp. 6-7；文部科学省，2018c, pp. 6-7］。

〔知識及び技能〕
(1)言葉の特徴や使い方に関する事項
(2)情報の扱い方に関する事項
(3)我が国の言語文化に関する事項

〔思考力、判断力、表現力等〕
A話すこと・聞くこと
B書くこと
C読むこと

　この中で読書については、国語科の「学習が読書活動に結び付くよう〔知識及び技能〕に「読書」に関する指導事項を位置付けるとともに、「読むこと」の領

域では、学校図書館などを利用して様々な本などから情報を得て活用する言語活動例を示した」［文部科学省，2017c, p. 10；文部科学省，2017d, p. 10；文部科学省，2018c, p. 14］、とあるように、二つの点から定義されている。

　まず、前者の〔知識及び技能〕における読書、特にその意義や効用などについては、「読書は、国語科で育成を目指す資質・能力をより高める重要な活動の一つである。自ら進んで読書をし、読書を通して人生を豊かにしようとする態度を養うために」、国語科の学習が読書活動に結び付くよう発達の段階などに応じて系統的に指導することが求められる［文部科学省，2017c, p. 26；文部科学省，2017d, p. 25；文部科学省，2018c, p. 40］、と述べられている。例えば、高校の国語の各科目においては、以下のように多様な読書の意義と効用が述べられている。

　　　「現代の国語」では、実社会との関わりを考えるための読書の意義と効用、「言語文化」では、我が国の言語文化への理解につながる読書の意義と効用、「論理国語」では、新たな考えの構築に資する読書の意義と効用、「文学国語」では、人間、社会、自然などに対するものの見方、感じ方、考え方を豊かにする読書の意義と効用、「国語表現」では、自分の思いや考えを伝える際の言語表現を豊かにする読書の意義と効用、「古典探究」では、先人のものの見方、感じ方、考え方に親しみ、自分のものの見方、感じ方、考え方を豊かにする読書の意義と効用について理解を深めることを示している［文部科学省，2018c, p.40］。

　〔思考力、判断力、表現力等〕の「C読むこと」においては、構造と内容の把握、精査・解釈、考えの形成、共有が共通の指導事項として挙げられている。そして、そうした事項を指導するための言語活動の例として、説明的な文章、論理的な文章、文学的な文章を読む活動、本などから情報を得て活用する活動が挙げられている［文部科学省，2017c, p. 36；文部科学省，2017d, p. 36；文部科学省，2018c, p. 55］。最後に挙げられた、本などから情報を得て活用する活動においては、学校図書館や地域の図書館を利用することが述べられている。

こういった指導における配慮事項として、児童生徒の「読書意欲を高め、日常生活における読書活動につながるよう配慮することが重要である」こと、また、「国語科における読書の指導は、国語科以外の、学校の教育活動全体における読書の指導との密接な連携を図っていく必要がある。他教科等における読書の指導や学校図書館における指導、全校一斉の読書活動などとの関連を考慮した指導計画を作成することなどが求められる」ことなど［文部科学省, 2017c, p. 157；文部科学省, 2017d, p. 135］、国語という授業の中のみで読書を終わらせてはいけないことが述べられている。特に、高校の解説においては、「読書、文字・活字文化に関する配慮事項」として「生徒の読書意欲を喚起し、読書の幅を一層広げ、読書の習慣を養うとともに、文字・活字文化に対する理解が深まるようにすること」が述べられている。これについては、以下の通りに続けて記述されている［文部科学省, 2018c, p. 279］。

　　読書は、国語科で育成を目指す資質・能力をより高める重要な活動の一つである。一方、高校生の読書活動については、小・中学生に比べて近年極めて低調であることが指摘されている。このため、今回の改訂では、読書に関連する事項を全ての科目の〔知識及び技能〕に位置付けている。〔知識及び技能〕の「読書」に関する事項及び〔思考力、判断力、表現力等〕の各領域の指導を通して、生徒の読書意欲を喚起し、読書の幅を一層広げ、読書の習慣を養うことが重要である。

　　読書の幅を広げるには、生徒自らが学校図書館の司書や司書教諭、地域の図書館の司書などによる適切な助言を受けることが有効である。そのためには、広く関係する機関と連携して指導することが必要となる。

　　読書の幅を広げ、読書の習慣を養うことは、生徒個人の人間性を培うばかりでなく、書物から知識や情報を収集し活用する資質・能力を身に付ける基盤ともなる。今後ますます情報化が進展する社会において、よりよく生きるために、読書の幅を広げ、読書の習慣を養うことの重要性は一層高まっていくことを認識する必要がある。

読書活動の低調さから高校における読書指導が特に重要であるとされ、学

校図書館との連携もその中で重要視されていることがわかる。

　以上のように、国語科においては、「読書」と「読むこと」という二つの内容において読書が登場し、特に後者においては読書指導を行う場所としての学校図書館が重要視されている。

(3) 社会

　社会科も学校図書館の利用が多い教科の一つである。学習指導要領やその解説においても、資料の収集などのための場所として、地域の公共施設、コンピュータや情報通信ネットワークなどと並んで学校図書館が挙げられている[文部科学省，2017a, pp. 62-63；文部科学省，2017b, pp. 63-64；文部科学省, 2018a, pp. 78, 90]。

　読書指導についても、例えば、「知識及び技能」、「思考力、判断力、表現力等」、「学びに向かう力、人間性等」の三本の柱のうち、「知識及び技能」については、「社会的事象等に関する知識」と「社会的事象等について調べまとめる技能」が内容として挙げられている。その中で、技能については、具体的な例が三つに分けてまとめられている[中央教育審議会教育課程部会社会・地理歴史・公民ワーキンググループ，2016]。一つめは、情報手段の特性や情報の正しさに留意しつつ、調査活動や諸資料などの手段を考えて課題解決に必要な社会的事象等に関する「情報を収集する技能」である。二つめは、情報全体の傾向を踏まえる、必要な情報を選ぶ、複数の情報を見比べ結び付ける、資料の特性に留意するといった社会的な見方・考え方に沿って「情報を読み取る技能」である。最後に、情報を受け手に向けた分かりやすさに留意しつつ、基礎資料として、あるいは分類整理して課題解決に向けて「情報をまとめる技能」である。

　国語科の学習指導要領解説で挙げられていたように、「読書とは、本を読むことに加え、新聞、雑誌を読んだり、何かを調べるために関係する資料を読んだりすることを含んでいる」とすると[文部科学省，2017c, p. 26；文部科学省，2017d, p. 25；文部科学省，2018c, p. 40]、これらの多くを行うためには、読書指導が必要となってくる。具体的に結び付けた指導としては、「情報を収集する技能」を育成するために、「映像、読み物や紀行文、旅行経験者の体験

記など」さまざまな読書資料を学校図書館や学級文庫に揃えておくこと、「情報を読み取る技能」を育成するために、「異なる情報を見比べ（時期や範囲の異なる地域の様子など）たり、結び付け（地形条件と土地利用の様子など）たりして読み取る」、「同一の事象に関する異種の資料（グラフと文章など）の情報を見比べたり結び付けたりして読み取る」、「同種の資料における異なる表現（複数の地図、複数のグラフ、複数の新聞など）を見比べたり結び付けたりして読み取る」といった方法について指導することなどが挙げられる。

(4) 算数数学

　算数数学は、必ずしも図書館の利用や読書指導と結びつくことが多い教科ではないとされている。だが、学習指導要領解説において、「身の回りの事象について、統計的な問題解決の方法で考察していくことでその方法への理解を深めるとともに、目的に応じてデータを収集したり適切な手法を選択したりするなどについて理解」するための例として、「図書の貸し出し状況について調べたい場面」を用いている。たとえば、「貸し出し状況の何を調べ、その結果どうしたいのか」ということにより、「データの収集や手法の選択が異なってくる」ことを示すこと［文部科学省，2017e, p. 309]、など日常の事象や社会の事象を数理的に捉えるきっかけの場として図書館を用いることが示されている。

　また、「思考力、判断力、表現力等を育成するため、各学年の内容の指導に当たっては、具体物、図、言葉、数、式、表、グラフなどを用いて考えたり、説明したり、互いに自分の考えを表現し伝え合ったり、学び合ったり、高め合ったりするなどの学習活動を積極的に取り入れるようにすること」［文部科学省，2017a, p. 92]、「思考力、判断力、表現力等を育成するため」、「数学的な表現を用いて簡潔・明瞭・的確に表現したり、数学的な表現を解釈したり、互いに自分の考えを表現し伝え合ったりするなどの機会を設けること」［文部科学省，2017b, p. 92；文部科学省，2018a, p. 102]、といった言語活動を充実させることも挙げられている。言語活動の前提となる図やグラフなどデータの読み取りや整理においては、社会科と同様に読書指導との関連がある。

(5) 理科

　理科については、学習指導要領には「博物館や科学学習センター」や、「大学や研究機関」などと連携、協力を図ることが述べられているが[文部科学省, 2017a, p. 111；文部科学省, 2017b, p.97；文部科学省, 2018a, p. 130]、図書館について直接は触れられていない。中学校の解説においては、「課題を設定させ、調査等に基づいて、自らの考えをレポートなどにまとめさせたり、発表や討論をさせたりする。調査の際には、課題を解決するための情報を収集するために、図書館、博物館などの社会教育施設や、情報通信ネットワークなどを活用することが考えられる」[文部科学省, 2017j, p. 85]、といった形で図書館の名称は登場する。しかし、学校図書館よりも公立図書館をイメージしたものと考えられる。

　だが、「問題を見いだし、予想や仮説、観察、実験などの方法について考えたり説明したりする学習活動、観察、実験の結果を整理し考察する学習活動、科学的な言葉や概念を使用して考えたり説明したりする学習活動などを重視することによって、言語活動を充実させるようにすること」が示されている[文部科学省, 2017a, p. 110]。また、「学校や生徒の実態に応じ、十分な観察や実験の時間、課題解決のために探究する時間などを設けるようにすること。その際、問題を見いだし観察、実験を計画する学習活動、観察、実験の結果を分析し解釈する学習活動、科学的な概念を使用して考えたり説明したりする学習活動などが充実するようにすること」[文部科学省, 2017b, p. 97]、「問題を見いだし観察、実験などを計画する学習活動、観察、実験などの結果を分析し解釈する学習活動、科学的な概念を使用して考えたり説明したりする学習活動などが充実するようにすること」[文部科学省, 2018a, p. 130]、といった言語活動の充実を図ろうとしている。そのようなことから、さまざまな資料やデータの読み取りが必要となってくるため、ここでもそうした資料を揃える学校図書館、そしてそれを読み解くための読書指導は必要であると言える。

(6) 外国語

　外国語は、「聞くこと」、「読むこと」、「話すこと[やり取り]」、「話すこと[発

表]」、「書くこと」の五つの領域が設定されており、特に小学第5学年から設定されている「読むこと」は、読書と密接に関連がある。

「読むこと」は、「「外国語活動・外国語の目標」の学校段階別一覧表」にあるように［文部科学省，2018b］、小学校では、「ア 活字体で書かれた文字を識別し、その読み方を発音することができるようにする。イ 音声で十分に慣れ親しんだ簡単な語句や基本的な表現の意味が分かるようにする」。中学校では、「ア 日常的な話題について、簡単な語句や文で書かれたものから必要な情報を読み取ることができるようにする。イ 日常的な話題について、簡単な語句や文で書かれた短い文章の概要を捉えることができるようにする。ウ 社会的な話題について、簡単な語句や文で書かれた短い文章の要点を捉えることができるようにする」。高等学校では、「ア 日常的な話題について、使用される語句や文、情報量などにおいて、多くの支援を活用すれば、必要な情報を読み取り、書き手の意図を把握することができるようにする。イ 社会的な話題について、使用される語句や文、情報量などにおいて、多くの支援を活用すれば、必要な情報を読み取り、概要や要点を目的に応じて捉えることができるようにする」。といった目標が設定されている。これらを考慮し、また、学校や児童生徒の実態に合わせつつ、学校図書館では資料を揃えていく必要がある。

(7) その他

その他の教科としては、家庭、音楽、保健体育、美術、技術・家庭、情報、道徳、総合的な学習(探究)の時間などが挙げられる。これらの教科においても、「言語活動の充実」などと関連して学校図書館や読書指導は重要な位置づけを与えられている。

学校図書館については、例えば、美術においては、「学校における鑑賞の環境づくり」として、「生徒が造形的な視点を豊かにもつことができるよう、生徒や学校の実態に応じて、学校図書館等における観賞用図書、映像用資料等の活用を図ること」と述べられている［文部科学省，2017b, p. 114］。情報においては、「書籍やデジタルメディアなどの情報と情報手段を合わせて利用できるようにした学校図書館を、学習情報センターとして生徒の主体的な学習

活動に役立てていけるように整備を図り活用していくことが必要である」と述べられている[文部科学省，2018d, pp. 15-16]。

　また、読書については、例えば、道徳においては、児童生徒の「発達の段階や特性、地域の実情等を考慮し、多様な教材の活用に努めること。特に、生命の尊厳、自然、伝統と文化、先人の伝記、スポーツ、情報化への対応等の現代的な課題などを題材とし」、児童生徒が「問題意識をもって多面的・多角的に考えたり、感動を覚えたりするような充実した教材の開発や活用を行うこと」[文部科学省，2017a, p. 171；文部科学省，2017b, p. 175]、教科書以外にも副読本や読み物教材を用いることが示されている。そして、「教材から読み取れる価値観を一方的に教え込んだり、登場人物の心情理解に偏ったりした授業展開とならないようにする」こと[文部科学省，2017h, p. 83；文部科学省，2017i, p. 82]、といったことが指導内容として述べられている。

　総合的な学習(探究)の時間については第10章で詳しく述べる。

第3節　特別活動などにおける指導と実践

(1) 図書委員会

　図書委員会は特別活動において、小学校では「児童会活動」、中学校・高等学校では「生徒会活動」の一環として位置づけられる。学習指導要領において特別活動の児童会活動、生徒会活動は、「異年齢の」児童生徒「同士で協力し、学校生活の充実と向上を図るための諸問題の解決に向けて、計画を立て役割を分担し、協力して運営することに自主的、実践的に取り組むことを通して」、人間関係形成、社会参画、自己実現といった資質・能力を育成することを目指すと位置付けられている[文部科学省，2017a, p. 185；文部科学省，2017b, p. 164；文部科学省，2018a, p. 479]。また、「学校図書館ガイドライン」でも、「図書委員等の児童生徒が学校図書館の運営に主体的に関わることも有効である」とされている[文部科学省，2016]。

　こうした記述を考慮すると、図書委員会は、単なる教員の手伝いを受動的に行う当番とするのではなく、司書教諭や学校司書などの学校図書館担当教職員が年間計画を立てつつも、「自主的」「主体的」に児童生徒が活動できるよ

うにしていくことが必要となる。そのためには、学校図書館の利用者である児童生徒の目線を尊重し、図書館運営を協働しつつ行うことを意識していく。

　具体的な図書委員会の作業としては、貸出や返却の手続き、返却された本の配架、書架の整理、館内の展示物や掲示物の作成、貸出数や利用者数などの図書館統計の記録、次項でみていく図書館行事の運営などが挙げられる［全国学校図書館協議会，2021，pp. 236-237；前田・堀川，2021，pp. 227-229］。特に読書指導に関わる作業としては、館内の特集コーナーのための展示の作成や図書館だよりにおける図書の推薦文の寄稿などである。それらを見たり読んだりする児童生徒にとって、自分たちと同じ目線からの紹介は親しみが持ちやすい。また作成した委員自身も、人に伝えていく作業を通じて、達成感や読書についての学びを得ることができる。そして、そうした活動を次の世代の委員にも伝えていくことができれば、より活発な活動がなされ、学校全体での読書への取り組みが前向きになっていく。

(2) 図書館行事

　図書館行事については、図書館オリエンテーション、運動会や修学旅行などの学校行事との連携によるもの、読書週間などの読書に特に関連した行事の三つを見ていく。

　まず、図書館オリエンテーションは、新学期に行われる行事で、学校図書館はどのような機能を持っており、どのように使うことができるのかということを児童生徒に伝えるものである。児童生徒が図書館にふれる最初の機会となることも多く、その後の図書館に対する姿勢を決定づける面もあるため、特に注意して行う。図書館に関するクイズなどを挟み、理解を促すことも効果的である。

　次に、学校行事については、「全校若しくは学年又はそれらに準ずる集団で協力し、よりよい学校生活を築くための体験的な活動を通して、集団への所属感や連帯感を深め、公共の精神を養いながら」、図書委員会活動と同様の資質・能力を育成することを目指すものである［文部科学省，2017a，pp. 186-187；文部科学省，2017b，p. 164；文部科学省，2018a，p. 480］。必ずしも直接には読書指導や図書館と関係しない行事にも、積極的な関わり合いを持って

いくことが、関係する教職員においては必要とされる。例えば、運動会ならばスポーツや健康に関係する、修学旅行ならば修学旅行先に関係する資料を取り上げる。そして、それらの掲示や展示を作成することだけでなく、学校行事後における振り返りのための調べ学習で用いることができるように準備することや、関連するレファレンスを受け付けることなども考えられる。また、ノーベル賞や防災の日など、その時々の世の中の出来事に合わせた展示やイベントも行うと、児童生徒の読書への意欲を高めることに繋がる。

図9.2　2022年の読書週間のポスター
出典）読書推進運動協議会（2022）「こどもの読書週間素材集　ポスター」http://www.dokusyo.or.jp/jigyo/kodomo/kodomosozai.htm

　最後に、読書に特に関連した行事については、4月23日の子ども読書の日とその後3週間のこどもの読書週間、10月27日の文字・活字文化の日とその後2週間の読書週間、11月1日の本の日などがある。学校図書館を担当する教職員だけでなく他の教職員、児童生徒の図書委員会、さらには保護者などのボランティアなどと連携をとり全校的な行事となるよう、あらかじめ年度始めに学校の年間計画の中に行事として織り込んでおくことが望まれる。また、こどもの読書週間や読書週間などを実施する読書推進運動協議会では、ポスターなどの各種素材をWebサイト上（http://www.dokusyo.or.jp/index.htm）で提供している（図9.2）。新聞や地域の公立図書館でも特集が組まれることが多いため、こうした学校外の組織とつながりを持ち、児童生徒に読書についてさまざまな場所で触れさせることも必要である。

引用参考文献

全国学校図書館協議会監修(2021)『司書教諭・学校司書のための学校図書館必携：理論と実践 新訂版』悠光堂

中央教育審議会教育課程部会社会・地理歴史・公民ワーキンググループ(2016)「社会・地理歴史・公民ワーキンググループにおける審議の取りまとめについて(2)」、https://www.mext.go.jp/component/b_menu/shingi/toushin/_icsFiles/afield-file/2016/09/12/1377052_02_1.pdf(参照2022-06-08)

野口久美子(2013)「教員の読書指導への意識や実態を踏まえた学校図書館の支援のあり方：高等学校を対象とした調査をもとに」『日本図書館情報学会誌』Vol. 59、No. 2、pp. 61-78

浜銀総合研究所(2017)『平成28年度　子供の読書活動の推進等に関する調査研究―調査報告書―』https://www.mext.go.jp/content/20210610-mxt_chisui02-000008064_2801.pdf(参照2022-06-08)

前田稔、堀川照代(2021)『学校図書館サービス論』放送大学教育振興会

宮田玲、矢田竣太郎、浅石卓真(2018)「学校図書館の教員サポートにおける授業に関連した資料提供の事例分析」『日本図書館情報学会誌』Vol. 64、No. 3、pp. 115-131

文部科学省(2016)「別添1「学校図書館ガイドライン」」https://www.mext.go.jp/a_menu/shotou/dokusho/link/1380599.htm(参照2022-06-08)

文部科学省(2017a)「小学校学習指導要領(平成29年告示)」https://www.mext.go.jp/content/1413522_001.pdf(参照2022-06-08)

文部科学省(2017b)「中学校学習指導要領(平成29年告示)」https://www.mext.go.jp/content/1413522_002.pdf(参照2022-06-08)

文部科学省(2017c)「【国語編】小学校学習指導要領(平成29年告示)解説」https://www.mext.go.jp/component/a_menu/education/micro_detail/__icsFiles/afield-file/2019/03/18/1387017_001.pdf(参照2022-06-08)

文部科学省(2017d)「【国語編】中学校学習指導要領(平成29年告示)解説」https://www.mext.go.jp/component/a_menu/education/micro_detail/__icsFiles/afield-file/2019/03/18/1387018_001.pdf(参照2022-06-08)

文部科学省(2017e)「【算数編】小学校学習指導要領(平成29年告示)解説」https://www.mext.go.jp/component/a_menu/education/micro_detail/__icsFiles/afield-file/2019/03/18/1387017_001.pdf(参照2022-06-08)

文部科学省(2017f)「【総則編】小学校学習指導要領(平成29年告示)解説」https://www.mext.go.jp/component/a_menu/education/micro_detail/__icsFiles/afield-file/2019/03/18/1387017_001.pdf(参照2022-06-08)

文部科学省(2017g)「【総則編】中学校学習指導要領(平成29年告示)解説」https://www.mext.go.jp/component/a_menu/education/micro_detail/__icsFiles/afield-file/2019/03/18/1387018_001.pdf(参照2022-06-08)

文部科学省(2017h)「【道徳編】小学校学習指導要領(平成29年告示)解説」https://www.mext.go.jp/component/a_menu/education/micro_detail/__icsFiles/afield-file/2019/03/18/1387017_001.pdf(参照2022-06-08)

文部科学省(2017i)「【道徳編】中学校学習指導要領(平成29年告示)解説」https://www.mext.go.jp/component/a_menu/education/micro_detail/__icsFiles/afield-file/2019/03/18/1387018_001.pdf(参照2022-06-08)

文部科学省(2017j)「【理科編】中学校学習指導要領(平成29年告示)解説」https://www.mext.go.jp/component/a_menu/education/micro_detail/__icsFiles/afield-file/2019/03/18/1387018_001.pdf(参照2022-06-08)

文部科学省(2018a)「高等学校学習指導要領(平成30年告示)」https://www.mext.go.jp/content/1384661_6_1_3.pdf(参照2022-06-08)

文部科学省(2018b)「(付録8)「外国語活動・外国語の目標」の学校段階別一覧表」https://www.mext.go.jp/content/1407196_26_1.pdf(参照2022-06-08)

文部科学省(2018c)「【国語編】高等学校学習指導要領(平成30年告示)解説」https://www.mext.go.jp/content/20210909-mxt_kyoiku01-100002620_02.pdf(参照2022-06-08)

文部科学省(2018d)「【情報編】高等学校学習指導要領(平成30年告示)解説」https://www.mext.go.jp/content/20211102-mxt_kyoiku02-100002620_1.pdf(参照2022-06-08)

文部科学省(2018e)「【総則編】高等学校学習指導要領(平成30年告示)解説」https://www.mext.go.jp/content/20211102-mxt_kyoiku02-100002620_1.pdf(参照2022-06-08)

文部科学省・国立教育政策研究所(2019)「OECD 生徒の学習到達度調査2018年調査(PISA2018)のポイント」https://www.nier.go.jp/kokusai/pisa/pdf/2018/01_point.pdf(参照2022-06-08)

吉澤小百合・平久江祐司(2017)「小中学校司書教諭・学校司書の学習支援に関する職務への教員の要望:質問紙調査の分析から」『日本図書館情報学会誌』Vol. 63, No. 3、pp. 141-158

IFLA(2021)「IFLA School Library Manifesto (2021)」https://cdn.ifla.org/wp-content/uploads/files/assets/school-libraries-resource-centers/publications/ifla_school_manifes-to_2021.pdf(参照2022-06-08)

UNESCO(1999)「ユネスコ学校図書館宣言」長倉美恵子・堀川照代訳、http://www.u-gakugei.ac.jp/~schoolib/htdocs/?action=common_download_main&upload_id=9966(参照2022-06-08)

第10章
探究的な学習における学校図書館や情報の活用と読書指導

本章の要点

　探究的な学習とは、知識そのものを教えるのではなく、児童生徒が知識獲得のため探究的に学ぶプロセスに主体的に関わるように計画された学習である。自ら考える力を養う「探究的な学習」は、これからの児童生徒の学習にとって極めて重要である。

　そこで、本章では、まず探究的な学習とは何かについてこれまでの経緯も含めて述べる。また、日本での探究的な学習に関する考え方、および、海外の取り組みとして米国の学校図書館界の探究的な学習に関する考え方について示す。次に探究的な学習を行ううえで重要であると考えられる探究のプロセスについて、海外における基本的な考え方と日本における基本的な考え方について論じる。さらに、探究的な学習に特に関わりがあると考えられる学校図書館や情報の活用と読書指導について述べる。

第1節　探究的な学習とは

(1) 探究的な学習とは何か

　「探究」(Inquiry)とは、事物の真の姿は何かということを探り見極めようとすることであるが、そのプロセスが児童生徒の学習として重要である。「探究的な学習」(Inquiry-based Learning)は、近年では日本でも大きく取り上げられているが、1950年代後半に始まった米国の理科教育の現代化の影響によるものである[根本, 2000]。なお、「探究的な学習」を意味する用語として、「探究学習」「探究型学習」(英語では 'Inquiry-based Learning' 'Inquiry Learning')

など様々な表現があるが、本書では「探究的な学習」(Inquiry-based Learning)を使用することにする。

　実際に1960年代から1970年代にかけて科学技術の飛躍的な進歩に伴い、増え続ける知識量のなかで、ブルーナー(Bruner, J.S.)は発見学習の重要性を、シュワブー(Schwab, J.J.)は探究的な学習の重要性を提言した。探究的な学習とは、結果としての知識を教えるのではなく、児童生徒が知識獲得のため探究的に学ぶプロセスに主体的に関わるように計画される学習である[寺西, 2014]。

　従来は理科教育や科学教育の領域で考えられてきた探究的な学習ではあるが、近年では、学習者の問題意識と結び付けて学習者の課題解決や探究を行う力を育てるという視点から広く捉えられている[蒲生, 2020]。探究的な学習を通じて児童生徒は知識が増えるだけではなく、自らの問いを探究するプロセスを通じて読書力、情報活用能力、批判的思考、コミュニケーション能力などを身につけることができる。

　また、いわゆる個人の学習のみが、探究的な学習ではない。協働的な学習にまで視野を広げてみると、探究的な学習は主体的・対話的で深い学び、いわゆるアクティブ・ラーニングとしてとらえることができる[桑田, 2015]。

　なお、探究的な学習を行ううえで、学校図書館利用教育、情報活用能力の育成、および、読書指導は重要である。これらに関して、教員、司書教諭、学校司書などによる児童生徒への適切な指導や助言が必要である。

(2) 日本における探究的な学習と学習指導要領

　2008年および2009年に改訂された学習指導要領から、「総合的な学習の時間」のなかで「探究的な学習」について示されている。なお、2020年度から小学校から順次実施されている学習指導要領によれば、特に高等学校では従来の「総合的な学習の時間」が「総合的な探究の時間」となった。高等学校では、これまでよりも高度な探究のプロセスをめざすこと、探究が自律的に行われることなど、質の高い探究が求められている。さらに、高等学校では、「古典探究」「世界史探究」「理数探究」など科目名に「探究」の文字が含まれるものが増加した。

このような学習指導要領の改訂からも、これからの児童生徒にとって自ら考える力を養う「探究的な学習」は重要であることが示されている。

図10.1は、探究的な学習における児童生徒の探究のプロセスを示したものである。文部科学省が示している探究的な学習には、以下のように大きく四つのプロセスがある[文部科学省, 2017]。

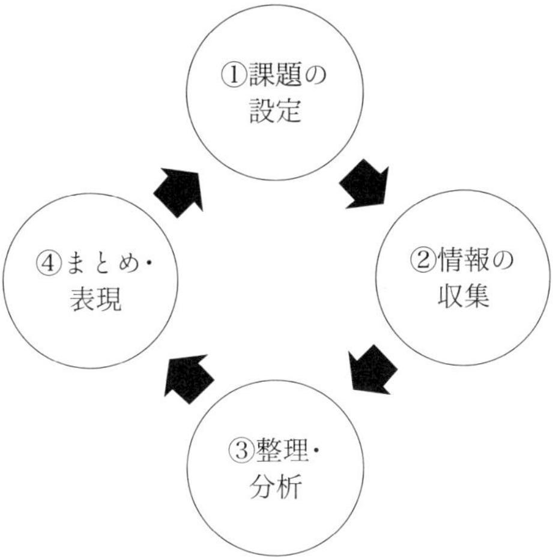

図10.1　探究的な学習における児童生徒の探究のプロセス
出典）文部科学省（2017）『中学校学習指導要領（平成29年告示）解説　総合的な学習の時間編』文部科学省 をもとに作成

（探究のプロセス）

①課題の設定

日常生活や社会に目を向け、疑問を感じたことや関心のあることに着眼し、自ら課題を見つけ設定する。

②情報の収集

設定した課題について、学校図書館などの資料やインターネット上の情報を検索し収集する。さらに、設定した課題によっては、アンケートやインタビューを実施することや、フィールドワークを行うことなども考えられる。

③整理・分析

収集した資料や情報を整理し分析し、既存の知識と照らし合わせて考え、課題の解決に取り組む。グループ学習であれば、各自が整理し分析した資料や情報を提示しながら、課題の解決に向けて意見交換や議論を行う。

④まとめ・表現

整理や分析を通じて明らかになった考えや意見などをまとめ、表現する。表現方法としては、レポート、論文、プレゼンテーション、報告会などが考えられる。

これらを通じて新たな課題を見つけ、さらなる課題解決に向けて探究のプロセスを繰り返していく。

　以上のような探究のプロセスを発展的に繰り返すことにより、児童生徒は自ら課題を見つけ考える力を身につけることができる。

(3) 米国の学校図書館界の探究的な学習に関する考え方

　米国学校図書館員協会(American Association of School Librarians、以下AASL)は、1920年以降、おおよそ10年おきに学校図書館基準を公表してきた。近年では、2017年に『学習者、学校司書、および、学校図書館のための全国学校図書館基準』(National School Library Standards for Learners, School Librarians, and School Libraries)を刊行した[AASL, 2018]。

　そのなかに「学習者のためのAASL基準フレームワーク」(AASL Standards Framework for Learners)が示されている。そこには、六つの「共有される基盤」(Shared Foundations)として、「探究」(Inquire)、「包摂」(Include)、「協働」(Collaborate)、「整理」(Curate)、「探索」(Explore)、「関与」(Engage)があげられている。これらは、学習者、学校司書、および、学校図書館が共有する教育の基盤であるとされている。また、四つの「学習領域」(Domains)として、「思考」(Think)、「創造」(Create)、「共有」(Share)、「成長」(Grow)を示している。

　教育の基盤としての「探究」とは、探究し、批判的に思考し、課題を特定し、課題解決に向けて戦略を立てることである。さらに、「探究」の四つの「学習領域」とは、以下のとおりである。

A.「思考」　学習者は、既存の知識と好奇心に基づき、課題を見つける。
B.「創造」　学習者は、探究のプロセスを利用しながら、意義を考え出すように努力し、新しい知識を創造する。
C.「共有」　学習者は、仲間や信頼できる聞き手と、構想、解決、および、エビデンスを共有する。
D.「成長」　学習者は、引き続き知識を探し求めることなどにより、探究のプロセスに継続的に参加する。

以上のことから、「探究」は教育の基盤の一つであり、学習者だけではなく、学校司書や学校図書館も「探究」に関わっている。また、「探究」は一つの課題の解決だけで終わるのではなく、新たな課題を見つけ解決するために継続して行われる。さらに、継続的に「探究」を行うことが学習者の成長につながる。

HaradaとYoshinaによれば、「探究」こそが、生徒たちを学習プロセスの中心に位置づけるものである。表10.1は、教育や学習に対する従来のアプローチと探究的なアプローチとの比較についてまとめたものである[Harada and Yoshina, 2004]。

表10.1　教育や学習に対する従来のアプローチと探究的なアプローチとの比較

属　性	従来のアプローチ	探究的なアプローチ
児童生徒	受動的な学習者	活動的で熱心な学習者
教員および学校司書	情報提供者としてコンテンツ志向	ファシリテーターとして児童生徒志向
スケジューリング	厳密	柔軟
学校文化	官僚的	協働的
カリキュラムと教育	・テキスト主導 ・教員に焦点を合わせる ・広さを重視する ・トピック志向 ・断片的	・スタンダード主導 ・児童生徒の合意に基づく ・深さを重視する ・テーマや課題に基づく ・統合的
評価	・最後に評価する ・正しい回答が強調される ・教員が評価する ・成績評価がゴールである ・「何を知っているか？」という問い	・評価は継続している ・多様な回答が奨励される ・児童生徒と教員が評価する ・学習と教育を向上させることがゴールである ・「どのようにして知るようになったか？」という問い
リソース	授業に利用できるリソースに限定される	学校という範囲を超えてリソースを拡張する
テクノロジー	テクノロジーについての学習に焦点を合わせる	テクノロジーを学習のための道具として利用する

出典) Harada, Violet H. and Yoshina, Joan M.（2004）'Moving from Rote to Inquiry: Creating Learning that Counts', *Library Media Connection*, 23（2）, pp.22-25 をもとに作成

探究的なアプローチでは、児童生徒が活動的で熱心な学習者としてテーマや課題を設定し、課題解決のために学校図書館などのリソースやテクノロジーを利用する。教員や学校司書は、ファシリテーターとして児童生徒を支援する。また、課題解決にあたり、正しい回答は必ずしも一つではなく、多様な回答が奨励されている。さらに「何を知っているか」ではなく、「どのようにして知るようになったか」という探究のプロセスが評価される。

第2節　海外における探究のプロセスに関する　　　　基本的な考え方とモデル

　探究のプロセスに関して、海外では特に1985年以降に、いくつかの基本的な考え方とモデルが提示されており、これらは学校図書館に関する文献でも取り上げられている[Levitov, 2016]。

　本節ではこれらのうち特に重要であると考えられるBig6モデルとSuper3、および、"Focus on Inquiry"による探究モデル(The Inquiry Model)について述べる。

(1) Big6モデルとSuper3

　アイゼンバーグ(Eisenberg, M.B.)とベルコヴィッツ(Berkowitz, R.E.)は、課題を解決するため、あるいは、意思決定をするために、情報を探し出し活用する時に経験する六つの段階について検討を重ね、Big6モデルを公表した。表10.2は、Big6モデルにおける6段階と各段階の二つのサブステージについて示したものである。

　Big6モデルでは、「課題の定義」に始まり、「情報探索戦略」、「所在とアクセス」、「情報の利用」、「統合」を経て「評価」に至っている。たとえば、第1段階の「課題の定義」には、「課題を明確にする」と「課題解決に必要な情報とは何かについて明らかにする」の二つのサブステージがあり、これら二つのサブステージで第1段階が構成されている。課題解決に向けて必ずしも第1段階から第6段階まで順番通りに直線的に進んでいくばかりではなく、行ったり来たりすることも考えられる。このようなことを踏まえたうえで、アイゼンバークらは、ほとんどすべての成功した課題解決の過程では、これら6段階

210

表10.2　課題解決のためのBig6モデルについて

Big6モデルにおける6段階	各段階における二つのサブステージ
1.課題の定義	1.1 課題を明確にする。 1.2 課題解決に必要な情報とは何かについて明らかにする。
2.情報探索戦略	2.1 利用可能なあらゆる情報源について確かめる。 2.2 最良の情報源を選ぶ。
3.所在とアクセス	3.1 情報源の所在を突きとめる。 3.2 情報源のなかから情報を見つける。
4.情報の利用	4.1 読む、聞く、見る、触れるなどにより、情報と関わる。 4.2 関連する情報を取り出す。
5.統合	5.1 取り出した複数の情報をまとめる。 5.2 まとめた情報を発表する。
6.評価	6.1 成果を評価する(有効性についての評価) 6.2 課題解決のプロセスを評価する(効率性についての評価)

出典) Eisenberg, M. B., Murray, J., and Bartow, C.（2016）*The Big6^{TM} Curriculum: Comprehensive Information and Communication Technology（ICT）Literacy for All Students.* Santa Barbara: Libraries Unlimited. をもとに作成

のすべてに取り組まれていたとしている［Eisenberg et al., 2016］。

　さらに、アイゼンバーグらは、幼い子どもたち(幼稚園入園前〜第2学年)の課題解決のための「前Big6(予備的なBig6)モデル」として、Super3を公表した。

　表10.3に示すように、Super3は「始まり(計画)」、「中間(実行)」、「終わり(再検討)」の3段階で構成されている。これらは、幼い子どもたちにとって親しみやすく、取り組みやすい。子どもたちは学年があがるにつれて、Super3からBig6への移行が容易となる［Eisenberg et al., 2016］。すなわち、Super3の「始まり(計画)」は、Big6では第1段階の「課題の定義」と第2段階の「情報探索戦略」に対応する。また、Super3の「中間(実行)」はBig6の第3〜第5段階の「所在とアクセス」「情報の利用」「統合」に、Super3の「終わり(再検討)」はBig6の第6段階である「評価」に該当する。Super3(3段階)からBig6(6段階)へと段階が増えることにより、子どもたちはより詳細に課題解決のプロセスを学ぶことができる。

　Super3もBig6も学校での課題や宿題のためばかりではなく、レクリエー

表10.3　課題解決のためのSuper3とBig6モデルの関連性について

Super3における3段階	プロセス	Big6モデルにおける6段階
1.始まり	計画	1.課題の定義 2.情報探索戦略
2.中間	実行	3.所在とアクセス 4.情報の利用 5.統合
3.終わり	再検討	6.評価

出典) Eisenberg, M. B., Murray, J., and Bartow, C.（2016）*The Big6^{TM} Curriculum: Comprehensive Information and Communication Technology*（*ICT*）*Literacy for All Students.* Santa Barbara: Libraries Unlimited. をもとに作成

ションや子どもの個人的な活動における意思決定などにも幅広く適用できる [Eisenberg et al., 2016]。

　幼い頃からSuper3などを通じて探究のプロセスに親しんでいることは、学校教育における探究的な学習へのスムーズな移行にもつながることが考えられる。

(2) "Focus on Inquiry"による探究モデル（The Inquiry Model）

　カナダのアルバータ（Alberta）州では、探究的な学習に熱心に取り組んでいる。アルバータ州の教育省は、カナダ国内で比較的早く1985年に探究的な学習を推進する教員用手引書を発行した[徳岡, 2008]。その後、1990年と2004年に新しい手引書が発行された。2004年に発行された手引書 "Focus on Inquiry" では、探究モデル（The Inquiry Model）が提示されており、探究のプロセスについてわかりやすく説明されている[Alberta Learning, 2004]。

　同手引書は、学校に探究の文化を築くことについての章で始まっている。また、探究的な学習（Inquiry-based learning）については、生徒が自らの学習に関与し、疑問を持ち、幅広く調査し、新たな理解、意味、および、知識を築くプロセスであると定義されている。さらに、その知識は、生徒にとって疑問に対する答えや解決策となりうるものであり、たいていの場合は他者に示されるものであるとしている[Alberta Learning, 2004]。

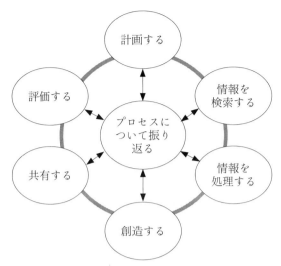

図10.2　"Focus on Inquiry"による探究モデル
出典) Alberta Learning（2004）*Focus on Inquiry: A Teacher's Guide to Implementing Inquiry-based Learning.* Available at: https://files. eric.ed.gov/fulltext/ED491498.pdf（Accessed: 14 Feb. 2023）をもとに作成

　図10.2は、同手引書に提示されている探究モデルについて、その内容を踏まえて図式化したものである。探究モデルでは、中心に「プロセスについて振り返る」（Reflecting on the Process）が配置され、その周囲を探究の各フェーズが取り囲んでいる。探究の各フェーズは、「計画する」（Planning）、「検索する」（Retrieving）、「処理する」（Processing）、「創造する」（Creating）、「共有する」（Sharing）、および、「評価する」（Evaluating）である。さらに、各フェーズには3〜5個のサブカテゴリーがある。

　表10.4は、探究モデルの各フェーズとそのサブカテゴリーについて示したものである。各フェーズにサブカテゴリーが明示されていることにより、各フェーズでの児童生徒の具体的な取り組みを理解することができる。

　図10.2の中心にある「プロセスについて振り返る」は、探究のすべてのフェーズに接しており、どのフェーズにおいても常に「プロセスについて振り返る」ことができる。そして、どのフェーズからも図の中央にある「プロセスについて振り返る」を経由していずれのフェーズにも戻ることができる。

表10.4　"Focus on Inquiry"の探究モデルのフェーズとサブカテゴリー

フェーズ	サブカテゴリー
計画する	・探究のための主題分野を決める。 ・利用可能な情報源を決める。 ・発表の聞き手と形式を決める。 ・評価基準を確立する。 ・探究のための計画をはっきりさせる。
検索する	・情報検索計画を作り出す。 ・資料の所在を突きとめ、資料を収集する。 ・関連する情報を選択する。 ・情報を評価する。 ・探究のための計画を再検討し、修正する。
処理する	・探究のための焦点を確立する。 ・適切な情報を選択する。 ・情報を記録に残す。 ・情報に結びつけて考え、推論する。 ・探究のための計画を再検討し、修正する。
創造する	・情報をまとめる。 ・成果を生み出す。 ・聞き手について考える。 ・修正し編集する。 ・探究のための計画を再検討し、修正する。
共有する	・聞き手と意見などを交換する。 ・新しく理解したことを伝える。 ・適切な聞き手としての行動を明示する。
評価する	・探究の成果を評価する。 ・探究のプロセスと探究の計画を評価する。 ・自分の探究モデルを再検討し、修正する。 ・新しい状況や学校以外のところに学習を転移させる。

出典）Alberta Learning（2004）*Focus on Inquiry: A Teacher's Guide to Implementing Inquiry-based Learning.* Available at: https://files.eric.ed.gov/fulltext/ED491498.pdf（Accessed: 14 Feb. 2023）をもとに作成

その背景には、探究のプロセスは必ずしも直線的に進むだけではなく、学習者がたどる探究のプロセスは各自で異なり、戻りたいときにいつでも何度でも異なるフェーズに戻れるという基本的な考え方があると言える。

第3節　日本における探究のプロセスに関する
　　　　基本的な考え方とモデル

　日本では、探究のプロセスと探究的な学習での学習活動や学校図書館の支援について示したもの［桑田，2011］、および、特に中学校を対象とした7段階による探究的な学習のプロセスと各プロセスでの生徒への指導内容を示したもの［稲井，2014］などがある。

(1) 探究的な学習と学校図書館の支援

　本章第1節でも述べたように、文部科学省が示している探究的な学習には、大きく「課題の設定」、「情報の収集」、「整理・分析」、「まとめ・表現」の四つのプロセスがある［文部科学省，2017］。

　このような探究的な学習のプロセスについて、以下に示すように、学校図書館では「情報の収集」はもちろんのこと、すべてのプロセスに関わっている［桑田，2011］。

　①「課題の設定」への支援
　　学校図書館では、学校図書館の豊富な資料を用いたブックリストの作成やブックトークの実演などを行い、児童生徒の興味関心を引き出し、「課題の設定」につながるように支援する。
　②「情報の収集」への支援
　　学校図書館では、レファレンスサービスなどを通じて、児童生徒が設定した課題に関する「情報の収集」を支援する。
　③「整理・分析」への支援
　　学校図書館では、児童生徒が求める情報を手に入れられるように、必要な情報についての価値判断や分析までも支援する。
　④「まとめ・表現」への支援
　　最終的に児童生徒には、獲得した情報を第三者にわかりやすくまとめ直すことが求められている。そのために、学校図書館では、参考文献の記載方法やレポートの書き方に関する指導を行う。

児童生徒が探究的な学習を行ううえで、学校図書館による上記のような支援は必要不可欠である。児童生徒が探究的な学習を自発的に行えるように、その前提条件として、百科事典など参考図書の使い方、学校図書館のOPAC（Online Public Access Catalog：オンライン閲覧目録）や各種データベースの検索方法などの指導も含む学校図書館利用教育の実施は重要である。

(2) 中学校での7段階による探究的な学習

　稲井は、探究的な学習で育てられる基盤的な能力として、「読解力」「コミュニケーション能力(討議力、質問力)」および「発表力(プレゼンテーション能力)」の3点をあげている。また、探究的な学習で身につけられる中核となる能力として、「課題設定力・課題解決力」「論理的思考力」「批判的思考力」および「情報活用能力」の4点をあげている。表10.5は、中学校での7段階による探究的な学習のプロセスと各段階における生徒への指導内容の概要である。「出会う」から始まり、「知る」「高める・深める」「つかむ」「生かす」「選ぶ・まとめる」のプロセスを経て、「伝える」のプロセスに至るまで、7段階のすべてにおいて、生徒への指導内容が示されている[稲井, 2014]。

　探究的な学習は、主体的・対話的で深い学びにつながるものではあるが、単に生徒に任せきりではなく、必要に応じて教員による助言や指導の意義について明示されている。

　表10.5にも示されているように、探究的な学習に不慣れな生徒にとっては、4段階に該当する「つかむ」(自らの興味や関心に基づき課題を設定すること)は難しいと言える。このような生徒にとっては、いきなり課題を設定することから探究的な学習を始めるよりも、あらかじめ学習の動機付けを図り、教科書による基礎的・基本的な知識の習得に努め、教科書以外の資料なども活用するなど、手順を踏んでから探究的な学習に本格的に取り組むことが肝要である。

　探究的な学習で育てられる能力として「読解力」「批判的思考力」「情報活用能力」などがあげられているが、このような能力を養ううえで学校図書館の存在は欠かせないものである。特に5段階に該当する「生かす」では、「多様な学校図書館メディアのなかから必要な情報を取捨選択し活用する」とあるが、

表10.5　中学校での7段階による探究的な学習のプロセスと生徒への指導内容

段階	探究的な学習のプロセスと生徒への指導内容
1.【出会う】 学習の動機付けを図る。	生徒に学習目標を明確に示し、学習の意義を理解させ、各自の学習の動機付けを図る。
2.【知る】 基礎・基本の知識を習得する。	教科書を中心とした学習のなかで、基礎的・基本的な知識の習得に努め、単元の内容に関する理解を図る。
3.【高める・深める】 興味や関心を高め、知識を深める。	教科書以外の資料などを活用して、課題に対する理解の一層の深化を図るように、資料から読み取ったことを文章にまとめ、発表する。
4.【つかむ】 課題を絞り込む。	生徒が自らの興味や関心に基づき、課題を設定する。7段階のなかで最も難しい学習プロセスである。個人差があるので、課題設定にあたり、教師による個別指導が必要な場合も考えられる。
5.【生かす】 情報を取捨選択し、活用する。	図書、新聞、雑誌、インターネットなど、多様な学校図書館メディアのなかから、必要な情報を取捨選択し活用する。メディアの特性に応じた活用能力を育てることが大切である。
6.【選ぶ・まとめる】 情報を活用し、目的に合わせて加工する。	目的に応じて取捨選択した情報を活用し、各自の考えをまとめる。情報を引用する際の情報モラルに関する学習を行うことが大切である。情報モラルの一環として、著作権について指導することが考えられる。
7.【伝える】 情報を発信する。	探究的な学習で得られた成果を発表する。発達段階に応じた発表の技法や、発表方法に応じて工夫するように指導することが大切である。

出典）稲井達也編著(2014)『授業で活用する学校図書館　中学校・探究的な学習を目ざす実践事例』(公社)全国学校図書館協議会 をもとに作成

その際に学校図書館の専門家である司書教諭や学校司書による指導や助言は重要である。

第4節　高度な探究的な学習に向けた学校図書館利用教育と読書指導

(1) 探究的な学習と学校図書館

　前節にも述べたように、特に探究的な学習では学校図書館の活用に大きな意義がある。すなわち学校図書館では、探究的な学習に必要な図書をはじめ

とする資料を提供している。また、学校図書館を通じてインターネット上の情報源や各種データベースの検索を行うことにより、必要な情報を入手できる。さらに、学校図書館に司書教諭や学校司書が関わることにより、資料の探し方やデータベースの検索方法などについて、指導や助言を受けることができる。

「総合的な学習の時間」や「総合的な探究の時間」のなかで示されている探究的な学習ではあるが、主体的・対話的で深い学びの実現に向けて小学校から高等学校までのあらゆる校種の各教科などにおいても創意工夫をこらし行うことが大切である。さらに教科横断的に一つのテーマに基づいて複数の教科などで実施することも考えられる。

児童生徒が探究的な学習を円滑に行うためには、学校図書館利用教育や情報活用能力の育成、および、読書指導などを、司書教諭や学校司書を中心に学校図書館を活用して実施する体制を校内で整えることが重要である。

(2) 探究的な学習における学校図書館や情報の活用

全国学校図書館協議会(以下 全国SLA)では、児童生徒がさまざまな情報資源を活用して自ら課題を解決する力を身につけることが必要であることから、学び方を学ぶための「情報資源を活用する学びの指導体系表」を2019年に発表した。同体系表は、「主体的・対話的で深い学び」の実現をめざすために、小・中・高の12年間にわたり意図的・計画的に学習の積み上げができるように、考えられたものである。大きく「Ⅰ 課題の設定」「Ⅱ メディアの利用」「Ⅲ 情報の活用」「Ⅳ まとめと情報発信」の四つの領域に分けて、指導項目と内容が示されている[全国SLA, 2019]。

これら四つの領域のうち、特に学校図書館利用教育や情報活用能力の育成に関わると考えられるⅡとⅢについて、その概要を表10.6に示す[全国SLA, 2019]。

特に「Ⅱ メディアの利用」では、学校図書館利用教育の基本となるものが系統的にあげられている。小学校では低学年・中学年・高学年ともに「学校図書館の利用方法を知る」があるが、発達段階に応じてその内容に違いが見られる。

表10.6 「情報資源を活用する学びの指導体系表」(全国SLA)のⅡとⅢについて

学年	Ⅱ　メディアの利用	Ⅲ　情報の活用
小学校・低学年	○学校図書館の利用方法を知る ・図書館のきまり　・学級文庫のきまり ・本の借り方・返し方　・図書の分類の概要 ・目次や索引の使い方 ○学校図書館メディアの利用方法を知る ・絵本、簡単な読み物、自然科学の本、図鑑 ・コンピュータ、タブレット	○情報を集める ・観察、見学、体験　・インタビュー ・図書資料、図鑑 ・コンピュータ、タブレット ○記録の取り方を知る
小学校・中学年	○学校図書館の利用方法を知る ・日本十進分類法(NDC)のしくみと配架のしかた ・レファレンスサービス ・ファイル資料　・地域資料、自校資料 ○公共図書館の利用方法を知る ・検索の仕方、レファレンスサービス ○学校図書館メディアの利用方法を知る ・図書資料、百科事典、国語辞典、漢字辞典、地図　・新聞、雑誌　・コンピュータ、タブレット	○情報を集める ・観察、見学、体験 ・ゲストティーチャー、インタビュー ・図書資料、百科事典、国語辞典、地図、図表　・新聞、雑誌 ・コンピュータ、タブレット ○記録の取り方を知る ○集めた情報を目的に応じて分ける ○情報の利用上の留意点を知る ・著作権、引用の仕方、出典の書き方 ・個人情報の保護
小学校・高学年	○学校図書館の利用方法を知る ・NDCのしくみと配架のしかた ・目録の利用の仕方　・レファレンスサービス ○各種施設を利用する ・公共図書館　・博物館、資料館　・地域の施設 ○メディアの種類や特性を知る ・図書資料、参考図書(事典、年鑑)　・地図 ・新聞、雑誌　・ファイル資料、視聴覚メディア ・電子メディア　・人的情報源、見学など	○情報を集める ・図書資料、参考図書(事典、年鑑) ・地図、図表　・新聞、雑誌 ・ファイル資料、視聴覚メディア ・電子メディア　・人的情報源、見学 ○記録の取り方を知る ○情報を比較して評価する ○情報の利用上の留意点を知る ・インターネット情報　・情報モラル
中学校	○学校図書館を効果的に利用する ○目的に応じて各種施設を利用する ○メディアの種類や特性を生かして活用する	○情報を収集する　○情報を記録する ○情報を分析し、評価する ○情報の取り扱い方を知る
高等学校	○学校図書館の機能を理解し、効果的に活用する。 ○目的に応じて各種施設を利用する ○メディアの種類や特性を生かして活用する	○情報を収集する　○情報を記録する ○情報を分析し、評価する。 ○情報の取り扱い方を知る。

出典)全国SLA(2019)「情報資源を活用する学びの指導体系表」『学校図書館』819、pp. 48-49をもとに作成

すなわち、学校図書館や学級文庫のきまり、本の借り方・返し方などを
はじめの一歩として、次に日本十進分類法(NDC)のしくみと配架のしかた、
レファレンスサービスなどを学び、さらに公共図書館などの利用にまで視
野を広げている。NDCは日本の多くの公共図書館でも活用されているので、
公共図書館の利用にあたり理解しておくと便利である。学校図書館メディア
の利用方法についても、絵本や簡単な読み物から始まり、百科事典、新聞、
雑誌、参考図書(事典、年鑑)、そして電子メディアへと徐々に範囲を広げて
いる。小学校では、「図書館の時間」が週に1時間程度はあるので、学校図書
館での学校図書館利用教育は実施しやすいと考えられる。中学校や高等学校
では、単に学校図書館を利用するだけではなく、効果的に利用すること、目
的に応じて公共図書館、博物館、資料館、美術館などの各種施設を利用する
ことなど、主体的な利用が重視されている。メディアについても、種類や特
性を生かして活用することなど、より高度な利用が求められている。

　また「Ⅲ情報の活用」では、情報活用能力の育成に関して基本となるものが
示されている。小学校低学年では、「情報を集める」と「記録の取り方を知る」
の2項目があげられている。「情報を集める」では、「図書資料」などに加えて
小学校低学年の段階で既に「コンピュータ、タブレット」が情報資源として例
示されており、GIGAスクール時代に対応しているものと考えられる。また、
「観察、見学、体験」や「インタビュー」も含まれており、「主体的・対話的で深
い学び」をめざしていることが示されている。小学校中学年では、上記の2
項目に加えて「集めた情報を目的に応じて分ける」や著作権なども含む「情報
の利用上の留意点を知る」が追加されている。さらに小学校高学年では、「情
報を比較して評価する」が追加され、自ら集めた情報の評価にまで及んでい
る。また、インターネット情報を利用するうえでの留意点や情報モラルにつ
いてもあげられている。中学校、高等学校では、特に「情報の分析と評価」お
よび「情報の取り扱い方」に重点を置き、より高度な探究的な学習をめざして
いる。

(3) 探究的な学習における読書指導

　探究的な学習のプロセスのなかで、「課題の設定」が最も難しいと言える。

何が課題となりうるか、どのような問いを作るかは、もちろん各自の興味や関心に基づくものである。しかし、小説などのフィクションだけではなくノンフィクションも読むなど、日頃はあまり読んでいないジャンルにも関心を持ち読書の幅を広げておくことは、探究的な学習の課題を設定することに加えて、課題に関する図書や雑誌記事などの文献を読み解くうえでも意義がある。

日頃はあまり読んでいないジャンルの図書に親しみ、読書の幅を広げていく活動として、以下のように「点検読書」(Inspectional Reading)をあげることができる。

「点検読書」は、アドラー(Adler, M. J.)らによれば読書の第二レベルにあたり、与えられた時間内にできる限り内容をしっかり把握することを目的としている。第一レベルの「初級読書」(Elementary Reading)の問いが「その文は何について書いたものであるか」に対して、第二レベルの「点検読書」の問いは「その本は何について書いたものであるか」「それはどういう種類の本か、小説か、歴史か、科学論文か」である[Adler and Doren, 1972]。

「点検読書」には、「組織的な拾い読み」(Systematic Skimming)と「表面読み」(Superficial Reading)の二つの段階がある。「組織的な拾い読み」は「下読み」(Pre-reading)とも言われているが、「点検読書」の第一段階にあたり、この本をさらに入念に読む必要があるか調べることを目的としている。一方、「表面読み」は「点検読書」の第二段階にあたり、たとえすぐには理解できない箇所があっても先へ読み進め通読することを目的としている。

「組織的な拾い読み」を習慣づけるための留意点は、以下のとおりである[Adler and Doren, 1972]。

(I)　タイトルや序文(まえがき、はじめに)などを読むこと。

(II)　本全体の構造を知るために目次を調べること。

(III)　索引を調べること。

(IV)　カバーに書かれている宣伝文を読むこと。

(V)　重要と思われるいくつかの章を読むこと。

(VI)　ところどころ拾い読みをすること。

以上のような「組織的な拾い読み」を繰り返し行うことにより、時間をか

けてじっくり読むべき本であるかどうか、判断する力が養われる。そして、じっくり読むべき本であると判断した本については、読書の第三レベルにあたる「分析読書」(Analytical Reading)で徹底的に読むことが考えられる。

　このような「点検読書」を学校の授業で行うためには、学校司書の支援が必要である。一つの事例であるが、教員と学校司書のチーム・ティーチングを通じて新書の「点検読書」が東京都立小川高等学校の国語科の授業で行われた。まず、教員が生徒に新書を読む意義について話をし、次に学校司書が新書の特徴、小説以外の本の読み方や選び方の説明をした。その際に、点検読書に必要なまえがき、目次、索引、著者紹介、あとがき、奥付などの利用や見方についても説明した。その後、各自が1冊の新書を選び、点検読書を行った。装丁や構成、著者が読者に主に伝えたいことについて「まえがき」や「あとがき」などを参照し、抜き出した。そして、読んでみたい本であるかの判断と理由などを「点検読書ワークシート」に記入した。この授業をきっかけに、学校図書館を利用して普段の読書でも新書が読まれるようになった[千田，2017]。

　新書は入門的教養書やノンフィクションなどを収めた叢書である。知識情報を獲得するのに最適な新書は、学問の入門書として、より大きな知識体系への入り口になっている[齋藤孝，2002]。普段からこのような新書に慣れておくことは、探究的な学習にとってもプラスになると考えられる。

　一般的に探究的な学習には、学校図書館利用教育や情報活用能力の育成が重要であると認識されているが、それらに加えてノンフィクションも含む幅広いジャンルの図書に日頃から親しんでおくことも肝要である。司書教諭や学校司書が中心となり、上記のような点検読書が日常的に行われるように、学校図書館では蔵書の充実に努め、校内の教員に働きかけていくことが大切である。

引用参考文献
稲井達也編著(2014)『授業で活用する学校図書館　中学校・探究的な学習を目ざす実践事例』(公社)全国学校図書館協議会
蒲生諒太(2020)「「探究的な学習」の歴史的形成について―高大接続改革に向けた基

礎理解の研究―」『立命館高等教育研究』20号、pp. 59-76

桑田てるみ(2011)「探究学習を支援する学校図書館―知的アクセスの保証で専門性を発揮―」『図書館雑誌』Vol.105、No.10、pp. 678-679

桑田てるみ(2015)「学校図書館がかかわる「探究的な学習」の意義と取組み―次期学習指導要領に向けての諮問から改めて考える」『学校図書館』776号、pp. 14-16

齋藤孝(2002)『読書力(岩波新書801)』岩波書店

千田つばさ(2017)「読むことと学校司書」『学校司書の役割と活動―学校図書館の活性化の視点から―』(金沢みどり編著、学文社、2017、239p.) pp. 205-215

全国SLA(2019)「情報資源を活用する学びの指導体系表」『学校図書館』819号、pp. 48-49

寺西和子(2014)「探究学習」『学校教育辞典　第3版』今野喜清ほか編、教育出版、p. 549

徳岡慶一(2008)「「探究」型学習に関する一考察―カナダ・アルバータ州教育省教師用手引き書、"Focus on Inquiry"の分析を通して―」『京都教育大学教育実践研究紀要』第8号、pp. 119-128

根本和成(2000)「理科教育における探究学習の再検討」『千葉大学教育学部研究紀要　Ⅲ　自然科学編』第48巻、pp. 45-54

文部科学省(2017)『中学校学習指導要領(平成29年告示)解説　総合的な学習の時間編』文部科学省、p. 17

Adler, M.J. and Doren, C.V. (1972) *How to Read a Book.* New York: Touchstone.
なお、日本語訳としては、下記の図書がある。
アドラー，M.J.・ドーレン，C.V.著、外山滋比古・槇未知子訳(1997)『本を読む本』講談社

Alberta Learning (2004) *Focus on Inquiry: A Teacher's Guide to Implementing Inquiry-based Learning.* Available at: https://files.eric.ed.gov/fulltext/ED491498.pdf(Accessed: 14 Feb. 2023)

American Association of School Librarians (2018) *National School Library Standards for Learners, School Librarians, and School Libraries.* Chicago: American Library Association.

Eisenberg, M. B., Murray, J., and Bartow, C. (2016) *The Big6^{TM} Curriculum: Comprehensive Information and Communication Technology (ICT) Literacy for All Students.* Santa Barbara: Libraries Unlimited.

Harada, Violet H. and Yoshina, Joan M. (2004) Moving from Rote to Inquiry: Creating Learning that Counts, *Library Media Connection*, 23(2), pp. 22-25.

Levitov, Deborah (2016) School Libraries, Librarians, and Inquiry Learning, *Teacher Librarian,* 43(3), pp. 28-35.

第11章

ひとりひとりのニーズに応じた読書指導

本章の要点

　子どもに読書指導を行う際に、ひとりひとりの読書能力やニーズに応じて支援や配慮が求められる。たとえば、何らかの障がいがあるために読書が困難であったり、母語が外国語であるために日本語の本を読むのが難しかったりと、学校図書館の資料をそのままでは充分に利用できない子どももいる。

　そこで、本章では、まず特別な支援を必要とする子どもへの読書指導について論じる。近年では「障害を理由とする差別の解消の推進に関する法律」や「視覚障害者等の読書環境の整備の推進に関する法律」が施行され、特別な支援を必要とする者の社会的な活動や読書を支援する体制を整えようとしている。また、国レベルでの「視覚障害者等の読書環境の整備の推進に関する基本的な計画」、第四次「子供の読書活動の推進に関する基本的な計画」、および、学校図書館の運営上の指針である「学校図書館ガイドライン」でも、特別な支援を必要とする子どもへの配慮について示されている。学校図書館では、ひとりひとりのニーズに応じた適切な資料を収集し提供するとともに、そのような資料を充分に活用できる環境を整えることが重要である。さらに、授業での学習活動や読書に関する集会活動などを通じて、本に親しむ機会を定期的に設けることが大切である。

　次に、日本語による本を読むことが難しい子どもへの読書指導について述べる。近年では日本語指導が必要な外国籍の児童生徒や日本国籍の児童生徒の人数が増加傾向にあるという現状を踏まえ、日本語による読書と母語を保持するための読書の観点から読書指導について論じる。

第1節　特別な支援を必要とする子どもへの読書指導

　学校図書館の利用者のなかには、何らかの原因で読むことが困難である者や学校図書館の利用が難しい者もいる。そのような利用者には、特別な支援が適切に行われることにより、現状の改善につながり、読書や学校図書館の利用が可能になる。特別な支援を必要とする者には、視覚障がい者、聴覚障がい者、知的障がい者、肢体不自由者などに加えて、自閉症、学習障がい、注意欠陥多動性障がいなど学習や読書に困難を伴う者も含まれる。

　特別な支援を必要とする子どもたちは、「特別支援学校」に在籍していることが考えられる。また、障がいの種別ごとに小学校や中学校などに学級を編成し、子どもひとりひとりに応じた教育を行う「特別支援学級」で学ぶこともありうる。さらには、在籍する通常の学級で大部分の授業を受けながら、一部の時間で障がいに応じた特別な指導を行うという「通級による指導」を受ける場合もある。

　文部科学省の調査結果によれば、義務教育段階の全児童生徒数は、2009年度が1,074万人であったのに対して、2019年度では973万人（2009年度の約9割）と減少傾向にある。一方、特別支援学校等の児童生徒数は、増加傾向にある。ちなみに、2009年度と比べて2019年度の児童生徒数は、「特別支援学校」1.2倍、「特別支援学級」2.1倍、および、「通級による指導」2.5倍となっている［文部科学省，2019年］。いずれも増加傾向にあるが、特に「通級による指導」や「特別支援学級」の児童生徒数の増加が、「特別支援学校」の児童生徒数の増加と比べて著しい。これらのことから、特別支援学校はもとより、それ以外の学校においても、特別な支援を必要とする子どもへの支援や配慮が求められる。

　特別な支援を必要とする子どもへの読書指導にあたり、留意すべき点を以下に述べる。

【特別な支援を必要とする子どもへの読書指導にあたり留意すべき点】
（1）学校図書館の施設や設備の面で改善をはかる
2016年4月1日に施行された「障害を理由とする差別の解消の推進に関す

る法律」(以下「障害者差別解消法」)にもとづき、障がいのある児童生徒に対して「合理的配慮」の提供が国公立学校では義務とされ、私立学校では努力義務とされた。なお、2021年5月の同法の改正により、私立学校でも「合理的配慮」が義務づけられた。「合理的配慮」とは、障がいのある人から、社会のなかにあるバリアを取り除くために何らかの対応が必要との意思が伝えられた時に、負担が重すぎない範囲で対応する配慮のことである。

　学校では、特別支援教育という枠にとどまることなく、障がい者が学校内の各場面において必要とする変更や調整について、本人や保護者からの求めに応じて、合理的配慮を行う。合理的配慮は、学校図書館を含む学校全体で提供しなければならないので、全教職員が担当分掌に応じて担う必要がある[野口・児島・入川，2019]。

　たとえば、学校図書館では、「照明を明るくすること」、「館内表示などの色の使い方に配慮すること」、「書架を低くすること」、「書架の間隔を広げること」などが考えられる。まず、「照明を明るくすること」は、視覚障がいなどの有無にかかわらず、すべての利用者が館内で読書や学習を快適に行ううえで重要である。また、色覚障がいなどのある利用者が安心して学校図書館を活用できるように、「館内表示などの色の使い方に配慮すること」は意義がある。さらに、「書架を低くすること」、および、「書架の間隔を広げること」は、車椅子の利用者に加えて、身長の低い利用者にとっても有益であるが、すべての利用者に館内の安全を保障するうえでも重要である。

　ユニバーサルデザインの目標とは、人間中心主義の視点から万人にとってよりよく機能するデザインを実現することである[金沢，2022]。このような視点から学校図書館の施設や設備を整備していくことは、特別な支援を必要とする児童生徒のためばかりではなく、すべての児童生徒にもプラスになると言える。

　表11.1は、障害者差別解消法に対して学校図書館が実施した対応について、全国の学校を対象に行った調査結果をまとめたものである[全国学校図書館協議会，2018]。なお、同調査は、特別支援学校については対象としていない。小学校、中学校、高等学校のいずれも、「何もしていない」ところが最も多い。実施された対応として「スロープを設置した」がすべての校種で多

表11.1　障害者差別解消法に対して学校図書館が実施した対応（上位4位）

校種 順位	小学校	中学校	高等学校
1位 (%)	何もしていない (44.3)	何もしていない (46.1)	何もしていない (47.0)
2位 (%)	スロープを設置した (26.2)	スロープを設置した (18.4)	スロープを設置した (18.0)
3位 (%)	研修会を開催した (13.3)	大活字・点字図書を 購入した(12.5)	リーディングトラッカー を用意した(10.0)
4位 (%)	大活字・点字図書を 購入した(11.8)	研修会を開催した (7.2)	館内サインを改善した (8.0)

出典）全国学校図書館協議会『学校図書館』2018年11月号/通巻第817号、p.70をもとに作成

い。車椅子の利用者にとっては、段差の解消などのためにスロープの設置は重要である。しかし、前述のように、書架を低くし書架の間隔を広げるなどの対応にまでは至っておらず、車椅子の利用者への配慮として必ずしも充分であるとは言えない。

　また、特別支援学校の学校図書館の現状に関する調査結果からも、障害者差別解消法の施行を受けて「新たに実施したことは特にない」が、回答を得た679校のうちの535校(78.8%)にあたり、最も多いことが示された［全国学校図書館協議会ほか，2020］。

　ユニバーサルデザインの考え方で学校図書館の環境を整えることが、障がい者だけではなく、すべての利用者に利用しやすく居心地の良い学校図書館につながることを、教職員は認識することが大切である。

(2)適切な資料を収集し提供する

　特別な支援を必要とする児童生徒のための資料の収集と提供に関して、以下に法律、国レベルの計画、および、学校図書館の運営上の指針の観点から順に述べる。

　2019年6月28日に施行された「視覚障害者等の読書環境の整備の推進に関する法律」（以下「読書バリアフリー法」）は、視覚障がい者等の読書環境の整備を総合的かつ計画的に推進し、もって障がいの有無にかかわらず全ての国民が等しく読書を通じて文字・活字文化の恵沢を享受することができる社

会の実現に寄与することをめざしている。「読書バリアフリー法」第7条に基づき2020年7月に定められた「視覚障害者等の読書環境の整備の推進に関する基本的な計画」(以下「読書バリアフリー基本計画」)では、アクセシブルな(利用可能な)書籍(点字図書や拡大図書等)の継続的な提供とアクセシブルな電子書籍等(音声読み上げ対応の電子書籍、デイジー図書、オーディオブック、テキストデータ等)の普及を、基本的な方針の一つとして謳っている。

　また、2018年4月20日に閣議決定された第四次「子供の読書活動の推進に関する基本的な計画」(以下「第四次計画」)では、学校等における取組として、全ての学校において障がいのある子どももまた豊かな読書活動を体験できるように、提言されている。たとえば、点字図書や音声図書など、ひとりひとりの教育的ニーズに応じた様々な形態の図書館資料の整備が図られるとともに、学習指導要領等に基づき自発的な読書を促す指導が行われるための取組を推進している。

　さらに、2016年に制定された文部科学省「学校図書館ガイドライン」では、児童生徒ひとりひとりの教育的ニーズに応じた様々な形態の図書館資料を充実するよう努めることが望ましいとしている。発達障がいを含む障がいのある児童生徒に対しては、たとえば、点字図書、音声図書、拡大文字図書、LLブック、マルチメディアDAISY(デイジー)図書、読書補助具、拡大読書器、電子図書等の整備も有効であることを示している[堀川，2018]。

　LLブックのLLとは、スウェーデン語のLättlästの省略形で、日本語では「やさしく読める」という意味である。LLブックは、ことばや文章の表現が具体的であること、図書の内容を表すイラストや写真が使われていることなど、わかりやすく読みやすく書かれた図書のことである。利用対象者として、知的障がいのある子どもや日本語の読み書きが充分できていない子どもなどが考えられる。

　マルチメディアDAISY図書とは、視覚に障がいがある者に加えて発達障がいのある者など、いわゆる活字による読書が難しい者を対象に、音声、テキスト、画像などを同時に再生できるデジタル録音図書のことである。パソコン、携帯タブレット、スマートフォン、および、再生専用機などで利用できる電子書籍であり、文字の大きさや色、行間などを変更して読みやすくす

ることができる。近年では、様々な実態の児童生徒が本を読む楽しさを味わうことができる図書として、広く活用されている。

　また、児童などを対象とする絵本については、点訳絵本、さわる絵本、布の絵本などがあげられる[金沢・柳，2022]。

　点訳絵本は、絵本の文章を塩化ビニール製の透明なシートに点訳し、原本の活字部分に貼り付けたものである。また絵の説明文を絵の部分につけたりする。見えない人も見える人も一緒に楽しめるように配慮されている。

　さわる絵本は、視覚に障がいのある子どもが、さわって絵がわかるように工夫されている。点字とふつうに書かれた文字の両方で文章が読めるようになっている。

　布の絵本は、布でできており、ボタン・ファスナー・マジックテープ・紐などを使用している。これらを留めたり、はずしたり、結んだりして遊ぶことで、特別な支援を必要とする子どもの成長発達を促す絵本である。教具と遊具の二つの役割を兼ね備えている。

　特別な支援を必要とする児童生徒に対しては、以上のような資料などのなかからひとりひとりにふさわしい資料を提供することが大切である。

**(3)授業での学習活動や読書に関する集会活動などを通じて、本に親しむ
　　機会を定期的に設ける**

　特別な支援を必要とする児童生徒は、「文字が読めない」「漢字がわからない」「文の意味が理解できない」など、読書に関する難しさがひとりひとり異なっている。ひとりひとりの読書の実態を把握したうえで、生活年齢にも配慮し、適切な本を紹介し、紹介の仕方にも工夫し、本に親しめるように支援することが大切である。

　本に親しむ機会としては、以下に示すように、授業での学習活動を通じて、また、読書に関する集会活動を通じてなどが考えられる。

①授業での学習活動を通じて、本に親しむ機会を設ける

以下に、群馬大学教育学部附属特別支援学校の事例[須田，2019]を示す。

(I)小学部の場合

「えほんをよんでつたえよう」の授業では、小学部の児童が幼稚園児（以下「園児」）とのクリスマス交流に向けて、「児童が絵本の読み聞かせをする」「手紙を書いて渡す」「一緒にクリスマスを題材にした造形活動をする」という学習活動を行った。

実施にあたり、小学部、および、幼稚園の教員は、児童の読む力や園児の読書経験を考慮し、児童や園児が興味を持ちやすい内容の本を選書した。また、教室内にも図書コーナーを設け、児童がいつでも読めるようにした。

このような実践を通じて、児童、および、園児は、手に取って読む絵本の内容の幅が広がり、本を探すために書架を見て回り、今まで読んだことがない本も読む姿が見られるようになった。

(II)中学部の場合

「みんなに紹介しよう　わたしのおすすめの一冊」の授業では、自分が気に入った1冊について、挿絵や文章から内容を正しく読み取り、考えたことを友達に伝えることをねらいとした。

実施にあたり、読むことについての実態（文字が読めるか、絵で捉えるか、何に興味や関心があるかなど）を把握すること、学習のねらいにあった本を教員が学校司書と選ぶこと、各生徒の実態に適した本の候補を数冊あげること、子どもたちがその本の候補のなかから読む本を選べるようにすることなどに留意した。

このような実践を通じて、自分が読んだ本を読み返したり、友達の紹介した本を読むなど、再読の機会を得たり読書興味の幅を広げることにつながった。

(III)高等部の場合

「じっくり読んで紹介しよう　おすすめの本」の授業では、生徒が卒業後に自主的に読書することをめざして、読む本を選び、文字や絵に着目しながら内容を捉えて読むことをねらいとした。さらにその内容を友達と紹介し合い、様々な種類の本の面白さを共有することもめざした。

実施にあたり、集中して本を読めるように個々の読書スペースを確保し、情報端末機器を用いて音声が聞き取りやすいようにヘッドフォンを活用するなど、本を読むための環境整備に努めた。

このような実践を通じて、授業で読んだ本の続きを休み時間に読む生徒の姿が見られたこと、学校図書館で自ら本を探す練習を行ったことで地域の図書館で本を探すようになった生徒もいたことなど、読書に積極的に取り組もうとする生徒が増えた。

②読書に関する集会活動を通じて、本に親しむ機会を設ける

読書に関する集会活動として、校内でお話し会やポップコンテストを開催することなどが考えられる。

ポップ（POP）とは、'point-of-purchase'（購買時点、店頭）の省略形であり、本来は商品の近くに掲げて客の購買意欲を促進するための広告のことである。読書に関しては、その本を読みたくなるように本の近くに添えるメッセージやイラストなどのことをポップと呼んでいる。また、どのポップが読者の心に強く印象づけられたかを競う催しのことを、ポップコンテストと呼んでいる。

お話し会で絵本の読み聞かせを行うと、読書経験の少ない重度・重複障がいの子どもたちなども、絵本を楽しむことができる。まず、本を開くといろいろな楽しみに出会えることを伝えられる絵本を選ぶことが大切である。テーマは、食べ物、乗り物、動物など子どもにとって身近で関心を持てるものが適切である。

子どもの障がいの程度に応じて、以下のように読み聞かせに工夫をすることが大切である［東京都立多摩図書館, 2013］。

(I)寄り添って読む

障がいの重い子どもには、文字どおりに読むのではなく、子どもの気持ちに寄り添って語りかける。

(II)一部分を読む

子どもが興味を持つ部分だけを読むことから始める。知識の本では特に効果がある。

(III)ダイジェストで読む

子どもの様子に応じて、ストーリーをかいつまんで話し、言葉をやさしく言い換えて読む。

(IV)読んだことを体験する

実物を添えて、読んだことを体験することで、本への関心が高まる。

(V)クイズをしながら読む

クイズが好きな子どもには、クイズ形式の本を読むとよい。集中して問いかけを聞き、正解すると満足する。

(VI)繰り返し読む

同じ絵本を繰り返し読むことが大切である。毎日読んでいると、子どもの楽しみ方は変わってくる。また、小さい頃に楽しんだ絵本を大きくなってから読むと、絵本をより深く理解できる。

　以上の6点に留意し、絵本の読み聞かせを含むお話し会を行うことが重要である。

　次に校内ポップコンテストの開催について、特別支援学校高等部の取組を示す［東京都教育委員会，2021］。

　校内ポップコンテストは、図書委員会が主催して実施された。ポップづくりの導入の部分では、所定の様式におすすめの図書の写真を貼ってコメントを書き、どのようなポップをつくるかイメージ作りに努めた。コンテスト当日は、「いいね」シールで投票し、人気が高かったポップは、多くの人たちの目に留まるように玄関入り口の図書コーナーに展示した。生徒たちは、友達が作成したポップを通じて、様々な表現のあることに気づき、新しい本に出

合うことができた。

第2節　日本語を母語としない子どもや帰国子女などへの読書指導

　我が国ではグローバル化の進展や人口減少などに伴い、今後は外国人材の受け入れが拡大することが考えられる。日本語教育の推進により、我が国に居住する外国人が日常生活、および、社会生活を国民と共に円滑に営むことができる環境を整備すること等を目的として、2019年6月に「日本語教育の推進に関する法律」（以下「日本語教育推進法」）が公布・施行された。「日本語教育推進法」では、日本語教育の対象として、第一に「外国人等である幼児、児童、生徒等」が取り上げられている。

　文部科学省によれば「日本語指導が必要な児童生徒」とは、日本語で日常会話が充分にできない児童生徒、または、日常会話はできても学年相当の学習言語が不足し学習活動への参加に支障が生じている児童生徒のことである。このような「日本語指導が必要な児童生徒」には、「外国籍であって日本語を母語としない児童生徒」に加えて、「国際結婚などにより日本国籍を有するが、家庭内での言語が日本語ではない児童生徒」や「帰国子女のため日本語からしばらく離れていて日本語による学習が難しい児童生徒」なども含まれる。

　本節では、上記の点を踏まえて、日本語指導が必要な児童生徒の在籍状況、および、日本語指導が必要な児童生徒への読書指導について述べる。

(1) 日本語指導が必要な児童生徒の在籍状況について

　文部科学省の「日本語指導が必要な児童生徒の受入状況等に関する調査結果の概要（速報）令和4年3月」［文部科学省，2022］によれば、日本語指導が必要な外国籍の児童生徒数は47,627人（2021年度）であり、前回調査（2018年度）に比べて6,872人（16.9％）の増加である。校種別に見ると、「小学校」（31,191人）、「中学校」（11,283人）、「高等学校」（4,295人）、「義務教育学校」（339人）、「中等教育学校」（66人）、および、「特別支援学校」（453人）であり、「小学校」が最も多い。また、児童生徒の言語別（母語別）内訳（比率）を見ると、「ポルトガル語」（25.1％）、「中国語」（20.9％）、「フィリピノ語」（15.7％）、「スペイン

語」(7.8%)などである。「ポルトガル語」、「中国語」、および、「フィリピノ語」の上位3位で約6割を占めている。

　一方、日本語指導が必要な日本国籍の児童生徒数は10,726人（2021年度）であり、前回調査（2018年度）に比べて355人（3.4%）の増加である。校種別に見ると、「小学校」（7,546人）、「中学校」（2,376人）、「高等学校」（514人）、「義務教育学校」（77人）、「中等教育学校」（86人）、および、「特別支援学校」（127人）であり、「小学校」が最も多い。

　さらに、「日本語指導が必要な児童生徒」のうち、学校において「特別の配慮に基づく指導」を受けている児童生徒数は、「外国籍」では43,311人（90.9%）、「日本籍」では9,414人（87.8%）である。なお、「特別の配慮に基づく指導」とは、当該児童生徒に対して、「特別の教育課程」による日本語指導、並びに教科の補習等、在籍学級や放課後を含む、何らかの日本語指導等を学校で行うことである。

　以上のことから、日本語指導が必要な児童生徒数は、外国籍であっても日本国籍であっても増加傾向にあるが、それらの約9割の児童生徒が「特別の配慮に基づく指導」も受けながら在籍している。

(2)日本語指導が必要な児童生徒への読書指導について

　日本語指導が必要な児童生徒への読書指導のはじめの一歩として、日本語や日本の文化などを学ぶためにやさしい日本語で書かれている資料の収集と提供が肝要である。次に、児童生徒が母語を保持できるように、出身国の児童書に加えて、心の癒しやリラックスにつながる母語で書かれた小説なども必要である。

　このような外国語の資料は、異文化理解や多文化共生の観点から、すべての児童生徒にとって有益である。

　前者のやさしい日本語で書かれた資料は市場に出回っているので、学校図書館で収集し提供することは比較的容易である。一方、児童生徒の母語は、前述のように、英語ではなくポルトガル語、中国語、フィリピノ語、スペイン語などが多いので、母語で書かれた児童書などを収集することは必ずしも容易であるとは限らない。

国立国会図書館国際子ども図書館(以下、国際子ども図書館)や全国の公立図書館のなかには、あるテーマのもとに学校や学校図書館向けにセット貸出を行っているところがある。一般的に英語の絵本や児童書のセット貸出は多い。一方、英語以外の外国語による絵本や児童書をセット貸出のなかに含めている図書館もある。

　国際子ども図書館では、国際理解という大きなテーマのもとに、「世界を知る」「東アジア」「東南アジア・南アジア」「ヨーロッパ」「中東・アフリカ」「カナダ・アメリカ」「中南米」「オセアニア・南極・北極」のセットを用意している。世界の国・地域に関する資料、現地で親しまれている昔話や絵本など、各セットは幅広い分野の資料で構成されている[国立国会図書館国際子ども図書館, 2022]。

　大阪府立中央図書館 国際児童文学館では、アジアの絵本貸出セットとして、インド、韓国、タイ、中国語圏(台湾、中国)の最新の絵本のなかから厳選した作品を、翻訳がある場合は日本語訳も併せて貸出している。専門家による解説や各作品の内容を要約したものを掲載したパンフレットも用意している[大阪府立中央図書館, 2022]。

　横浜市立図書館では、外国につながる児童生徒の増加に伴い、中国語など各国の母語で書かれた図書を、学校向けセット貸出としてまとめて学校に貸出している[横浜市中央図書館, 2021]。

　このような図書館からのセット貸出を活用して、母語が日本語ではない児童生徒の母語による読書活動を支援することが考えられる。日本語を学ぶための日本語による読書と、母語を保持するための母語による読書の両方に配慮することが大切である。

　なお、日本語指導が必要な児童生徒への読書指導にあたり、「やさしい日本語」を使用して、円滑なコミュニケーションを図ることが肝要である。子どもが第二言語として日本語を習得する際にハードルを下げるための一つの方策として、「やさしい日本語」での対応が考えられる。「やさしい日本語」を作成するためのルールとして、たとえば以下のような項目があげられる[石渡, 2020]。

①難しい言葉は避け、簡単な語を使用する。

②ひとつの文を短くし、文の構造を簡単にする。

③カタカナ外来語はできるだけ使わない。

④ローマ字、および、擬態語や擬音語は使わない。

⑤すべての漢字にルビ(ふりがな)を付ける。

⑥時間や年月日を外国人にも伝わる表記とする。

⑦曖昧な表現や二重否定の表現は避ける。

⑧文末表現はできるだけ統一する。

　「やさしい日本語」は、外国籍の児童生徒に対して有効であるばかりではなく、日本語指導が必要な日本国籍の児童生徒に対しても意義がある。さらに、外国籍の児童生徒の保護者とコミュニケーションを図るうえでも、有益である。

引用参考文献

石渡裕子(2020)「我が国の外国人児童生徒等に対する日本語教育」『レファレンス』No.835, pp.29-50

大阪府立中央図書館 国際児童文学館(2022)「大阪府立中央図書館 国際児童文学館 アジアの絵本貸出セットのご案内」https://www.library.pref.osaka.jp/site/jibunkan/asiapack.html(参照　2022-05-05)

金沢みどり(2022)『図書館サービス概論　第2補訂版』学文社

金沢みどり・柳勝文(2022)『児童サービス論　第3版』学文社

国立国会図書館国際子ども図書館(2022)「事業概要「学校図書館セット貸出し」事業」https://www.kodomo.go.jp/promote/activity/rent/about.html(参照　2022-05-05)

須田雅人[編集責任者](2019)『平成30年度 実践報告1年次　特別支援学校における教科等の学習への図書館機能の活用と読書活動の充実に関する研究』群馬大学教育学部附属特別支援学校

全国学校図書館協議会研究調査部(2018)「2018年度学校図書館調査報告」『学校図書館』No.817、pp.49-71

全国学校図書館協議会特別支援学校図書館調査委員会、専修大学文学部ジャーナリズム学科図書館情報学研究室(2020)「「特別支援学校図書館の現状に関する調査」報告」『学校図書館』No.836、pp.14-48

東京都教育委員会(2021)『平成29年度〜令和2年度 東京都特別支援教育推進計画

（第二期）・第一次実施計画に基づく特別支援学校における特別支援教育の充実事業指導資料 特別支援学校の指導内容・方法の充実に向けて』東京都教育委員会

東京都立多摩図書館(2013)『都立図書館 学校支援シリーズ 特別支援学校での読み聞かせ 都立多摩図書館の実践から』東京都立多摩図書館

野口武悟・児島陽子・入川加代子(2019)『多様なニーズによりそう学校図書館　特別支援学校の合理的配慮を例に』少年写真新聞社

堀川照代(2018)『「学校図書館ガイドライン」活用ハンドブック　解説編』悠光堂

文部科学省(2019)「特別支援教育の現状　参考資料10(令和元年5月1日現在)」文部科学省

文部科学省総合教育政策局国際教育課(2022)「日本語指導が必要な児童生徒の受入状況等に関する調査結果の概要(速報)令和4年3月」文部科学省

横浜市中央図書館(2021)『横浜市の図書館　2021(横浜市立図書館年報)』横浜市中央図書館

第12章
地域社会との連携による子どもの
読書活動の推進

本章の要点

　地域社会の生涯学習のための施設や機関として、公立図書館、博物館、および、公民館などがあげられる。これらの施設や機関では、学校や学校図書館との連携を通じて、児童生徒の読書支援、学習支援、および、教職員の教育支援に貢献している。近年の公立図書館では、公立図書館Webサイトに学校支援Webページや子ども読書Webページを設け、学校や学校図書館の支援に関する情報、および、0歳から18歳までの子どもの読書活動の推進に関する情報などを提供する傾向にある。また、学校図書館支援センターを公立図書館などに設置すること、公立図書館が学校支援サービスを積極的に行うことなどを通じて、学校教育の充実と地域の教育力の向上をめざしている。

　そこで、本章では、まず公立図書館と学校や学校図書館との連携について述べる。次に、公立図書館Webサイトの子ども読書Webページによる子どもの読書支援について論じる。また、博物館や公民館を対象として、学校や学校図書館との連携について述べる。さらに、学校図書館支援センターとの連携などにより、地域社会に学校図書館支援システムを構築することの意義とあり方について考察する。

第1節　公立図書館との連携

(1) 学校図書館の現状に関する調査結果に基づく公立図書館との
　連携状況

　表12.1は、2019(令和元)年度末現在の学校と公立図書館との連携状況に

表12.1　学校と公立図書館との連携状況（令和元年度末現在）

連携の状況 校種	学校数(A)	連携の 学校数 (B) (B/A:%)	学校への 資料の貸出 (C) (C/B:%)	定期的な 連絡会 (D) (D/B:%)	司書等の 学校訪問 (E) (E/B:%)
小学校	18,849	16,207 (86.0%)	15,492 (95.6%)	3,837 (23.7%)	4,288 (26.5%)
中学校	9,120	5,965 (65.4%)	5,292 (88.7%)	1,826 (30.6%)	1,281 (21.5%)
高等学校	3,436	1,871 (54.5%)	1,716 (91.7%)	309 (16.5%)	229 (12.2%)
特別支援学校 小学部	860	358 (41.6%)	298 (83.2%)	34 (9.5%)	91 (25.4%)
特別支援学校 中学部	854	325 (38.1%)	275 (84.6%)	32 (9.8%)	74 (22.8%)
特別支援学校 高等部	891	322 (36.1%)	272 (84.5%)	29 (9.0%)	65 (20.2%)
義務教育学校 前期課程	100	83 (83.0%)	75 (90.4%)	18 (21.7%)	27 (32.5%)
義務教育学校 後期課程	100	75 (75.0%)	66 (88.0%)	20 (26.7%)	26 (34.7%)
中等教育学校 前期課程	33	24 (72.7%)	20 (83.3%)	6 (25.0%)	5 (20.8%)
中等教育学校 後期課程	31	21 (67.7%)	18 (85.7%)	5 (23.8%)	4 (19.0%)
合　計	34,274	25,251 (73.7%)	23,524 (93.2%)	6,116 (24.2%)	6,090 (24.1%)

出典）文部科学省総合教育政策局地域学習推進課(2022)『令和2年度「学校図書館の現状に関する調査」結果について』文部科学省 をもとに作成

ついて示したものである［文部科学省，2022］。公立図書館と連携している学校数は、校種別に見ると「小学校」が86.0％を占めており最も多く、次いで「義務教育学校前期課程」(83.0％)、「同後期課程」(75.0％)、「中等教育学校前期課程」(72.7％)、「同後期課程」(67.7％)、「中学校」(65.4％)、および、「高等学校」(54.5％)の順である。一方、「特別支援学校」では、「小学部」「中学部」「高等部」ともに約4割となっており、他の校種と比べて公立図書館との連携は少ない傾向にある。

連携の具体的な内容については、いずれの校種でも8割以上の学校で「公立図書館から資料の貸出」を受けており、最も多い。一方、「公立図書館との定期的な連絡会の実施」や「公立図書館の司書などによる学校への訪問」については、いずれの校種においてもあまり多くはない。

　学校が必要とする資料の貸出を公立図書館が行うという相互貸借による連携の体制は、既に整っていると言える。一方、学校や学校図書館と公立図書館との人的交流を通じて両者が力を合わせて一つの目的を達成するというコラボレーション(Collaboration:協働)による連携は依然として少なく、これからの課題である。

(2) 学校や学校図書館と公立図書館とのコラボレーションによる連携

　今後の課題であると考えられる学校や学校図書館と公立図書館とのコラボレーションによる連携には、どのような意義があるかについて以下に述べる。

　学校図書館は、日常的に児童生徒の読書や学習を支援し、情報活用能力を育成するなど、児童生徒を生涯学習者に育てるうえで重要な役割を果たしている。しかし、夏休みなどの長期休業期間中では学校図書館は開館日数が限られるため、児童生徒は読書や学習に必要な資料や情報を充分に入手することが難しくなる。一方、公立図書館は、年間を通して学齢期の児童生徒に対して、児童サービス、ヤングアダルトサービス(以下、「YAサービス」)、学校支援サービスなどを実施し、読書支援、学習支援、および、情報活用能力の育成支援などを行っている。学校図書館と公立図書館では、開館日数や開館時間などは異なるものの、児童生徒という共通の利用者を対象としているため、両者が連携の関係を築くことは自然なことである[Potter and Johnson, 2017]。児童生徒は、両者のコラボレーションによるプログラムなどの参加を通じて、読書に親しむなど多くの恩恵を受けることができる。以下に海外および国内の学校図書館と公立図書館とのコラボレーションによる読書支援の事例を示す。

①米国の学校図書館と公立図書館とのコラボレーションによる
　読書支援の事例

　米国の多くの公立図書館では、毎年、夏休み期間中に “Summer Reading Program”（「夏季読書プログラム」のこと。以下SRP）と呼ばれる読書推進プログラムが行われている。SRPは、夏休み期間中の子どもたちの読書や図書館利用を推進するための取り組みとして、1890年代にはじめて実施され、今日に至るまで継続して行われている。実際に “Collaborative Summer Library Program”（以下CSLP）という組織が、SRPの主導的な役割を果たしている［金沢，2022］。例年、CSLPは対象世代別のスローガンを掲げ、米国の各地の公立図書館では、これらのスローガンや独自に設定したテーマに基づいてブックリストを作成し、SRPの推進に関するさまざまな活動を行っている［国立国会図書館，2010］。

　そこで、テキサス州にあるデントン公立図書館（Denton Public Library）、テキサス女子大学、および、デントン公立図書館のサービス・エリアにある四つの小学校が2014年に初めて共同主催したSRPを、米国の学校図書館と公立図書館とのコラボレーションによる読書支援の一つの事例として以下に示す。

　実際に子どもたちにSRPを勧めるために、そして、父母にSRPについて伝えるために、SRPが始まる前の春の時点で、公立図書館の司書は学校を訪問した。一方、学校司書は、SRPが行われている夏の期間に公立図書館のお話し会やその他のプログラムなどに参加し、学校図書館で接したことのある子どもたちや公立図書館の司書と交流をはかった。子どもたちにとっては学校が夏休み期間中に学校司書と公立図書館の司書の両方から、お話し会も含めて読書に関する刺激を受けることができた。また、学校司書と公立図書館の司書とのコミュニケーションもはかることができた。そのようなことから、前年の2013年と比べて、SRPの参加者が27％増えたばかりではなく、その他の子ども向けのプログラムへの参加者も23％増加した［Tucker et al., 2015］。

　なお、米国のドミニカン大学（Dominican University）の研究グループによる調査レポートによれば、SRPに参加した子どもたちは、参加しなかった子どもたちよりも、継続して図書館を利用し読書を習慣的に行う傾向が見られた

［Dominican University, 2010］。

　これまで、長期休業期間中に読書からまったく離れてしまうことによる読書能力やリテラシーの低下が指摘されてきた。学校司書と公立図書館の司書とのコラボレーションのもとにSRPを実施することは、子どもの読書習慣や図書館利用習慣の形成に、より一層効果的であると考えられる。

②日本の学校図書館と公立図書館とのコラボレーションによる読書支援の事例

　千葉県袖ケ浦市立昭和中学校（以下「昭和中学校」）では、2012年、および、2013年に袖ケ浦市立中央図書館（以下「中央図書館」）から依頼を受け、昭和中学校図書委員会が中央図書館のヤングアダルトコーナー（以下「YAコーナー」）と児童コーナーの展示を担当した［和田, 2017］。

　最初に図書委員の数人と学校司書が、展示する場所や広さなどを確認した。またYAコーナーから、昭和中学校の学校図書館では所蔵されていない図書を選んで借り、図書委員がその図書を読んだ。次に読んだ本のおすすめポップ（利用者の読書意欲を高めるためのイラストやメッセージなど）を校内で作成し、中央図書館でも作業を行った。展示期間中のYAコーナーと児童コーナーは大変な賑わいで、図書委員たちの作成したポップなどの効果で、多くの図書が借りられた。展示期間終了後は、昭和中学校の学校図書館近くのスペースに同様の展示を行い、学校図書館には所蔵されていない中央図書館の図書を紹介し、中央図書館に足を運ぶようにPRに努めた。

　2014年以降も継続して中央図書館からの依頼を受け、昭和中学校の図書委員は工夫して展示を行い、中央図書館との連携をさらに深めている。

　以上のように、学校や学校図書館が公立図書館とのコラボレーションによる連携をはかるということは、両者にとって共通の利用者である児童生徒の読書に対する関心を高めることにつながる。読書活動の推進や読書指導にとっても、両者のコラボレーションによる連携には意義がある。

(3) 公立図書館の学校支援サービスと学校支援Webページ

　公立図書館では、学校や学校図書館とのコラボレーションによる連携を実

現するために、これまでの児童サービスやYAサービスの枠を越えて、学校教育を総合的に支援するための学校(教育)支援サービスを提供することが必要である[平久江, 2010]。

　また、これまでに公立図書館が実施してきた児童やYAの情報活用能力の育成支援については、児童サービスやYAサービスの一部として、公立図書館Webサイトの児童のWebページ、子どものWeb版OPAC、YA Webページを通じても行われてきた[鈴木, 2007][金沢・丸山, 2008a][金沢・丸山, 2008b][金沢・丸山, 2014]。これからは児童やYAの情報活用能力の育成支援については、学校支援サービスの一部としても実施すること、「学校支援Webページ」を通じても行うことなどが考えられる[高田, 2014]。

　そのようなことから、日本の公立図書館による学校支援サービスに着目し、公立図書館Webサイトの学校支援Webページのコンテンツ調査を2016年5月に実施し、児童生徒の学習支援、読書支援、情報活用能力の育成支援、および、教職員の授業支援の観点から現状を分析した[金沢, 2019]。

　公立図書館の設置主体別による学校支援Webページの有無については、都道府県立図書館の59.6%がWebサイトに学校支援Webページを備えており最も比率が高く、次いで、区立図書館(47.1%)、市立図書館(21.7%)、および、町立図書館(2.5%)の順である。なお、村立図書館では、学校支援Webページのあるところはないという調査結果である。

　実際に学校支援Webページのコンテンツとして、以下の五つをあげることができる[金沢, 2019]。

【学校支援Webページの5種類のコンテンツについて】
①学校支援サービスについて
　地域社会の学校関係者や地域住民に対して、公立図書館の学校支援サービスに関する情報を提供する。(学校支援サービスの趣旨、学校支援サービスについて問い合わせできる連絡先、学校支援コーナーについてなどを含む。)

②リソース・シェアリングについて
　公立図書館と学校、および、学校図書館との情報源の共有に関する情報を

提供する。(団体貸出について、貸出の際の物流システムについて、レファレンスサービスについて、複写サービスについてなどを含む。)

③図書館プログラムについて

公立図書館と学校や学校図書館によるプログラムに関する情報を提供する。(児童生徒を対象とするプログラムに加えて、教職員などを対象とする研修会、学校図書館に関するアドバイスや支援についてなどを含む。)

④教職員の授業支援や教材研究などに関する情報源について

教職員の授業支援や教材研究などに必要な資料や情報源についての情報を提供する。(授業に役立つブックリスト、読み聞かせにおすすめのブックリスト、読書指導に役立つブックリスト、授業に役立つリンク集などを含む。なお、教職員に公立図書館の利用を促し、間接的に授業支援をめざすものも含む。)

⑤児童生徒の学習支援、読書支援、および、情報活用能力の育成支援などに関する情報源について

児童生徒の学習支援、読書支援、および、情報活用能力の育成支援などをめざす資料や情報源について、発達段階や興味関心にふさわしい情報を提供する。(テーマ別ブックリスト、おすすめ本のブックリストやブックトーク、調べ方案内や調べ学習のガイドを含む。なお、児童生徒に児童サービスやYAサービスに関心を持ってもらい、公立図書館の利用を促すための情報も含む。)

表12.2は、上記の学校支援Webページのコンテンツについて、各コンテンツを含むWebページの件数と比率を示したものである。学校支援Webページは、教職員の授業支援や児童生徒の学習支援などのためのWebページと言うよりは、学校支援サービスについて広く学校関係者に知ってもらうための利用案内、および、具体的なサービスとして主に行われているリソース・シェアリングや図書館プログラムについて、サービスの活用に結びつけるための情報に力点を置いている。

表12.2　公立図書館Webサイトの学校支援Webページのコンテンツ（複数回答）

学校支援Webページのコンテンツについて	件数(%)
リソース・シェアリングについて	132(97.1)
学校支援サービスについて	120(88.2)
図書館プログラムについて	117(86.2)
教職員の授業支援や教材研究などに関する情報源について	79(58.1)
児童生徒の学習支援、読書支援、及び、情報活用能力の育成支援などに関する情報源について	76(55.9)
計	136(100)

学校支援Webページ計136件を100%として、各コンテンツの比率を計算した。
出典）金沢みどり(2019)「日本の公共図書館の学校支援Webページの現状と意義」『教育情報研究』Vol.34、No.3、pp. 3-18をもとに作成

　なお、図12.1は、同調査結果を踏まえ、学校支援Webページのコンテンツ・モデルを示したものである。

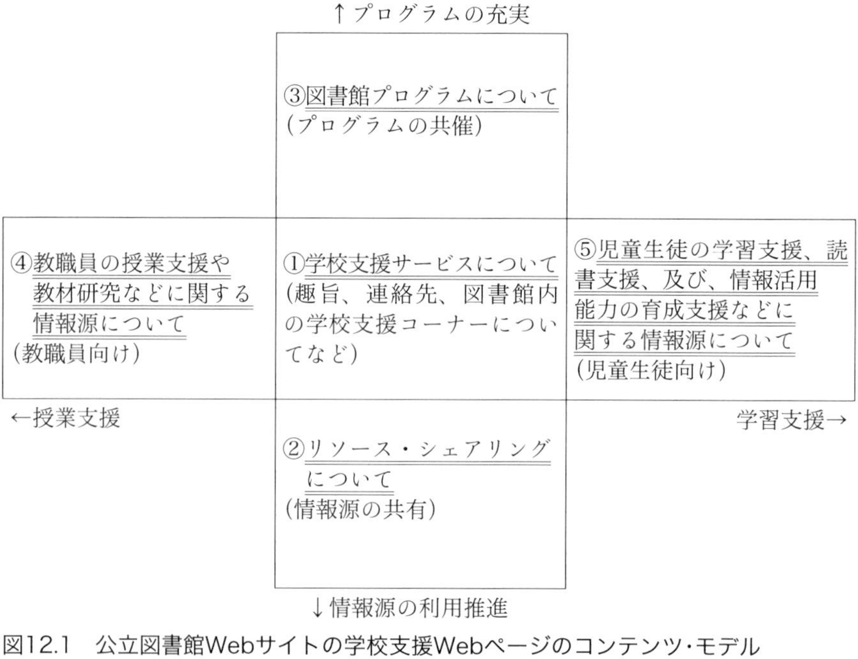

↑プログラムの充実

③図書館プログラムについて
（プログラムの共催）

④教職員の授業支援や教材研究などに関する情報源について
（教職員向け）

①学校支援サービスについて
（趣旨、連絡先、図書館内の学校支援コーナーについてなど）

⑤児童生徒の学習支援、読書支援、及び、情報活用能力の育成支援などに関する情報源について
（児童生徒向け）

←授業支援　　　　　　　　　　　　　　　　　　　　学習支援→

②リソース・シェアリングについて
（情報源の共有）

↓情報源の利用推進

図12.1　公立図書館Webサイトの学校支援Webページのコンテンツ・モデル
出典）金沢みどり(2019)「日本の公共図書館の学校支援Webページの現状と意義」『教育情報研究』Vol.34、No.3、pp.3-18をもとに作成

学校教育の充実と地域の教育力の向上を図るうえで、学校支援サービスは重要である。学校支援サービスについて広く地域社会に伝えるために、学校支援サービスを実施している公立図書館が、これまでの児童のWebページやYA Webページに加えて、学校支援WebページをWebサイト上に備えることには意義がある。

第2節　公立図書館Webサイトによる
##　　　　子どもの読書支援の分析

　子どもの読書習慣の形成と継続には、家庭、学校、公立図書館をはじめとする地域での読書活動の推進に関する積極的な取り組みが必要である。生涯学習社会の公立図書館では、児童生徒の読書支援、学習支援、情報活用能力の育成支援、および、教職員の授業支援などの観点から、公立図書館Webサイトに児童のWebページ、YA Webページ、学校支援Webページ、子ども読書Webページなどを備え、学校教育の充実と地域の教育力の向上に努めることが肝要である［金沢, 2019］。

　また、近年では国内外で0歳から18歳までの読書を連続的に捉え、読書習慣の形成と継続について、家庭、学校、地域で総合的に支援するという動向が見られる［金沢・柳, 2022］。そのようなことから、近年の公立図書館では、Webサイトに0歳から18歳までを対象とした子ども読書Webページを備える傾向にある。

　そこで、日本の公立図書館Webサイトの子ども読書Webページのコンテンツに関する調査を2019年8月〜9月に実施し、調査結果の分析、および、考察を行い、今後の課題について論じた。さらに、子ども読書Webページ、児童のWebページ、YA Webページ、および、学校支援Webページ間で相互リンクがどの程度張られているかなどの調査も併せて行い、これら4種類の児童やYAに関するページの関連性や今後のあり方について考察した［金沢・望月, 2021］。

　なお、ブロンフェンブレイナー(Bronfenbrenner, Urie)は、子どもを取り巻く環境を捉える際に、直接的な環境だけではなく間接的な環境までも含めて、四つの位相(マイクロシステム、メゾシステム、エクソシステム、およ

び、マクロシステム）で考えることを提案した［Bronfenbrenner, 1979］。

　同調査では、子どもの発達と読書環境について、ブロンフェンブレイナーのこのような考え方を踏まえたうえで、読書活動の推進という観点から独自に調査項目を設定した。図12.2は、個々の子どもを中心とした成長に伴う読書環境の拡張について示したものである。以下に、子どもの読書環境に関する四つのシステムとそれに関連する調査項目を示す。

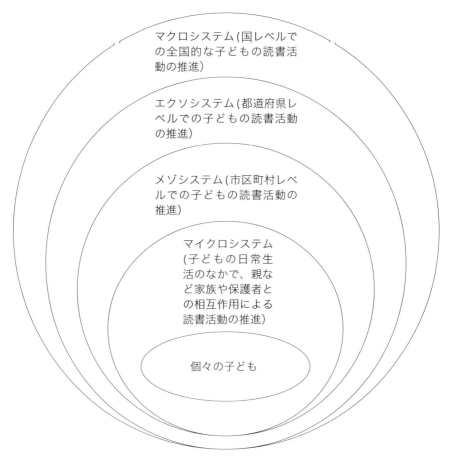

図12.2　個々の子どもを中心とした子どもの読書環境の構築
出典）金沢みどり・望月道浩(2021)「日本の公立図書館における子ども読書Webページの現況と課題―子どもの読書活動推進に向けて―」『情報メディア研究』Vol.20、No.1、pp. 37-54 をもとに作成

①マイクロシステム（**Microsystem**）

　家庭など子どもに対して日常生活を通じて直接的に影響を及ぼす環境。保護者などと子どもとの相互作用による最初の一歩としての読書活動の推進に関する情報を提供する。（保護者向け読み聞かせ留意点、保護者向け読み聞かせブックリスト、家庭での読書活動推進に関する保護者向け図書館利用についてなど。）

②メゾシステム（**Mesosystem**）

　子どもが家庭以外の新しい行動場面に入るときに形成され、拡張される環境。

　市区町村レベルでの子どもの読書活動の推進に関する情報を提供する。市区町村立図書館、学校図書館、子ども文庫などでの読書支援に関する情報を含む。

　（市区町村子ども読書活動推進計画について、市区町村内の施設による子どもの読書支援活動について、市区町村立図書館について、学校や団体向けブックリストについてなど。）

③エクソシステム（**Exosystem**）

　子どもを積極的な参加者として含めていないが、子どもの経験や子どもを含む行動場面に影響を及ぼす環境。都道府県レベルでの子どもの読書活動の推進に関する情報を提供する。自宅や学校から離れた場所にある都道府県立図書館などでの読書支援に関する情報を含む。（都道府県立図書館の子ども（YAも含む）のための資料案内、都道府県立図書館の子ども読書支援センターの利用案内、都道府県内の子ども読書活動推進についてなど。）

④マクロシステム（**Macrosystem**）

　国の文化全体のレベルで存在しているマイクロ、メゾ、エクソの形態や内容における一貫性、あるいは、そのような一貫性の背景にある基本的なものの考え方に通じる環境。国レベルでの全国的な子どもの読書活動の推進に関する情報を提供する。（子供の読書活動の推進に関する基本的な計画につい

て、子どもの読書に関する国の機関のWebサイトやWebページへのリンク、子どもの読書に関する国の機関を除く国内の公的機関のWebサイトやWebページへのリンク、学校図書館に関する情報へのリンクなど。）

　事前に設定した以上のような四つのシステムに関連する調査項目に基づき、コンテンツ調査を実施した。

　公立図書館の設置主体別による子ども読書Webページの有無については、都道府県立図書館の66.0%がWebサイトに子ども読書Webページを備えており最も比率が高く、次いで、区立図書館（50.0%）、市立図書館（13.9%）、および、町立図書館（4.1%）の順である。なお、村立図書館では、1館（2.6%）のみである。

　表12.3は、館種による子ども読書Webページのコンテンツについて示したものである。都道府県立図書館は、市区町村立図書館と比べて、エクソシステムやマクロシステムに関するコンテンツを備えている図書館の比率が高いと言える。一方、市区町村立図書館では、都道府県立図書館と比べて、マイクロシステムやメゾシステムに関するコンテンツを備えている図書館の比

表12.3　館種による子ども読書Webページのコンテンツ

コンテンツ　　館種	都道府県立	市立	区立	町立	村立	計
マクロシステム	15 (48.4)	14 (14.1)	2 (18.2)	2 (11.1)	0 (0.0)	33 (20.6)
エクソシステム	28 (90.3)	5 (5.1)	2 (18.2)	1 (5.6)	0 (0.0)	36 (22.5)
メゾシステム	18 (58.1)	89 (89.9)	11 (100.0)	17 (94.4)	1 (100.0)	136 (85.0)
マイクロシステム	21 (67.7)	92 (92.9)	10 (90.9)	17 (94.4)	1 (100.0)	141 (88.1)
計	31 (100.0)	99 (100.0)	11 (100.0)	18 (100.0)	1 (100.0)	160 (100.0)

出典）金沢みどり・望月道浩(2021)「日本の公立図書館における子ども読書Webページの現況と課題―子どもの読書活動推進に向けて―」『情報メディア研究』Vol.20、No.1、pp. 37-54 をもとに作成

率が高い。

　すなわち、館種により、子ども読書Webページのコンテンツに差異が見られる。

　子どもの読書活動の推進について、市区町村立図書館では、家庭内や当該の市区町村域での読書活動の推進に力を入れているのに対して、都道府県立図書館は、都道府県域という広域や国レベルの全国的な視野で活動している。

　図12.3は、子ども読書Webページ、および、児童やYAに関する各種Webページとの相互リンクの状況について、調査結果を示したものである。図中の数値についてであるが、たとえば、「子ども読書Webページ」（計160件）のうち、98件（61.3％）が「児童のWebページ」にリンクを張っており、逆に「児童のWebページ」（計127件）のうち、81件（63.8％）が「子ども読書Webページ」にリンクを張っているということである。「子ども読書Webページ」と「児童のWebページ」は、リンクの張られている比率が相互に60％以上と高く、両者は他のWebページと比べて、特に関連性が深いものと考えられる。

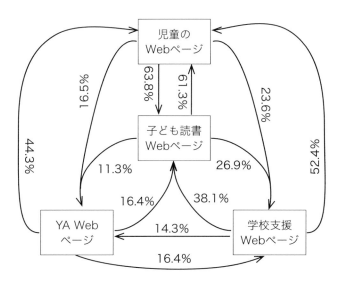

図12.3　子ども読書Webページ、および、児童やYAに関する各種
Webページとの相互リンクの状況
出典）金沢みどり・望月道浩（2021）「日本の公立図書館における子ども読書Webページの現況と課題─子どもの読書活動推進に向けて─」『情報メディア研究』Vol.20、No.1、pp.37-54 をもとに作成

さらに、リンクの張られている比率の高い順にあげると、上位5位では、「児童→子ども読書」(63.8%)、「子ども読書→児童」(61.3%)、「学校支援→児童」(52.4%)、「YA→児童」(44.3%)、「学校支援→子ども読書」(38.1%)の順である。上位5位のなかで「児童」へのリンクが3件と最も多く、次いで「子ども読書」へのリンクが2件である。

　以上のことから、児童やYAに関する4種類のWebページのうち、「児童のWebページ」が中心的な存在であると言える。そのような「児童のWebページ」にとって、「子ども読書Webページ」は最も深い関連性があり、「子ども読書Webページ」の果たす役割は重要である［金沢・望月，2021］。

　0歳から18歳までの年齢層を対象とする「子ども読書Webページ」を公立図書館Webサイトに備え、子どもの読書活動の推進をめざすためには、子どもの直接的な環境だけではなく、国レベルの全国的な子どもの読書環境にまで思いを馳せることが大切である。特にサービス圏域が広くサービスや資料が充実している都道府県立図書館においては、子どもの直接的な環境である家庭から全国レベルまでの子どもの読書活動の推進に関する情報を幅広く包括的に提供することが望まれる。

　現在、特に高校生の読書離れが著しく、読書活動の推進が難しい状況にある。今後の「子ども読書Webページ」は、「児童のWebページ」に加えて「YA Webページ」や「学校支援Webページ」との相互関連性にも留意し、読むことが苦手で読書習慣が確立していない読み手やYAを対象とした読書活動の推進に向けたコンテンツの充実をめざすことが考えられる。さらに、「子ども読書Webページ」と「YA Webページ」や「学校支援Webページ」との相互リンクを張ることにより、0歳から18歳までを対象とする子どもの読書活動の推進に関する包括的情報をより多くの利用者や地域住民に伝えることができる。

第3節　博物館や公民館などの社会教育施設との連携

(1) 博物館との連携

　博物館とは、博物館法によれば「歴史、芸術、民俗、産業、自然科学等に関する資料を収集し、保管(育成を含む。以下同じ。)し、展示して教育的配

慮の下に一般公衆の利用に供し、その教養、調査研究、レクリエーション等に資するために必要な事業を行い、併せてこれらの資料に関する調査研究をすることを目的とする機関」と定義されている。

　博物館と学校が連携すること（博学連携）の重要性については、2008年の中央教育審議会答申において示された。博学連携とは、博物館と学校とが望ましい形で連携を図りながら、子どもたちの教育を進めていこうとする取り組みである。授業に関する連携に加えて、修学旅行、遠足、職場体験、部活動などの連携も含めて、広範囲の教育活動に及んでいる［八田，2018］。

　また、社会科などの学習指導要領においても、博学連携の考え方について触れられている。たとえば、2017（平成29）年中学校社会科学習指導要領では、「博物館、郷土資料館などの施設を見学・調査したりするなど具体的に学ぶことを通して理解させるように工夫すること」とある。

　表12.4は、学校と博物館との連携の状況について、件数の多い上位8位

表12.4　学校と博物館との連携の状況（上位8位）（令和元年度）

連携の状況 ＼ 頻度	よくある	時々ある	ない	無回答
児童生徒が授業の一環として、博物館に来館する	86.0%	—	10.4%	3.6%
行事の一環として、学校が団体で博物館に来館する	72.8%	—	23.4%	3.8%
児童生徒が職場体験の一環として、博物館に来館する	58.9%	—	37.4%	3.8%
博物館で学芸員が児童生徒を指導する	52.5%	—	43.5%	4.0%
学芸員が学校に出向いて児童生徒を指導する	36.0%	—	59.9%	4.1%
教員に来館のための事前オリエンテーションをする	31.4%	—	64.5%	4.1%
教育委員会の教員研修と連携して、事業・活動を行う	27.5%	—	68.4%	4.1%
学校に資料や図書を貸し出す	25.2%	—	70.9%	3.9%

有効回答である日本の2,314館の博物館を100%として、各項目の比率が計算されている。
出典）日本博物館協会（2020）『令和元年度　日本の博物館総合調査報告書』日本博物館協会 をもとに作成

を示したものである［日本博物館協会，2020］。「授業の一環として、児童生徒が来館することがよくある博物館」は、全体の86.0%を占めており、最も多い。次いで、「行事の一環として、学校が団体で来館することがよくある博物館」(72.8%)、「職場体験の一環として、児童生徒が来館することがよくある博物館」(58.9%)、「児童生徒が博物館に来館し、学芸員が指導することがよくある博物館」(52.5%)の順である。博物館は児童生徒の教育活動に幅広く貢献しており、学校教育に重要な役割を果たしている。表12.4から、学芸員が学校に出向いて児童生徒を指導するよりも、むしろ児童生徒が授業の一環として、行事の一環として、職場体験の一環として、博物館に出かけ、学芸員から指導を受ける傾向にあると言える。また、数のうえでは少ないが、「学校に資料や図書を貸し出すことがよくある博物館」が全体の四分の一を占めており、博物館図書室と学校図書館との連携が考えられる。

(2) 公民館との連携

　公民館とは、社会教育法によれば「市町村その他一定区域内の住民のために、実際生活に即する教育、学術及び文化に関する各種の事業を行い、もつて住民の教養の向上、健康の増進、情操の純化を図り、生活文化の振興、社会福祉の増進に寄与すること」を目的としている。

　公民館は博物館と比較すると、必ずしも児童生徒が日常的に利用しているとは言えない。しかし、その数は多く、全国的な生涯学習のための施設・機関として、多様な住民の要望や社会の要請に応えるように努めている。2018(平成30)年度社会教育調査結果によれば、全国の公民館数は14,281館である［文部科学省，2020］。一方、2018(平成30)年度学校基本調査結果によれば、全国の小学校数は19,892校、および、中学校数は10,270校である［文部科学省，2018］。すなわち、公民館数は、小学校数と中学校数の中間に位置づけられており、公民館は全国的に普及していると言える。

　公民館は確かに社会教育法のなかで明確に位置づけられているが、公民館に関する細かな規定は社会教育法では特に設けられておらず、各市区町村の裁量に委ねられている。そのため、公民館は各市区町村で施設規模や運営方法なども異なり、名称も「公民館」の他に「学習館」「市民館」「市民センター」

「生涯学習センター」など様々である。公民館には、「つどう」(講座、サークル・グループ活動、文化祭などの集会活動を行う場所)、「まなぶ」(住民のさまざまな学習機会の場所)、「むすぶ」(地域社会の団体や住民の交流の場所)という三つの基本的な役割があると言われている。このような機能を備えているために、たとえば「土曜学習」の活動を推進するなど、公民館は学校や学校図書館と連携することができる[(公社)全国公民館連合会，2015]。

　たとえば、岩手県久慈市立大川目市民センターでは、久慈市と大川目町について、歴史や文化を後世に伝えようと、地域と学校が連携して「ふるさと教育」に取り組んでいる。主な内容は以下の三つである[高橋，2018]。

①剣舞伝承教室

　大川目町に古くから伝わる伝統芸能「剣舞」について、小学校5・6年生が地元の指導者から指導を受け、「備前の里夏祭り」や運動会で腕前を披露している。

②郷土の歴史講座

　地元の久慈城などや、それに関係する人物や史跡について、講座で学ぶ。なお、講座は小学5年生、中学1年生、および、一般を対象とした内容に分かれている。座学で学んだ後に、関連する史跡めぐりを行っている。

③昔語りの部屋

　語り部マイスターの師匠のもとで、小学校3年生が語り部に挑戦する。師匠から方言の指導を受けながら、方言で昔話を語れるように練習を重ねる。市民センターで行われる「むがぁすむがすまつり」で練習の成果を発表している。

　以上のように、公民館との連携には、その前提として地域社会の歴史や文化を後世に伝えたいという地域住民の願いがある。その願いを現実のものとするために、家庭、学校、公民館が力を合わせて各種の事業に継続的に取り組んでいる。

第4節　学校図書館支援センターとの連携

　本章の第1節でも述べたように、公立図書館のなかには、学校教育の充実と地域の教育力の向上を図るために、図書館サービスの一つとして、学校支援サービスを実施しているところがある。また、地域社会での学校図書館支援システムの構築のために、学校図書館支援センターを設置している地域もある。

　全国的に学校図書館支援センターが設置されるようになったのは、文部科学省が2006年度から3年間にわたり実施した「学校図書館支援センター推進事業」においてである。同事業では全国で59地域が指定された。一方、「学校図書館支援センター推進事業」によらず、独自に学校図書館支援センターを設置している自治体もある。

(1) 学校図書館支援センター推進事業の概要と効果

　「学校図書館支援センター推進事業」に指定された地域では、次のような取り組みが行われた[中村, 2009]。

①地域に学校図書館支援センター(以下「支援センター」)を設置し、学校図書館間の連携や各学校図書館の運営、地域開放に向けた支援などを行う学校図書館支援スタッフ(以下「支援スタッフ」)を支援センターに配置する。

②地域内の各学校に配置される協力員が、支援スタッフとの連携や協力にあたることを通じて、学校図書館の読書センターの機能と学習情報センターの機能が充実し強化されるように、支援センターのあり方について調査研究を行う。

　また、支援センターの運営においては、支援スタッフが、学校、図書館、博物館などの教育機関との連携を調整する学習コーディネーターとしての役割を担うことになる[平久江, 2009]。

　指定された59地域の教育長を対象に2008年3月に実施したアンケート調

査の結果について、その一部を以下に示す。なお、28地域から回答があり、回収率は47.5％であった［中村，2009］。

①支援センターの設置場所

　有効回答数28件のうち、「教育委員会」が12件（42.9％）と最も多く、次いで「公共図書館」9件（32.1％）、「教育センター」3件（10.7％）の順である。

②実際に取り組んだ事業

　表12.5に示すように、有効回答数26件のうち、実際に取り組んだ事業について「学校図書館の蔵書点検や改装などの作業の手伝い」が20件（76.9％）と最も多く、次いで「学校図書館担当職員対象の研修の実施」17件（65.4％）、「公共図書館と学校図書館との物流システム」16件（61.5％）、および、「図書館を使った授業実践の交流」15件（57.7％）の順である。支援スタッフとして学校図書館と公共図書館をつなぎ、各学校図書館だけでは取り組むことが難しい蔵書点検や環境整備、長期的に意義のある研修や授業実践に関する人的交流にまで留意して、事業に取り組んでいる。

表12.5　「学校図書館支援センター推進事業」で実際に取り組んだ事業

実際に取り組んだ事業	件数(%)
学校図書館の蔵書点検や改装などの作業の手伝い	20(76.9%)
学校図書館担当職員対象の研修の実施	17(65.4%)
公共図書館と学校図書館との物流システム	16(61.5%)
図書館を使った授業実践の交流	15(57.7%)
司書教諭対象の図書館サービスに関わる研修の実施	12(46.2%)
学校図書館支援センターと学校図書館との物流システム	11(42.3%)
学校(図書館)間の物流システム	10(38.5%)
学習テーマごとの学習教材資料集の作成	9(34.6%)
計	26

出典）中村由布(2009)「学校図書館と公共図書館の連携―学校図書館支援センター推進事業指定地域へのアンケート調査を実施して―」『図書館界』Vol.61、No.1、pp.30-39をもとに作成

③協力校における変化

　表12.6に示すように、有効回答数26件のうち、協力校における変化について「貸出冊数が増えた」が23件（88.5％）と最も多く、次いで「授業での図書館利用が増えた」21件（80.8％）、「児童生徒の図書館利用の様子が変わった」20件（76.9％）、「図書・資料の購入や選定方法に工夫が見られるようになった」13件（50.0％）、および、「利用指導（利用教育）を実施するようになった」12件（46.2％）の順である。他にもいくつかあるが、すべて児童生徒の読書、学習、および、図書館利用にとってプラスになる変化ばかりである。以上がアンケート調査の結果である。

表12.6　「学校図書館支援センター推進事業」指定地域の協力校における変化

協力校における変化	件数（％）
貸出冊数が増えた	23（88.5）
授業での図書館利用が増えた	21（80.8）
児童生徒の図書館利用の様子が変わった	20（76.9）
図書・資料の購入や選定方法に工夫が見られるようになった	13（50.0）
利用指導（利用教育）を実施するようになった	12（46.2）
教諭の授業内容が変化した	10（38.5）
学校図書館にコンピュータを導入した	8（30.8）
開館時間を延長した	8（30.8）
計	26

出典）中村由布（2009）「学校図書館と公共図書館の連携―学校図書館支援センター推進事業指定地域へのアンケート調査を実施して―」『図書館界』Vol.61、No.1、pp. 30-39をもとに作成

　なお、同事業終了後の59地域の対応について、電話によるヒアリング調査の結果、以下の点が明らかになった［永利，2022］。

①支援センターを「存続」が23件（39.0％）、および、「廃止」は36件（61.0％）であった。
②「廃止」の地域のうち、17件は学校司書などの配置を始めていた。また、たとえ「廃止」しても、これまで支援センターが担っていた業務を公立図書館の児童サービスの範疇に組み込んだ地域もあった。

③支援センターを「存続」した地域と「廃止」しても学校司書を配置した地域の合計が40件（67.8％）に及んだ。

同事業を通じて、支援センターに関わった支援スタッフや各学校に配属された協力員の重要性が地域に広く認識され、その後の学校司書の配置を促した。

(2) 独自に学校図書館支援センターを設置した市の事例

「学校図書館支援センター推進事業」によらず、独自に学校図書館支援センターを設置した自治体の事例として、参考までに新潟県新潟市学校図書館支援センターについて以下に示す［安東，2014］。

新潟市は、子どもの読書活動を推進するにあたり、学校図書館は、家庭と同様に最も大切な場所であると認識している。そして、学校図書館の活用をすすめるうえで、何よりも「人」が必要であると考え、1998年度までに全ての小学校と中学校に学校司書を配置した。さらに、2005年度の14市町村による広域合併後、それまでに学校司書の配置のなかった合併市町村のすべての小学校と中学校に、2006年度中に学校司書の配置を完了した。しかし、学校により学校図書館の活用状況に大きな開きがあることから、新潟市として学校図書館全体のレベルアップを図ろうと考えた。実際に、「新潟市教育ビジョン」と「新潟市子ども読書活動推進計画」のなかで、学校図書館支援センターを設置し、学校図書館を組織的に支援することとした。

現在、市立図書館の4館に学校図書館支援センターを設置し、担当者9名で全市の小・中・中等教育学校と特別支援学校の173校の学校図書館を支援している。

学校図書館支援センターの取り組みとして、以下の四つがあげられている。

①教員と司書連携研修会

授業における学校図書館の活用を進めるために、学校司書が授業のねらいを理解し連携を深めることが必要であることから、教員と学校司書が集う研修会を行っている。

②学校図書館活用研修

教員と学校司書が、読書法に関する研修（講義と演習）に共に参加する機会を設けている。

③マニュアルの作成

学校司書の代表者と学校図書館支援センター担当との協働により、『新潟市学校図書館実務マニュアル』や『学校司書10の基本』を作成し、各学校に配布している。

④団体貸出図書搬送と「オレンジBOX」

学校向け団体貸出を実施し、小学校の国語科や総合的な学習の時間で使用できるように選書したセット資料を、ボックス単位で貸出ができるようにしている。

他にも、独自に学校図書館支援センターを設置した市として、たとえば静岡県浜松市などの事例もある。子どもの読書への関心が高く、既に子ども読書活動推進計画を策定し、全校に学校司書を配置している自治体では、独自に学校図書館支援センターを設置する傾向にあると考えられる。そのような自治体では、学校図書館支援センターを設置することが、地域の学校図書館を組織的に支援し、子どもの読書活動を推進することにつながっている。

引用参考文献

安東雅美(2014)「学校図書館活用の促進と子供の読書活動推進―新潟市学校図書館支援センターの取組」『初等教育資料』No.909、pp.32-35

金沢みどり・丸山有紀子(2008a)「児童の情報活用能力の育成支援に関する公共図書館Webページの現状と意義」『教育情報研究』Vol.23、No.3、pp. 39-48

金沢みどり・丸山有紀子(2008b)「児童の情報活用能力の育成支援に関する公共図書館Web版OPACの現状と問題点」『教育情報研究』Vol.24、No.2、pp.15-25

金沢みどり・丸山有紀子(2014)「公共図書館ヤングアダルトWebページの現状と意義―情報活用能力の育成支援の観点から―」『教育情報研究』Vol.30、No.1、pp. 3-18

金沢みどり(2019)「日本の公共図書館の学校支援Webページの現状と意義」『教育情

報研究』Vol.34、No.3、pp.3-18

金沢みどり・望月望浩(2021)「日本の公立図書館における子ども読書Webページ
　の現況と課題―子どもの読書活動推進に向けて―」『情報メディア研究』Vol.20、
　No.1、pp. 37-54

金沢みどり・柳勝文(2022)『児童サービス論　第3版』学文社

金沢みどり(2022)『図書館サービス概論　第2補訂版』学文社

公益社団法人全国公民館連合会(2015)「「つどう」「まなぶ」「むすぶ」ソフトウエアを
　持つ公民館」『学校図書館』No.779、pp. 33-36

国立国会図書館　カレントアウェアネス―E No. 176, E1078
　米国の夏休み読書推進プログラム　2010年8月1日

鈴木史穂(2007)「子どものためのWeb-OPAC」『図書館界』Vol.59、No.1、p.26-31

高田淳子(2014)「公共図書館における情報リテラシー育成を支援するサービス―現
　況調査をもとに」『日本図書館情報学会誌』Vol.60、No.3、pp. 106-122

高橋哲司(2018)「地域と学校の連携・協働でつなぐ、広げる「ふるさと教育」岩手県
　久慈市立大川目市民センター」『月刊公民館』第729号、pp. 24-27

中村由布(2009)「学校図書館と公共図書館の連携―学校図書館支援センター推進事
　業指定地域へのアンケート調査を実施して―」『図書館界』Vol.61、No.1、pp. 30-
　39

永利和則(2022)「公立図書館での学校図書館支援の変遷とあり方についての一考
　察～学校図書館支援センターの事例を中心に～」『福岡女子短期大学紀要』No.87、
　pp. 1-16

日本博物館協会(2020)『令和元年度　日本の博物館総合調査報告書』日本博物館協
　会

八田友和(2018)「学校教育と博物館の関係」『生涯学習研究e事典』http://ejiten.javea.
　or.jp/content26518018.html(参照 2023-03-24)

平久江祐司(2009)「学校図書館支援センター担当者の地域の学習コーディネーター
　としての可能性」『日本生涯教育学会年報』Vol.30、pp.135-143

平久江祐司(2010)「公共図書館と学校図書館の連携―新たな展望」『図書館雑誌』
　Vol.104、No.3、pp.134-136

文部科学省総合教育政策局調査企画課(2018)『平成30年度学校基本調査について(報
　道発表)』https://www.mext.go.jp/component/b_menu/other/__icsFiles/afieldfile/2018/12/25/1
　407449_1.pdf(参照2023-01-17)

文部科学省総合教育政策局調査企画課(2020)『平成30年度社会教育調査―II調査結
　果の概要』https://www.mext.go.jp/content/20200313-mxt_chousa01-100014642_3-3.pdf
　(参照2023-01-17)

文部科学省総合教育政策局地域学習推進課(2022)『令和2年度「学校図書館の現状
　に関する調査」結果について』文部科学省

和田幸子(2017)「学校図書館から広げる豊かな心と学びの力―昭和中学校での実践

から―」『学校司書の役割と活動―学校図書館の活性化の視点から―』(金沢みどり編著、学文社、2017、239p.) pp. 146-155

Bronfenbrenner, Urie (1979) *The Ecology of Human Development: Experiments by Nature and Design.* Harvard University Press.

なお、日本語訳として下記の図書がある。

U. ブロンフェンブレイナー著、磯貝芳郎・福富譲訳(1996)『人間発達の生態学―発達心理学への挑戦』川島書店

Potter, Tonya and Johnson, Kara (2017) 'Two Libraries Working toward Common Goals', *Knowledge Quest*, 45(5), pp. 22-29.

Dominican University (2010) *The Dominican Study: Public Library Summer Reading Programs Close the Reading Gap: Executive Summary.*
Available at: https://www.hayward-ca.gov/sites/default/files/library/readingstudyexecsummary.pdf (Accessed: 24 March, 2023)

Tucker, Dana et al. (2015) 'Summer Reading Program Collaboration: An Outstanding Opportunity for a Public Library, School Library, and University Course Partnership', *Texas Library Journal*, 91(1), pp. 17-19

第13章

読書教育の課題と今後の展望

本章の要点

　本章では、本書のまとめとして、読書教育の課題と今後の展望について述べる。

　今後の読書教育では、第一に、質の高い本を児童生徒に提供することが重要である。第二に、児童生徒がフィクションとノンフィクションの両方に親しむ機会を設けることである。第三に、読書への関心や意欲を高めるために、読書を他者と共有できるように読書会などを定期的に行うことである。

　また、第四に、社会全体のデジタル化の進展に伴い、学校図書館も紙書籍と電子書籍の両方を備え、児童生徒が本に親しめるようにすることが大切である。

　さらに、第五に、これからの読書に必要なデジタル・リテラシーの育成に取り組むことが重要である。

これからの読書教育

(1)児童、および、ヤングアダルト向けの質の高い本を児童生徒に提供すること

　児童生徒の学校での読書活動を推進するうえで、まず、質の高い児童、および、ヤングアダルト向けの本を学校図書館に備えることが肝要である。

　特に、児童と比べて周囲の大人に悩みや心配事を相談しにくいヤングアダルトの場合は、勉強での悩み、家族、いじめ、人間関係などをテーマにした本がとても身近な存在である。たとえ自分と同じような悩みを抱えている主人公の話を読んでも、自分を取り巻く状況は変わらないかもしれないが、心

のなかの平静を保てるようになるかもしれない。あるいは、解決策の一つや何か突破口になるものが読書によって見つかるかもしれない。

　既に米国ではこのようなヤングアダルト向けの本が数多く出版されている。日本でも、発達途上にある児童やヤングアダルトにしっかり寄り添い、児童ヤングアダルトの背中を押してくれるような本が、幅広く出版されることが重要である[菅谷・金沢, 2022]。

　そのためには、児童生徒の読書の実態などを熟知している司書教諭や学校司書などによる児童、および、ヤングアダルト向けの本に関する提案などは、出版業界にとって有益であると考えられる。

　さらに、そのような本を児童生徒が気軽に手にすることができるように、学校図書館に備えることが求められる。

(2)児童生徒がフィクションとノンフィクションの両方に親しむ機会を設け、本に書かれていることと自分や社会との関係について学べるようにすること

　同じテーマの本であっても、フィクションとノンフィクションでは、異なる目線から書かれている。たとえば、障がい者というテーマの本についてであるが、ノンフィクションの場合は、事実関係を把握したうえで障がい者には社会的にどのような課題があるかについて、障がい者を対象として書かれている。一方、フィクションの場合、障がい者に関する小説などは、障がい者の目線から社会を見て障がい者の心情を理解しようというものである[菅谷・金沢, 2022]。

　児童生徒の知性と感性を育み、メタ認知能力を育てるうえでも、同じテーマについてノンフィクションとフィクションの両方に親しむことは重要である。生徒が良き読者になるためには、両方のタイプのテクストをいかに読むかについての教育が必要である[Hadden and Gear, 2016]。また、本に書かれていることと自分や社会との関係について学ぶうえでも、小説などのフィクションだけではなく、ルポルタージュや伝記、知識の本などのノンフィクションにも親しむことが大切である。

　これまでの学校図書館では、どちらかと言うと物語や小説などのフィク

ションに重点を置いた蔵書構成が見られるが、今後はノンフィクションも視野に入れて幅広いジャンルの本を備え、児童生徒に提供することが肝要である。さらに、読書教育では、ノンフィクションとフィクションの読み方の違いについても、児童生徒の理解を促すことが大切である。

(3)本を読むことを他者と共有できるように読書会などを定期的に行い、児童生徒の読書への関心や意欲を高めるようにすること

読書は非常に個人的な経験ではあるが、読書後に読んだ本についてグループやクラスで話し合うことは重要である。ひとりで読むと自分自身の読み方でしかないが、同じページやフレーズを読んでも人により解釈は異なる。自分と異なる解釈を共有してみることで、自分の立ち位置を修正し視野を広げることができる。

また、自分の考えについて他者に直接伝えるということは現実的に難しい局面もあるが、読書会を行うことで、読んだ本を通して自分の思ったことや考えたことを自由に話せる機会を持つことができる。

読書会は、児童生徒のプレゼンテーション能力やコミュニケーション能力を高めるうえでも重要である。司書教諭、および、学校司書は校内での読書会などが円滑に行われるように、ファシリテーターとして貢献することなどが考えられる。

(4)紙書籍と電子書籍の両方の利点を活かし、状況などに応じて使い分けることにより、児童生徒がより一層、本に親しめるようにすること

日本の子どもの紙書籍と電子書籍による読書の調査結果から、電子書籍のみを読むという子どもの比率は低く、電子書籍を読んでいる子どもは紙書籍も読んでいる傾向にある。また、電子書籍を読んでいる子どもたちは、「何冊でも持ち運べる」「いつでもどこでも読める」「書店や図書館に行かなくても本が読める」などのメリットだけではなく、「本を買う前にためしに読めない」「友だちと本の貸し借りができない」などのデメリットについても認識している［創建，2019］。

今後はより多くの子どもたちが紙書籍と電子書籍のメリット・デメリット

を認識し、それぞれの利点を活かした使い分け行動で本に親しむことができるように、子どもの本が紙書籍に加えて電子書籍でも出版されることが望まれる。

これからのGIGAスクール時代では、タブレット型端末などによる電子書籍を活用した全校一斉読書活動や読書会などさまざまな取り組みが考えられる。これからは、紙書籍とは異なる利点を活かした電子書籍の読書も重要である。学校図書館では両方の本を備え、司書教諭や学校司書自らが紙書籍と電子書籍を使い分けることの意義について、日頃から児童生徒に示すことが大切である。

(5)これからの読書に必要なデジタル・リテラシーの育成をめざすこと

デジタル・リテラシーとは、デジタルテクストを批判的に評価する能力、そして、デジタルテクストを作成することができる能力のことである。デジタルテクストを批判的に評価する能力とは、たとえば、そのWebサイトに含まれる情報は信用できるか、あるいは、偏見があったり事実ではなかったりしないかなどを、見極める能力のことである。一方、デジタルテクストを作成できる能力とは、対象とするオーディエンスと最も効果的にコミュニケーションをはかれるように、言葉、画像、および、サウンドに配慮して、デジタルテクストを作成できる能力のことである[ティール，2019]。

現在ではインターネットやSNS、タブレット型端末などの普及により、児童生徒は、家庭、および、学校の環境のなかで日常的にデジタルテクストに親しむ機会が増えている。児童生徒が生涯にわたり学び続けていけるように、学校では、リテラシーに加えてデジタル・リテラシーを身につけるための教育が必要不可欠である。

情報センター、読書センター、学習センターとしての機能を持つ学校図書館を校内の中心に位置づけ、学校図書館利用教育や情報リテラシー教育の一環として、また、各教科などを担当する教員との連携をすすめながら、これからの読書に必要なデジタル・リテラシーの育成をめざすことが肝要である。

以上の5点は、読書教育に関する重要な課題であり、今後の読書教育の展

望を示すものである。子どもの読書環境として、学校以外に家庭や地域社会などが考えられる。子どもの読書は多くの場合、家庭での絵本の読み聞かせから始まっている。また、地域社会にある公立図書館では、児童サービスやヤングアダルトサービスの一環として、お話し会、読み聞かせ、ストーリーテリング、ブックトーク、および、読書アドバイスなどを行っており、子どもの読書活動の推進に務めている。

　学校、および、学校図書館では、子どもの読書活動をさらに推進するうえで、家庭や地域社会にある公立図書館などとの連携を積極的に図ることが重要である。子どもの読書に関する情報を共有し、何が子どもの読書にとって意義があるか、連携を図るうえでの留意点は何かなど、日頃からのコミュニケーションに努めることが大切である。

引用参考文献

菅谷明子・金沢みどり(2022)対談「米国における学校教育のデジタル化の現状と日本の図書館に期待されること」

　(国立国会図書館国際子ども図書館主催により、連続講演「DX時代の図書館と児童ヤングアダルトサービス」の一環として、菅谷明子・金沢みどりによる対談を行った。)

https://www.kodomo.go.jp/event/special/dxlecture.html(参照2022-06-08)公開日：2022-03-24

創建(2019)『子供の読書活動の推進等に関する調査研究報告書　概要版』平成30年度文部科学省委託調査

ティール，ウィリアム H.著、足立幸子訳(2019)「特別寄稿　国際的にみた読書教育」『読書教育の未来』(日本読書学会編、ひつじ書房) pp. 341-349

Hadden, Kyla and Gear, Adrienne (2016) *Powerful Readers: Thinking Strategies to Guide Literacy Instruction in Secondary Classrooms*. Markham: Pembroke Publishers.

あとがき

　本書では、近年のヤングアダルトの読書離れに留意し、学校に加えて、家庭、公立図書館なども含めて、より広い視野から国内外の子どもの読書の実情や読書環境について捉え、読書教育の歴史を踏まえたうえで、これからの学校図書館の活用による読書教育のあり方について論じた。

　児童やヤングアダルト向けの質の高い本を児童生徒に提供すること、児童やヤングアダルトがフィクションやノンフィクションの両方に親しむ機会を設けること、本を読むことを他者と共有できるように読書会などを定期的に行うことなど、読書教育には依然として取り組むべき課題がある。

　また、本に親しむ機会を増やすために学校図書館では紙書籍と電子書籍の両方の本を備えること、これからの読書に必要なデジタル・リテラシーの育成をめざすことなど、今後の読書教育のあらたな課題も指摘される。

　子どもの日常生活に読書を浸透させるうえで、子どもの身近にいて子どもの読書の模範となるような人（読書ロールモデル）の存在は重要である。読書ロールモデルは、読書することの意義を充分に認識し、読書は楽しいものであると心から感じ、読書習慣が形成されている人のことである。読書頻度が高い子どもには、身の回りに多くの読書ロールモデルのいることが、英国の調査結果からも示されている。読書ロールモデルとして、親など家族に加えて、学校では司書教諭や学校司書が考えられる。学校図書館の専門職として、このような読書ロールモデルの役割を果たすことも、子どもの読書活動の推進にとって意義のあることである。

　これまで類書ではあまり取り上げられてこなかったが、本書では、国内だけではなく海外にも目を向け、子どもの読書教育に関する基本的な考え方や優れた事例についても、幅広く取り上げるように努めた。特に読書教育や学

校図書館の先進国である米国や英国に着目し、読者にわかりやすく論じた。また、読書教育の課題と今後の展望についても、今後の読書教育のさらなる向上をはかるうえで留意すべきであると考え、最後の章である第13章で取り上げた。読書教育のあり方について将来の構想を練るうえで、本書を参考にしていただけたら幸いである。

　本書の刊行にあたり、本シリーズ「ライブラリー　学校図書館学」（全8巻）の企画の段階から、いろいろとお心遣いやご尽力をいただきました（株）勉誠社 代表取締役 吉田祐輔氏、編集部 武内可夏子氏、和久幹夫氏、営業部部長 坂田亮氏には、心より感謝の意を表する。

2023年4月25日

金沢みどり

河村俊太郎

索 引

シリーズ監修者および著者紹介

【シリーズ監修者】
金沢　みどり（東洋英和女学院大学人間科学部教授）
雪嶋　宏一　（早稲田大学名誉教授）

【著者紹介】
金沢　みどり（かなざわ　みどり）
東洋英和女学院大学人間科学部教授、博士（教育学）
専門分野：図書館情報学および教育学
主な著書：
『児童サービス論　第3版（「ライブラリー図書館情報学」第7巻）』（共著、学文社、2022）
『図書館サービス概論　第2補訂版（「ライブラリー図書館情報学」第5巻）』（単著、学文社、2022）
『学校経営と学校図書館（「探究　学校図書館学」第1巻）』（共著、全国学校図書館協議会、2019）
『学校司書の役割と活動―学校図書館の活性化の視点から―』（編著、学文社、2017）
"Information Literacy Education in Japanese Libraries for Lifelong Learning"（単著、Nova Science Publishers, 2016）
『生涯学習社会における情報活用能力の育成と図書館』（単著、学文社、2012）
ほか
［執筆分担　第1章、第3章、第4章、第7章、第8章、第10章から第13章］

河村　俊太郎（かわむら　しゅんたろう）
東京大学大学院教育学研究科准教授、博士（教育学）
専門分野：図書館情報学
主な著書：
『図書・図書館史：図書館発展の来し方から見えてくるもの（「講座・図書館情報学」第12巻）』（分担執筆、ミネルヴァ書房、2019）
『東京帝国大学図書館：図書館システムと蔵書・部局・教員』（単著、東京大学出版会、2016）
『図書館情報学教育の戦後史：資料が語る専門職養成制度の展開』（分担執筆、東京大学出版会、2015）
［執筆分担　第2章、第5章、第6章、第9章］

著者略歴

金沢みどり（かなざわ　みどり）

東洋英和女学院大学人間科学部教授、博士（教育学）

専門分野：図書館情報学および教育学

主な著書：

『児童サービス論　第3版（「ライブラリー図書館情報学」第7巻）』（共著、学文社、2022）

『図書館サービス概論　第2補訂版（「ライブラリー図書館情報学」第5巻）』（単著、学文社、2022）

"Information Literacy Education in Japanese Libraries for Lifelong Learning"（単著、Nova Science Publishers, 2016）ほか

河村俊太郎（かわむら　しゅんたろう）

東京大学大学院教育学研究科准教授、博士（教育学）

専門分野：図書館情報学

主な著書：

『図書・図書館史：図書館発展の来し方から見えてくるもの（「講座・図書館情報学」第12巻）』（分担執筆、ミネルヴァ書房、2019）

『東京帝国大学図書館：図書館システムと蔵書・部局・教員』（単著、東京大学出版会、2016）

ライブラリー　学校図書館学　第1巻

読書と豊かな人間性

2023 年 8 月 10 日　初版発行

監　修　金沢みどり・雪嶋宏一
著　者　金沢みどり・河村俊太郎

発行者　吉田祐輔
発行所　(株)勉誠社
　　　　〒101-0061　東京都千代田区神田三崎町 2-18-4
　　　　TEL：(03)5215-9021（代）　FAX：(03)5215-9025

印　刷
製　本　三美印刷

ISBN978-4-585-30401-2　C1000

ライブラリー　学校図書館学〔全8巻〕

監修
金沢 みどり(東洋英和女学院大学人間科学部教授)
雪嶋 宏一(早稲田大学名誉教授)

第1巻　読書と豊かな人間性(本書)〔金沢 みどり・河村 俊太郎 著〕
第2巻〜第8巻　(以下、シリーズ番号は発行順。括弧内は、編著者。)
◎学校図書館概論　　　　　〔雪嶋 宏一・須永 和之〕
◎図書館情報技術論　　　　〔安形 輝・小野 永貴〕
◎図書館情報資源概論　　　〔竹之内 禎・大井 奈美〕
◎情報資源組織論及び演習　〔千 錫烈・中村 克明〕
◎学校図書館サービス論　　〔金沢 みどり・望月 道浩〕
◎学校図書館情報サービス論　〔野末 俊比古〕
◎学習指導と学校図書館　　〔須永 和之・雪嶋 宏一〕

本シリーズの趣旨

　これからの学校図書館では、児童生徒の読書活動の場として「読書センター」の機能、自発的な学習活動や授業内容の充実を支援する場として「学習センター」の機能、及び、利用者の情報ニーズへの対応や児童生徒の情報活用能力の育成の場として「情報センター」の機能が求められています。

　学校図書館が「読書センター」「学習センター」「情報センター」としての三つの機能を充分に果たすためには、「学校図書館担当職員の役割及びその資質の向上に関する調査研究協力者会議」の報告にもありますように、学校司書の職務として、これまでの「間接的支援」や「直接的支援」に関する職務に加えて、「教育指導への支援」に関する職務が必須となっています。

　さらに、児童生徒の教育をより積極的に支援し、主体的・対話的で深い学び(アクティブ・ラーニング)を推進するためには、これからの学校司書の役割として、司書教諭や教職員との連携、ラーニング・コモンズとしての学校図書館の環境づくり、及び、地域の公立図書館や博物館などの社会教育施設との連携も、重要です。

　「ライブラリー　学校図書館学」では、以上のような情勢を踏まえ、これからの時代にふさわしい学校図書館の専門職の育成をめざします。本シリーズでは、

「学校司書のモデルカリキュラム」で示された新たな科目についても取り上げています。さらに、国内だけにとどまらず海外の学校図書館に関するガイドラインや施策、国内外の優れた学校図書館の事例なども幅広く取り上げ、グローバルな視点で考え行動する学校図書館の人材の養成をめざします。

本シリーズの特色

本シリーズの特色は、以下のとおりです。

(1) 初心者でも理解しやすいように、読者のわかりやすさに配慮し、丁寧に執筆しています。また、読者の学びをさらに深めるために、各章末に引用参考文献を示しています。

(2) 学校図書館の運営・管理・サービス、及び、児童生徒に対する教育支援について系統的に学べるように、「学校司書のモデルカリキュラム」で示された科目に対応しています。

(3) 学校司書の養成を主軸としながら、司書教諭の養成やリカレント教育も念頭に置き、新学習指導要領なども踏まえ、新しい時代の学校図書館の専門職の養成にふさわしい内容としています。

(4) 学校図書館の専門職を学校に配置することの教育的な効果について、客観的な事実とデータに基づき、明確にするというスタイルのシリーズです。

(5) 学校図書館学に関する一流の専門家が、国内に限らず海外での最新の学校図書館に関する研究成果も踏まえ執筆することにより、わが国の学校図書館界の活性化と向上を目指します。

ライブラリーぶっくす
ささえあう図書館
「社会装置」としての新たなモデルと役割

全国から、先駆的な取り組みを行っている図書館の事例を集積。これまでの公共図書館の枠組みを外して、民間の取り組みや、いわゆる「図書館」に収まらない形態の図書館を紹介する。

青柳英治 編著／岡本真 監修
本体1,800円（＋税）

ライブラリーぶっくす
知って得する図書館の楽しみかた

図書館で行われているイベントとは？　本はどのように探す？　誰もが図書館を自由自在に楽しみつくすために、知っているようで知らない図書館の使い方を若き館長が紹介する。

吉井潤 著
本体1,800円（＋税）

ライブラリーぶっくす
調べ物に役立つ図書館のデータベース

OPACやキーワードを使った検索方法、Webで使える無料のデータベースなど、図書館で使える便利なツールと、その使用方法を紹介。これまでになかったデータベースの使い方の入門的ガイドブック！

小曽川真貴 著
本体1,800円（＋税）

ライブラリーぶっくす
図書館員をめざす人へ

憧れているだけでは分からない。司書・司書教諭になりたい人、必見！　図書館で働きたい方に向けた、基礎知識から実践までのガイド。図書館員になるためのガイドブック＆インタビュー集の決定版！

後藤敏行 著
本体2,000円（＋税）

ライブラリーぶっくす
司書のお仕事
お探しの本は
何ですか？

司書課程で勉強したいと思っている高校生、大学生、社会人や、司書という仕事に興味を持っている方に向けて、司書の仕事をストーリー形式でわかりやすく伝える一冊。

大橋崇行 著／小曽川真貴 監修
本体 1,800 円（＋税）

ライブラリーぶっくす
司書のお仕事 2
本との出会いを届けます

「狭き門」をくぐり抜け図書館員になれる人数は年々少なくなっている。図書館での多岐に亘る仕事から、実際に働く司書の姿が見えてくる……。大人気シリーズ第二弾！

大橋崇行 著／小曽川真貴 監修
本体 1,800 円（＋税）

ライブラリーぶっくす
図書館の
日本史

図書館はどのように誕生したのか？　歴史上の人物たちはどのように本を楽しみ、収集し、利用したのか？　古代から現代まで、日本の図書館の歴史をやさしく読み解く、はじめての概説書！

新藤透 著
本体 3,600 円（＋税）

ライブラリーぶっくす
世界の
図書館から
アジア研究のための
図書館・公文書館ガイド

膨大な蔵書や、貴重なコレクションを有する代表的な 45 館を世界各地から精選・紹介。現地での利用体験に基づいた、待望の活用マニュアル！

U-PARL 編
本体 2,400 円（＋税）

ライブラリーぶっくす
変化する社会とともに歩む学校図書館

デジタル環境など新しいトピックや、授業における図書館利用などについても見ていくことで、「本との出会い」だけにとどまらない図書館の教育的効果を考える。

野口武悟 著
本体 2,200 円（＋税）

ライブラリーぶっくす
専門図書館探訪
あなたの「知りたい」に応えるガイドブック

全国の特色ある図書館を文章とカラー写真で案内。アクセス方法や開館時間、地図など便利な情報付き。
知的好奇心を満たす図書館がきっと見つかる一冊！

青柳英治・長谷川昭子 共著
専門図書館協議会 監修
本体 2,000 円（＋税）

ポストデジタル時代の公共図書館

電子書籍市場の実態や米国図書館、日本の大学図書館との比較を通して、ポストデジタル時代に対応する公共図書館の未来像を活写する。

植村八潮・柳与志夫 編
本体 2,000 円（＋税）

現代日本の図書館構想
戦後改革とその展開

日本の図書館はいかに構築され、課題は何か。戦後占領期から、組織・しくみが構築された80年代までを中心に、図書館法、Japan Library School、国立国会図書館など、戦後図書館史のエポックを検討する。

今まど子・高山正也 編著
本体 2,800 円（＋税）